IREUS SCHRIFTENREIHE   BAND 3

COLIN GEE KLAUS MÜLLER

HETEROGENE INDIKATORENSYSTEME
FÜR EINE EUROPÄISCHE RAUMORDNUNGSPOLITIK

D1734352

HRSG. INSTITUT FÜR RAUMORDNUNG UND ENTWICKLUNGSPLANUNG
DER UNIVERSITÄT STUTTGART
DIREKTOR: PROF. DR. SC. POL. PETER TREUNER

Anschrift:

Institut für Raumordnung
und Entwicklungsplanung
der Universität Stuttgart
Pfaffenwaldring 07
Postfach 1140
7000 Stuttgart 80 (Vaihingen)

ISBN   3-921882-02-8

Gesamtherstellung: **aku** - Fotodruck GmbH, 8600 Bamberg

INHALTSVERZEICHNIS

Seite

VORBEMERKUNG   IX

1.   OBERSICHT ÜBER DIE UNTERSUCHUNG   1

2.   DIE GRUNDLEGENDE PROBLEMSTELLUNG DER UNTERSUCHUNG
        Informationelle Voraussetzungen räumlicher Förderprio-
        ritäten in einem föderativen Rahmen   5
2.1   Grundsätzliche Voraussetzungen der vergleichenden
        Bewertung von Teilräumen   6
2.2   Raumanalytische Voraussetzungen der vergleichenden
        Bewertung von Teilräumen   9
2.3   Institutionelle Voraussetzungen der vergleichenden
        Bewertung von Teilräumen   11

3.   DIE METHODISCHEN ASPEKTE DER UNTERSUCHUNG
        Ein regionales Bewertungssystem auf der Basis norma-
        tiver Sozialindikatoren   14
3.1   Die Verwendung normativer Sozialindikatoren als Träger
        raumspezifischer Informationen   14
3.2   Die Methodologie des Untersuchungsansatzes   18
3.2.1   Einzelindikatoren für die Ermittlung regionaler
        Defizite   18
3.2.1.1 Die Verwendung "objektiver" statt "subjektiver" Indi-
        katoren", "Input"- statt "Output-Indikatoren"   20
3.2.1.2 Zur inhaltlichen Systematik der Konstruktion
        'raumbezogener' Indikatoren   20
3.2.1.3 Die räumliche Dimension normativer Indikatoren   21
3.2.2   Die Bildung von regionalen Bewertungsindizes   27
3.2.2.1 Logik der Indexbildung   28
3.2.2.2 Normative Implikationen der Konstruktion von
        Sachbereichs-Indizes   31
3.2.2.3 Restriktionen der Konstruktion von Gesamt-Indizes ...   33
3.3   Das Informationssystem und die zugehörigen Verfahren.   34
3.3.1   Allgemeiner Überblick   34
3.3.2   Die Konstruktion der Ist-Indikatoren auf der Basis
        dreier räumlicher (Aggregations-)Ebenen und die Ver-
        haltensvarianten bei Datenlücken   39

- II -

3.3.3   Die Bewertung von Ist-Indikatoren nach unter-
         schiedlichen Zielkriterien 46
3.3.3.1 Das Bewertungsproblem im allgemeinen 46
3.3.3.2 Unterschiedliche Zielkriterien und Indikatorentypen 51
3.3.3.3 Organisation der Bewertungssätze 54
3.3.3.4 Die Raumtypisierung 54
3.3.3.5 Ablauf des Bewertungsvorgangs 57
3.3.4   Die Aggregation normativer Indikatoren 58
3.3.4.1 Die Aggregationsproblematik im allgemeinen 58
3.3.4.2 Nichthierarchische lineare Aggregation 60
3.3.4.3 Hierarchische lineare Aggregation 61
3.3.4.4 Nichtlineare Aggregation - Dominanz eines Indikators 62
3.3.4.5 Nichtlineare Aggregation - andere Möglichkeiten 65
3.3.5   Die Analysefähigkeit des Informationssystems 67
3.3.5.1 Die Rangfolgen 67
3.3.5.2 Der Systemteil SENSIS 72
3.3.5.3 Indikatoren zur Beurteilung von Rangfolgeunterschie-
         den 77
3.4   Das Programmsystem 81
3.4.1   Programmtechnische Erklärung 81
3.4.2   Ein Beispiel auf räumlicher Ebene 2 82

4.   DIE INHALTLICH-MATERIELLEN ASPEKTE DER UNTERSUCHUNG. 90
4.1   Die Erhebung der gebietsspezifischen Informationen.. 92
4.1.1   Die Auswahl der Testgebiete und die Abgrenzung der
         Teilräume 92
4.1.2   Die analysierten Teilräume mit ihren spezifischen
         Entwicklungsproblemen 93
4.1.2.1 Das bayerische Testgebiet 97
4.1.2.2 Das französische Testgebiet 102
4.1.2.3 Das irische Testgebiet 104
4.2   Die Konstruktion gebietsspezifischer aussagefähiger
         Indikatoren 106
4.2.1   Die Konstruktion möglichst umfassender gebietsspezi-
         fischer Indikatorenkataloge 107
4.2.1.1 Die regionsspezifische Systematik des bayerischen
         Indikatorenkatalogs 107
4.2.1.2 Die regionsspezifische Systematik des französischen
         Indikatorenkatalogs 109

Seite

4.2.1.3 Die regionsspezifische Systematik des irischen
        Indikatorenkatalogs 110
4.2.1.4 Die gebietsspezifischen Indikatorenlisten innerhalb
        eines einheitlichen Bezugsrahmens 111
4.2.2   Die Definition normativer Indikatoren 119
4.2.2.1 Die exemplarische Festlegung von Normwerten 120
4.2.2.2 Die Untersuchung raumtypspezifisch differenzierter
        Normwerte 123
4.3   Durchgeführte Interdependenzanalysen 129
4.3.1   Die verfügbare Statistik 129
4.3.2   Einfache Regressionsanalysen 129
4.3.3   Mehrfachregressions-Analysen 136
4.3.4   Clusteranalysen 139
4.3.5   Statistische Auswertungen und das Informationssystem. 141
4.4   Die konzeptorientierte Selektion bestimmter Indika-
        toren als Förderkriterien 142
4.4.1   Einheitlich vorzugebende Bezugspunkte der Indika-
        torenauswahl für eine versorgungsorientierte Reg-
        ionalförderung 143
4.4.2   Indikatorensynopse der versorgungsorientierten Reg-
        ionalpolitik 145
5.   DIE FORMALEN BERECHNUNGS-ASPEKTE DER UNTERSUCHUNG:
        SYSTEMBEZOGENE KRITERIEN DER KONZIPIERUNG UND AUS-
        WERTUNG VON TEST-BERECHNUNGEN UND IHRE FORMALEN ER-
        GEBNISSE 149
5.1   Die unterschiedlichen Abgrenzungskriterien für die
        Vorranggebiete 151
5.2   Leitfragen der numerischen Untersuchung 152
5.2.1   Systematisch erklärbare Auswirkungen von Input-
        Variationen 152
5.2.2   Die Beschränkung auf homogene Indikatoren mit euro-
        päisch einheitlichen vs. länderspezifischen Bewer-
        tungssätzen 156
5.2.3   Die zusätzliche Berücksichtigung heterogener Indika-
        toren in länderweise unterschiedlicher Anzahl 156
5.2.4   Die Berücksichtigung unterschiedlicher Indikatoren-
        gewichte 158

Seite

5.2.5   Die Berücksichtigung teilräumlich unterschiedlicher
         Zielwerte je Indikator infolge unterschiedlicher
         Raumtypisierung 158
5.2.6   Die Berücksichtigung unterschiedlicher Aggregations-
         vorschriften 159
5.3   Die Auswertungsergebnisse in Bezug auf die Leitfragen 160
5.3.1   Die Auswirkung europäisch einheitlicher vs. länder-
         spezifischer Bewertung auf der Grundlage homogener
         Indikatoren 161
5.3.2   Die Auswirkung einer heterogenen Anzahl und
         Gewichtung der Indikatoren 174
5.3.3   Die Auswirkung unterschiedlicher Raumtypisierung 179
5.3.4   Die Auswirkung heterogener Aggregationsvorschriften . 192
5.4   Zusammenfassung der numerischen Ergebnisse 203
5.5   Methodische Schlußfolgerungen zur Frage der
         'Stabilität' der Ergebnisse 206

6.   GESAMTBEURTEILUNG DER ERGEBNISSE 208

ANHANG
Die erhobenen statistischen Informationen in Bayern, Frankreich
und Irland

VERZEICHNIS DER TABELLEN

Tab.		Seite
3.1	Illustration der Laufinformationen und daraus resultierender Rangfolgelisten eines Laufes	68/69
3.2	Gewichtungen für den Pictograph der Tab. 3.3	70
3.3	Illustration eines Pictographs eines Laufkomplexes..	71
3.4	Illustration der Wirkung von SENSIS auf den Pictograph von Tab. 3.3	75
3.5	Berechnete Indikatoren zur Beurteilung von Rangfolgeunterschieden	80
3.6	Die Ergebnisse des Systemteils ISTWERT - Beispiel § 3.4.2	83
3.7	Die Ergebnisse des Systemteils EVALIS - Beispiel § 3.4.2	85
3.8	Ausgaben der Systemteile COMBIS1 und ANALIS - Beispiel § 3.4.2	86
3.9	Ausgaben des Systemteils ANALIS - Die Rangfolgen - Beispiel § 3.4.2	88
3.10	Ausgabe des Systemteils ANALIS - Die Pictographen - Beispiel § 3.4.2	89
4.1	Liste der ausgewählten (getesteten) Raumeinheiten ..	98
4.2	Die verfügbaren Regionalindikatoren für Bayern	115/116
4.3	Die verfügbaren Regionalindikatoren für Frankreich .	117
4.4	Die verfügbaren Regionalindikatoren für Irland	118
4.5	Überblick über die Typisierungsergebnisse bei Variation der Schwellenwerte	128
4.6	Höchste Bestimmtheitsmaße (B) für die bayerischen Indikatoren	130
4.7	Ausgewählte Bestimmtheitsmaße bei einfacher linearer Korrelation der 47 bayerischen Indikatoren	132
4.8	Zusammenfassung der nichtlinearen Korrelationsanalysen	133/134
4.9	Bestimmtheitsmaße der klassifizierenden Indikatoren.	135
4.10	Bestimmtheitsmaße (B) der Mehrfachregressions-Modelle für die Tindemanns-Indikatoren im bayerischen Referenzgebiet	137
5.1	Ergebnisse von Laufkomplex 1 - § 5.3.1	164
5.2	Ergebnisse von Laufkomplex 2 - § 5.3.1	165

Tab.   Seite

5.3   Auswirkungen der Verwendung europäischer vs.
        länderspezifischer Bewertungssätze (Durchschnitts-
        werte) für die homogenen Indikatoren 1 bis 9 auf
        das allgemeine Niveau der normativen Indikatoren
        für die drei Testgebiete 166
5.4   Ergebnisse von Laufkomplex 3, Lauf 5 - § 5.3.1 168
5.5   Ergebnisse von Laufkomplex 3, Lauf 6 - § 5.3.1 169
5.6   Ergebnisse von Laufkomplex 3, Lauf 7 - § 5.3.1 170
5.7   Ergebnisse von Laufkomplex 3, Lauf 8 - § 5.3.1 171
5.8   Ergebnisse von Laufkomplex 3, Lauf 9 - § 5.3.1 172
5.9   Ergebnisse von Laufkomplex 4 - § 5.3.1 173
5.10   Ergebnisse von Laufkomplex 1, Lauf 1 - § 5.3.2 177
5.11   Pictograph der Ergebnisse von Laufkomplex 1 -
        § 5.3.2 178
5.12   Die 3 Raumtypisierungsvarianten von § 5.3.3 181
5.13   Infrastrukturindikatorenläufe mit Typisierungs-
        variante TYPIS 182
5.14   Infrastrukturindikatorenlauf mit Typisierungs-
        varianten TYPIS 183
5.15   Infrastrukturindikatorenläufe mit Typisierungs-
        variante VARTYP4 184
5.16   Infrastrukturindikatorenlauf mit Typisierungs-
        variante VARTYP4 185
5.17   Infrastrukturindikatorenläufe mit Typisierungs-
        variante VARTYP5 186
5.18   Infrastrukturindikatorenlauf mit Typisierungs-
        variante VARTYP5 188
5.19   Infrastrukturindikatorenläufe mit drei Typisierungs-
        varianten 190
5.20   Rangfolge der bayerischen Regionen bei geänderter
        Indikatorenkonstellation (Typisierungsvariante
        TYPIS) 191
5.21   Laufkomplex 1: Rangfolgen ohne Dominanz für drei
        Gewichtungsvarianten - § 5.3.4 195

Tab.		Seite
5.22	Laufkomplex 2: Rangfolgen mit vier Dominanz-Varianten für je drei Gewichtungsvarianten - § 5.3.4	196
5.23	Regionale Rangfolge mit Bewertungsindizes des Laufes 1 von Tab. 5.21	198
5.24	Regionale Rangfolge mit Bewertungsindizes des Laufes 1 von Tab. 5.22	199
5.25	Regionale Rangfolge mit Bewertungsindizes des Laufes 2 in Tab. 5.22	200
5.26	Regionale Rangfolge mit Bewertungsindizes des Laufes 4 in Tab. 5.22	202
5.27	Regionale Rangfolge mit Bewertungsindizes des Laufes 3 in Tab. 5.22	204

VERZEICHNIS DER ABBILDUNGEN

Abb.   Seite

3.1 Schema einer regionalen Zielhierarchie 22

3.2 Allgemeine Übersicht über das HETIS-Informationssystem 35

3.3 Hauptkomponente und Ablauf des Systems in Symbolen. 37

3.4 Logischer Ablauf des Systemteils ISTWERT 45

3.5 Die allgemeine Bewertungsfunktion für Ist-Indikatoren 49

3.6 Typische Bewertungsfunktion für Ist-Indikatoren ... 50

3.7 Alternative Formen für die Nichtlinearität der
Bewertung 50

3.8 Die Grundbewertungsform 51

3.9 Logischer Ablauf des Programms TYPIS 56

3.10 Logischer Ablauf des Systemteils EVALIS 57

3.11 Aggregationsfunktion von COMBIS1.................. 61

3.12 Multiplikativer Faktor hinsichtlich einer wachstumsorientierten Regionalpolitik 63

3.13 Multiplikativer Faktor hinsichtlich einer versorgungsorientierten Regionalpolitik 64

3.14 Nichtlineare Aggregationsformen 66

3.15 Logischer Ablauf des Systemteils SENSIS 73

3.16 Totale Umkehrung einer Rangfolge (n = 6) 78

4.1 Das Referenzgebiet in Bayern 94

4.2 Das Referenzgebiet in Frankreich 95

4.3 Das Referenzgebiet in Irland 96

4.4 Einheitliches Bezugsschema der Definition
gebietsspezifischer Indikatoren 113

VORBEMERKUNG

Diese Projektstudie beschäftigt sich mit den methodischen Möglichkeiten und Grenzen der Verwendung regionalisierter gesellschaftlicher Indikatoren für die informative Basis einer supranationalen Regional- bzw. Raumordnungspolitik.

Im Sinne eines praktischen Beispiels (eines entsprechenden praktisch-politischen Informationsbedarfs) bezieht sie sich konkret auf die Regionalpolitik der Europäischen Gemeinschaften. Die Arbeit, die zwischen Februar 1976 und Mai 1978 durchgeführt wurde, wurde von der Deutschen Forschungsgemeinschaft im Rahmen des Schwerpunktprogramms "Regionalforschung und Regionalpolitik" unterstützt.

Die beiden Projektbearbeiter und Autoren dieses Berichts haben einer Reihe von Personen zu danken, ohne deren Beratung, Mitarbeit und Kommunikationsbereitschaft die Durchführung der Arbeit und die Erstellung des Berichts nicht möglich gewesen wäre.

Herrn Professor Dr. Peter Treuner ist für seine Initiative bei der Formulierung des regionalpolitisch relevanten methodischen Problems sowie für Generaldiskussionen während der Durchführung der Untersuchung zu danken. An der Schlußredaktion wirkte außer Herrn Professor Treuner auch Herr Dipl.-Ing. Bernhard Fischer mit.

Herrn Dipl.-Ing. Arne Seyboth (der insbesondere an der Konzipierung und Auswertung der numerischen Arbeiten mitarbeitete) und Herrn Dipl.-Soz. Wolfgang Steinle (der insbesondere das französische Referenzgebiet bearbeitete) ist für Ihre Unterstützung ebenfalls zu danken.

Darüber hinaus haben wir unseren zahlreichen Gesprächspartnern während der Forschungsreisen in die Referenzgebiete in Irland, Frankreich und Bayern zu danken. Bezüglich des irischen Testgebiets erfuhren wir eine wichtige Hilfestellung von Herrn Dr. Declan Glynn und Herrn Barry Flannery, die die Industrial Development Authority Irlands (IDA) in Stuttgart vertreten. Des weiteren gilt unser Dank in Irland Herrn Dr. Michael Ross vom Institute for Economic and Social Research, Mr. Gerry Walker vom National Institute for Physical Planning and Construction Research, den diversen Gesprächspartnern im Central

Statistics Office, Mr. Doyle vom Department of Finance, Mr. Trant vom
Department of Health, Mr. Kevvet vom Department of Social Welfare,
Mr. Horgan vom Department of Labour, Herrn Professor Smith von der
Dublin University, Mr. Eddy Murphy vom West Cork Development Team,
Mr. David Murphy vom County Council of Cork, Mr. Conway von der IDA
Midwest-Region, Mr. O'Connal vom County Borough Council of Cork, Mr. Neil
vom Southern Health Board, Mr. Barry von der Regional Development
Organisation Midwest-Region, Mr. Muphy und Mr. Hayes vom West Limerick
Development Team, Mr. Quish von der Regional Development Organisation
Southwest-Region, Mr. Duffy vom Midwestern Health Board, Mr. Moloney
von der Shannon Free Airport Development Corporation, Mr. Castello und
seinen Kollegen vom County Council of Clare, Mr. O'Machany vom Kerry
County Development Team, Herrn Dr. O'Neill vom University College, Dublin,
Mr. Barrington vom Institute for Public Administration und Mr. Fox vom
Department of Local Government.

In Frankreich richtet sich unser Dank in Toulouse an M. Vergnes
(Responsable de l'Observatoire Economique de M.P.), die Herren Gillis
und Puig der Mission Régionale, Herrn Sous-Préfet Lacroix, die Herren
Professoren Letinier und Cluseau von der Universität Toulouse, Mme Revel
(INSEE), M. Fines (Chambre Régionale de Commerce et d'Industrie); in
Montpellier an Herrn Professor Badouin von der Universität Montpellier
und Mme Trinquier (INSEE); in Paris an M. Boulet-Mathis (Service du Plan),
M. Attalli (DATAR) und M. Anfrè (INSEE).

In Bayern richtet sich unser Dank an Herrn Regierungsdirektor Färber und
seine Mitarbeiter von der Bezirksplanungsstelle Oberfranken, an Herrn
Regierungsdirektor Paetzold und seine Mitarbeiter von der Bezirksplanungsstelle Mittelfranken sowie Herrn Ministerialrat Dr. Schmidt vom Statistischen Landesamt in München.

Des weiteren gilt unser Dank den geprüften und ungeprüften wissenschaft-
lichen Hilfskräften, die uns bei der Programmier- und statistischen
Auswertungsarbeit hilfreich zur Seite standen. Dieses waren die Herren
Bernd Röder, Martin Drake M.A., Geoffrey Holliday, Michael Herczeg und
Dieter Maier.

Und schließlich gilt unser Dank auch der Sekretärin Frau Antje Folge, die
die Hauptlast der Schreibarbeiten getragen hat.

Die Autoren hoffen, einen interessanten Beitrag zu einem politisch und
wissenschaftlich kontroversen Thema geleistet zu haben und tragen daher
zuversichtlich jegliche Verantwortung für die im Bericht geäußerten
Meinungen und Aussagen.

1. ÜBERSICHT ÜBER DIE UNTERSUCHUNG

Die Abgrenzung von Fördergebieten stellt für die Regionalpolitik in jedem Fall schwierige informatorische, inhaltliche und hauptsächlich politische Probleme dar. In Bezug auf diese aktuellen Probleme und unter Verwendung numerischer Beispiele aus dem europäischen Raum untersucht die vorliegende Arbeit die informatorischen Voraussetzungen der Bestimmung räumlicher Förderprioritäten im internationalen Rahmen. Diese sollen eine Erhöhung der zielorientierten Selektivität regionaler Förderprogramme und eine Verbesserung der Lenkung der zu diesem Zweck zur Verfügung stehenden supranationalen Ressourcen in vorrangig zu fördernde Teilräume nach Bedarfs- oder Entwicklungskriterien erlauben.

Das daraufhin entwickelte methodische Verfahren zur Erstellung eines Bewertungssystems, das seinem Anspruch nach die Zusammenfassung international, manchmal auch regional uneinheitlicher, weil möglichst raumspezifischer Einzelinformationen zu vergleichbaren Indizes über die regionale Entwicklungsbedürftigkeit (wie auch immer sie definiert sein mag ...) ermöglichen soll, wird dargestellt. Als Informationsträger dienen raumbezogene Sozialindikatoren, die von den Regionen ausgewählt, gewichtet und zu einem unter sich vergleichbaren Bewertungsindex aggregiert werden. Dadurch soll dem Anspruch Genüge getan werden, bei der überregionalen Prioritätensetzung möglichst weitgehend regionale Besonderheiten und spezifische Bedürfnisse zu berücksichtigen. Informationen im Sinne dieser Untersuchung implizieren zugleich die Repräsentation realer regionaler Verhältnisse sowie die Wertung dieser Verhältnisse durch Ist-Soll-Vergleiche. Die diese wertenden Informationen quantitativ zum Ausdruck bringenden Indikatoren werden in dieser Untersuchung normative Indikatoren genannt. Sie liefern somit wertgebundene Zustandsaussagen über ihren jeweiligen Bezugsraum. Die maßgeblichen raumspezifischen Anspruchswerte der Raumnutzung und Versorgungsleistung werden jedoch auch nach (z.B. national klassifizierten) Regionstypen differenziert, etwa bei der überregionalen Raumgliederung nach "Funktionsräumen". Die bekannten Probleme, die sich bei der Zusammenfassung von Einzelindikatoren zu vergleichbaren Gesamtindices stellen, etwa in Zusammenhang mit Substitutions- und Komplementaritätsrelationen, sind hier nicht methodisch gelöst, sondern von Fall zu Fall durch normative Wertung und entsprechende Entscheidung gehandhabt. Als normative Vorgaben sind diese Entscheidungen daher innerhalb des Verfahrens auch berücksichtigt.

Das Verfahren schließt ein komplexes Programmsystem und eine kleine Datenbank ein, so daß die Untersuchung auch als technische Durchführbarkeitsstudie für die Herstellung eines computerisierten, auf Sozialindikatoren basierenden Informationssystems auf europäischer Ebene dient. Das Verfahren wurde hinsichtlich seiner technischen Möglichkeiten, Aussagekraft und der Implikation seiner Verwendbarkeit auf der materiellen Grundlage ausgewählter, in sich jeweils heterogen strukturierter Bezugsgebiete in Südwest-Irland, Südwest-Frankreich und Nordost-Bayern getestet. Für diese Gebiete wurden sowohl statistische als auch (durch Dokumentenanalyse und die Befragung von Planern und Politikern vor Ort) sonstige Informationen gesammelt und Ziel- und Problemanalysen durchgeführt.

Auf dieser numerischen Grundlage werden innerhalb eines einheitlichen heuristischen Bezugsrahmens raumspezifische Indikatoren konstruiert, die zugehörigen Normwerte als Soll-Indikatoren festgelegt und durch die Kombination beider die normativen Indikatoren definiert. Der einheitliche Bezugsrahmen hat als solcher noch keine selektive sondern eben einzig eine heuristische Funktion. Die einzelnen Bezugspunkte für die gebietsspezifischen Indikatoren sollen bewußt möglichst weit gefaßt und der Rahmen als ganzer möglichst umfassend sein. Die einbezogenen raumbedeutsamen Indikatoren dienen in ihrer Gesamtheit der laufenden Beobachtung räumlicher Erscheinungen und Prozesse, für die sie die informative Grundlage liefern.

Vor der systematischen Verarbeitung einzelner dieser Indikatoren im Rahmen eines entscheidungsrelevanten regionalen Bewertungssystems sind jedoch mögliche Interdependenzen zwischen einzelnen Indikatoren zu eruieren. Deren Untersuchung beschränkt sich hier auf Regressions- und Clusteranalysen.

Die Selektion bestimmter dieser Indikatoren als (potentiell) 'entscheidungsrelevant' setzt eine auswahlleitende Konzeption der 'entscheidenden' Politik voraus. Dies bedeutet in unserem Falle, daß eine informative Entscheidungshilfe durch Sozialindikatoren notwendigerweise die Grundlegung durch eine (möglichst präzise) regionalpolitische Förderstrategie voraussetzt. Die Einbeziehung spezifischer Indikatoren richtet sich dann nach supranational einheitlichen Rahmenbedingungen, die neben anderem die gemeinsamen Zielkategorien als Bezugspunkte der raumspezifischen Indikatoren in Abhängigkeit von der Förderkonzeption normativ vorgeben. Dieser Untersuchung wird eine versorgungsorientierte Konzeption zugrundegelegt und versucht, entsprechende Rahmenbedingungen für die Indikatorenkonstruktion auf dieser konzeptionellen Grundlage zu entwickeln.

Innerhalb eines dieser Konzepte werden die Auswirkungen unterschiedlicher Rahmenbedingungen auf die Identifikation von Förderregionen getestet, und zwar

zum einen in der Form von Rangfolgen der betrachteten Analyseräume nach ihrer
Entwicklungsbedürftigkeit, zum anderen als Anzahl der Analyseräume unter einem
einheitlich als "entwicklungskritisch" definierten Schwellenwert auf der Skala
der regionalen Bewertungsindices.

Nach der Formulierung entsprechender formaler Leitfragen für die Durchführung
von Test-Berechnungen wird durch Variation der gebietsspezifischen und der einheitlichen Inputs sowie der formalen Rahmenbedingungen die "Stabilität" der Gesamtergebnisse getestet. Damit soll untersucht werden, wieweit sich systematisch
begründete (von den verwandten Indikatoren und dgl. abstrahierbare) Aussagen
über die formalen Voraussetzungen und Bedingungen der Aussagefähigkeit des Verfahrens für einen zielorientierten Regionalvergleich methodisch herleiten
lassen.

Die Untersuchung liefert keine Ergebnisse im Sinne von vorläufigen Empfehlungen
für die Bestimmung von Fördergebieten im konkreten Rahmen einer Regionalpolitik
der Europäischen Gemeinschaften. Vielmehr leistet sie eine immer numerisch be-
legte Erörterung der Schwierigkeiten, die vorkommen können, wenn räumliche
Förderprioritäten in einem föderativen, kulturell und informatorisch (z.b. statistisch) uneinheitlichen Rahmen zentral festgelegt werden sollen. Dies hat
Relevanz nicht nur für das offenbare und in der Untersuchung benutzte Beispiel
der Regionalpolitik der Europäischen Gemeinschaften, sondern z.b. auch für die
räumliche Förderpolitik in föderalistischen Staaten wie der Bundesrepublik
Deutschland. Die Bearbeiter vermuten grundsätzlich, daß es alternativ zur Verwendung von Sozialindikatoren zur Zeit für die Regionalwissenschaft keine bessere Informationsgrundlage für solche Festlegungen gibt, die trotz der mit Sozialindikatoren verbundenen Schwierigkeiten überschaubarer und politisch anwend-
barer ist. Eine Modellierung heterogener Räume kann zu Entscheidungsempfehlun-
gen führen, stimuliert aber wegen der erhöhten Komplexität eher Gegenargumente.
Hier wird auch kein Anspruch auf Vollständigkeit der Erörterung erhoben. So
bleiben z.b. durch die Auswahl der Testgebiete absichtlich die Sonderprobleme
der großen Ballungsgebiete (z.b. London, Paris, usw.) unberücksichtigt. Es wird
aber demonstriert, daß ein auf Sozialindikatoren basierendes Informationssystem
mit Entscheidungsrelevanz auch unter Berücksichtigung raumspezifischer Besonderheiten methodisch und technisch grundsätzlich konstruierbar ist. Die entscheidenden Voraussetzungen seiner Aussagefähigkeit und Verwendbarkeit als politischer Entscheidungshilfe sind jedoch, wie sich zeigt, wiederum politischer
Natur. Der Prozeß der (abgestimmten) politischen Entscheidung über die räumlichen Förderprioritäten kann dadurch nicht ersetzt werden. Er kann möglicherweise aufgrund 'präziser' (numerischer) Informationen "besser" strukturiert
werden, (Ziel-)Konflikte werden eher transparent.

Die letztlich entscheidenden Fragen und Probleme aber liegen, wie diese Untersuchung zeigt, nicht im formal-methodischen Bereich, sondern im Bereich der
politischen Konfliktaustragung und Konsensbildung. Und beides ist durch rein
methodische Operationen und gesteigerte Computereinsätze allein eben nicht her-
stellbar.

2. DIE GRUNDLEGENDE PROBLEMSTELLUNG DER UNTERSUCHUNG
Informationelle Voraussetzungen räumlicher Förderprioritäten in einem föderativen Rahmen

Die Problemstellung dieser Untersuchung bezieht sich im weitesten Sinne auf die Möglichkeiten und Grenzen einer rationalen (problemorientierten und als solche nachvollziehbaren und legitimierbaren) Bestimmung der Vorranggebiete einer im föderativen Rahmen ausgeübten Raumordnungspolitik mit ihrer ziel- oder problemorientierten Regionalförderung. Von derartigen räumlichen Förderprioritäten wird eine Erhöhung der problemorientierten Selektivität regionaler Förderprogramme und eine Verbesserung der Lenkung gesamträumlicher Ressourcen in vorrangig zu fördernde Teilräume nach Bedarfskriterien erwartet. Die Auswahl der "bedürftigsten" Gebiete hängt aber in hohem Maße von der verfügbaren Informationsbasis ab. Informationen stellen das verbindende Element zwischen den realen Prozessen innerhalb der einzelnen Teilräume und der Förderaufgabe der gesamträumlichen Einheit dar. Die Analyse dieser Prozesse zielt auf eine - im Hinblick auf das jeweilige Förderziel - möglichst umfassende Repräsentation der regionalen Verhältnisse, was die Erhebung der entsprechenden Informationen für alle Teilräume voraussetzt. Die methodische Verbesserung der Informationserhebung und -verarbeitung wird damit zu einer wichtigen Voraussetzung der Raumordnungspolitik.[1] Nun ist es jedoch nicht möglich, einen derart komplexen Gegenstand wie eine Region rein deskriptiv vollständig zu erfassen. Es müssen Bezugspunkte angelegt werden, auf die sich die Informationen beziehen. Damit haben diese aber immer einen aspekthaften Charakter.

Die spezifischen informationsorganisatorischen Voraussetzungen einer rational operierenden Raumordnungspolitik und Regionalförderung in einem föderativen wie auch in einem supranationalen Rahmen sind Gegenstand dieser Untersuchung. In den folgenden drei Unterkapiteln sollen die wichtigsten Probleme solcher Regionalförderungskriterien grundsätzlich analysiert sowie prinzipielle Lösungsansätze und deren praktische Restriktionen diskutiert werden. Diese Ansätze werden dann in dem anschließenden § 3 wieder aufgenommen und methodisch bearbeitet.

---

[1] Vgl. die Diskussion um die Abgrenzungskriterien der "Gemeinschaftsaufgabe regionale Wirtschaftsförderung" sowie den Stellenwert der Sozialindikatoren im Bundesraumordnungsprogramm.

2.1 Grundsätzliche Voraussetzungen der vergleichenden Bewertung von Teilräumen

Die Raumordnungspolitik einer gesamträumlich politischen Einheit zielt ihrem propagierten Anspruch nach auf den Abbau von Entwicklungs- und Versorgungsdisparitäten zwischen den einzelnen regionalen (u.U. auch intranationalen) Teilräumen, die ihren Gesamtraum konstituieren. Als Inbegriff aller raumgestaltenden Maßnahmen soll diese Raumordnungspolitik die Schaffung gesamträumlich gesunder und ausgewogener Lebens- und Arbeitsbedingungen oder die Gleichwertigkeit der teilräumlichen Lebensverhältnisse anstreben und ihren Mitteleinsatz an entsprechend operationalisierten Zielen ausrichten. Als solche Ziele werden in raumordnungspolitischen Programmen z.B. Versorgungszielsetzungen erwähnt, d.h. die angemessene und über alle Teilräume gleichwertige Ausstattung mit öffentlichen Versorgungsleistungen, oder auch die Einkommenszielsetzung, d.h. die Schaffung als ausreichend anzusehender Einkommen (Einkommensmöglichkeiten) für die Bewohner aller Teilräume. Offen bleibt dann aber zumeist, was im regionalen Einzelfall als Maßstab für eine als "angemessen" zu bewertende Versorgung und ein als "ausreichend" zu bewertendes Einkommensniveau gelten soll. Dabei begründen derartige Normwerte ja erst die Entwicklungsbedürftigkeit und - daraus abgeleitet - Förderungsbedürftigkeit eines Teilraums.

Der erste Problemkomplex lautet somit: Wie ist eine gegebene teilräumliche Situation im Hinblick auf ihre Entwicklungsbedürftigkeit zu bewerten? Die häufige Verwendung gesamträumlicher Durchschnittswerte als Normwerte vermag in keiner Weise zu befriedigen, da es sich weder um problembezogene noch um normativ begründbare Zielwerte handelt.[1)]

Doch das Operationalisierungsproblem im Rahmen der Raumordnungspolitik bezieht sich nicht nur auf die im regionalen Einzelfall angelegten Bewertungsmaßstäbe, sondern schließt vorgängig bereits die Objektbereiche (z.B. als Lebensbereiche) und die zugehörigen Merkmale ein, die überhaupt bei der Bewertung regionaler Förderungsbedürftigkeit berücksichtigt werden sollen. Raumordnungspolitik mit dem eingangs umschriebenen Selbstverständnis hat einen relativ umfassenden Anspruch, der ihr die eindimensionale Bedarfsbewertung von Teilräumen (etwa auf der Basis lediglich ihres Bruttoinlandsprodukts) verwehrt. Ihre Bewertungen werden daher multipel, ihre Kriterien mehrdimensional sein müssen.

Der zweite Problemkomplex lautet daher: Wie weitreichend soll der Bezugsrahmen "raumordnungspolitisch relevanter" Regionalinformationen sein, d.h. welche regionalen Entwicklungs- und Versorgungsbereiche sollen bei der Bewertung eines Teil-

---

[1)] Trotz dieser prinzipiellen Kritik an der Verwendung großräumiger Durchschnittswerte als Normwerte in der regionalpolitischen Argumentation sahen sich die Bearbeiter gezwungen, sowohl bei den (verbalen) Problembeschreibungen der Testgebiete in § 4 als auch bei den Berechnungen in § 5 mangels ausformulierter politischer Zielwerte doch wieder auf Durchschnittswerte zurückzugreifen.

raumes durch die gesamträumliche Einheit berücksichtigt werden? Nicht befriedigen kann z.B. eine Beschränkung der Reichweite "relevanter" Informationen der Raumordnungspolitik auf die teilräumliche Wirtschaftslage.

Die interregionale Verteilung raumordnungspolitischer Fördermittel läßt sich einerseits etwa an Kriterien der komparativen Entwicklungsbedürftigkeit aller berücksichtigten Teilräume orientieren. Darum sollen (dem Anspruch der Regionalförderung nach) vorrangig diejenigen Regionen gefördert werden, die unter Anlegen bewußt wertender Maßstäbe als die "entwicklungsbedürftigsten" identifiziert werden. Die interregionale Verteilung der Fördermittel läßt sich (zumindest theoretisch) aber andererseits auch an Kriterien der regionalen Entwicklungsfähigkeit orientieren. In diesem Falle sollen (dem Anspruch der Regionalförderung nach) vorrangig diejenigen Regionen gefördert werden, die als diejenigen mit den (komparativ) "größten Entwicklungschancen" identifiziert werden.

Der dritte Problemkomplex lautet damit: Gibt es methodische Möglichkeiten und wo liegen die praktischen Grenzen der regionalvergleichenden Bestimmung räumlicher Förderprioritäten auf der Grundlage regionaler Bewertungen, die eine Erhöhung der Selektivität gesamträumlicher raumordnungspolitischer Regionalförderungsprogramme und eine Verbesserung der Lenkung gesamträumlicher Ressourcen in vorrangig zu fördernde Teilräume nach Bedürftigkeitskriterien erlauben?

Der innerhalb des dritten Problemkomplexes erhobene Anspruch auf Berücksichtigung der komparativen Entwicklungsbedürftigkeit leitet unmittelbar zum nächsten Problemaspekt über. Denn es liegt auf der Hand, daß insbesondere in dem dieser Untersuchung zugrundegelegten Fall einer supranationalen (europäischen) Raumordnungs- bzw. Regionalpolitik die Entwicklungsbedürftigkeit ihrer Bezugsgebiete - als ihrer potentiellen Vorranggebiete der Regionalförderung - nicht ausschließlich aufgrund interregional unmittelbar vergleichbarer weil formal einheitlicher Informationen bestimmt werden kann. Die Zwangsläufigkeit interregionaler Heterogenität der gesamträumlich relevanten Informationen ist nicht nur normativ in der notwendigen Berücksichtigung regionaler Besonderheiten und raumspezifischer Bedürftigkeiten begründet. Sie resultiert zugleich auch aus Restriktionen im statistischen Bereich, wie sie in ungleichen Definitionen, Verfügbarkeiten und Erhebungszeitpunkten zum Ausdruck kommen, in ungleich dimensionierten räumlichen Bezugseinheiten und dergleichen. Sie resultiert ferner und vor allem auch aus sozioökonomischen und soziokulturellen Unterschieden zwischen Regionen, die keinen aussagefähigen Regionalvergleich auf der Basis nur homogener, einheitlich verfügbaren und damit wirklich unmittelbar vergleichbarer

Informationen ermöglichen. So sind national u.u. noch formal interregional vergleichbare Informationen über teilräumliche Ausstattungsniveaus und Leistungen (wie etwa die Übertrittsquote zu Gymnasien innerhalb der Bundesrepublik Deutschland, die Übertrittsquote zu Secondary Schools innerhalb Irlands) intra- und international darum nicht mehr vergleichbar, weil die sozialökonomische regionalspezifische Relevanz bzw. die Klassifikation (im genannten internationalen Beispiel aufgrund der unterschiedlichen Bildungssysteme) nicht übereinstimmen. Die Notwendigkeit der Berücksichtigung von Heterogenität im Rahmen eines aussagefähigen Regionalvergleichs muß an dieser Stelle nicht weiter begründet werden. Sie wird materiell-konkret im empirischen Teil der Untersuchung deutlich werden.

Der vierte Problemkomplex hat daher die Frage zum Gegenstand: Ist es überhaupt und wenn, in welchem Maße und mit Hilfe welcher Techniken möglich, bestimmte oder gar alle relevanten Merkmalsbereiche raumspezifisch zu berücksichtigen, ohne die notwendige Mindestvergleichbarkeit der Teilräume zu verletzen? Aus den genannten Gründen ist (angesichts der erwähnten Notwendigkeit einer möglichst mehrdimensionalen Bewertung einerseits, angesichts der Tatsache untereinander wegen ihrer Funktion sehr unterschiedlich strukturierter Teilräume andererseits) die Berücksichtigung von nur interregional einheitlich definierbaren (formal unmittelbar vergleichbaren) Merkmalen jedenfalls nicht zu rechtfertigen. Denn "gerechte" bzw. "gerechtfertigte" Entscheidungen über räumliche Förderprioritäten sind auf dieser Grundlage nicht zu treffen. Ist aus den aufgeführten Gründen ein Regionalvergleich anhand nur interregional homogen beschreibbarer Merkmale nicht möglich, sondern ist stattdessen Raumspezifisches zu berücksichtigen, so erweist sich zugleich der Vergleich, auf der Grundlage reiner Ist-Informationen über die berücksichtigten Teilräume als undurchführbar. Damit ist aber auch der(methodische) Anspruch auf Herstellung "unmittelbarer" Vergleichbarkeit teilräumlicher Entwicklungsniveaus, Ausstattungen und Leistungen als praktisch nicht einlösbar aufzugeben. /

Als grundsätzlich mögliche und im Rahmen dieser Untersuchung praktisch getestete methodische Alternative soll der Versuch gelten, Teilräume auf der Grundlage komplexer Zielerreichungsaussagen zu vergleichen. Damit ist gemeint, daß innerhalb eines gesamträumlich einheitlichen Bezugsrahmens die raumspezifisch relevanten (und aussagefähigen) Informationen von den teilräumlichen Gebietskörperschaften oder anderen Institutionen erhoben und aus der spezifisch teilräumlichen Zielperspektive bewertet werden. Aus dieser normativen Einschätzung von Ist-Ausprägungen raumspezifischer, als solcher interregionel nicht ver-

gleichbarer Merkmale im Sinne des Ist-Soll-Vergleichs resultieren Zielerreichungsaussagen. Diese können auf interregional einheitliche Bezugspunkte hin
zusammengefaßt und so (dem methodischen Anspruch nach) auf sektoral aggregiertem Niveau interregional vergleichbar gemacht werden.

Innerhalb des fünften Problemkomplexes stellen sich daher die entscheidenden
methodischen Fragen dieser Untersuchung: Wieweit lassen sich methodisch im
Rahmen eines mehrdimensionalen Bewertungssystems der Regionalförderung einer
z.B. europäischen Raumordnungspolitik die im regionalen Einzelfall relevanten
"Bedürfnisse" als raumspezifische Entwicklungsziele quantitativ erfassen?
Wieweit lassen sie sich zu den regional tatsächlich erreichten Werten sinnvoll
in Beziehung setzen und so im Sinne jeweiliger "Bedürfnisbefriedigungen" als
Zielerreichungsgrade ausdrücken? In welcher Form lassen sie sich sinnvoll (nachvollziehbar) gewichtet zusammenfassen? Wieweit erlauben dann die solcherart komplexen Informationen über regionale Zielerreichungen im Rahmen des gesamträumlichen Informationssystems die Bestimmung der komparativen Förderungsbedürftigkeit aller berücksichtigten Regionen?

In ihrer Gesamtheit konstituieren die innerhalb der einzelnen Problemkomplexe
genannten formalen Fragen die methodische Problemstellung der Untersuchung, die
zusammengefaßt lautet: Ist es überhaupt und wenn ja, in welchem Maße und mit
Hilfe welcher methodischen Techniken möglich, ein aussagefähiges, nachvollzieh-
bares und nicht-manipulierbares mehrdimensionales Informationssystem zu konstruieren, das als Informationsbasis einer föderativen oder supranationalen
Regionalförderung dienen kann?

Raumspezifisch erhobene Informationen und festgelegte Entwicklungsziele, die
einheitlich zu (dem Anspruch nach interregional vergleichbaren) Gesamtaussagen
verdichtet werden, seien die konstitutiven Entscheidungsgrundlage für die zentral gesteuerte Regionalförderung.

2.2 Raumanalytische Voraussetzungen der vergleichenden Bewertung von Teilräumen

Die Auswahl der im Rahmen einer zentral gesteuerten föderativen oder supranationalen Raumordnungspolitik prioritär zu fördernden Gebiete soll sich nach
ihrer komparativ bewerteten "Entwicklungsbedürftigkeit" richten, die grundsätzlich nur in der oben beschriebenen Weise auf der Grundlage regionsspezifischer Raumnutzungs- und Raumentwicklungsansprüche meßbar gemacht werden kann.
Da es sich um raumbezogene Bedürfnisse handelt, können diese nicht losgelöst
vom Flächenumfang ihres Bezugsraums bestimmt und bewertet werden.

Idealerweise sollten daher die auf ihre Entwicklungsbedürftigkeit hin raumspezifisch analysierten aber komparativ bewerteten Teilräume so abgegrenzt sein,
daß sie zumindest von ihrem Flächenumfang her etwa vergleichbar sind. Damit würden die bekanntlich bei allen Informationen in Form von Durchschnittswerten auftretenden Nivellierungseffekte sowie die durch die Abgrenzung aus dem Blick ge-
ratenden räumlichen Verflechtungen und Substitutionen, die beide den Wert der
raumspezifischen Informationen beträchtlich einschränken, zumindest in ähnli-
chem Umfang auftreten. Die entsprechende Problemfrage dieses Kapitels lautet
daher: Wieweit besteht gegenwärtig Heterogenität auch hinsichtlich der Dimensionen der vergleichend bewerteten Teilräume der europäischen Regionalpolitik und
wieweit läßt sich "Ähnlichkeit" hinsichtlich der räumlichen Dimension der Be-
dürftigkeitsanalyse herstellen?

Der deutsche Beirat für Raumordnung[1] empfiehlt ein supranational einheitliches
Vorgehen auf zwei Ebenen, das einerseits (kleinere) Analyseräume und andererseits
(größere) Programmräume unterscheidet. Letztere sollten sich in der Regel aus
mehreren Analyseräumen zusammensetzen. Dabei sollen die Analyseräume "eine den
tatsächlichen Lebensbedingungen entsprechende Charakterisierung der räumlichen
Struktur" ermöglichen, während die Programmräume als Bezugsräume europäischer
Maßnahmen planungsfähige Gebietseinheiten darstellen sollen. Die Entwicklung
eines solchen "Systems der europäischen Programmregionen" sei, so wird in der
Empfehlung ausgeführt, eine besonders dringliche Aufgabe, da erst auf einer solchen Basis eine "europäische Raumordnungspolitik", d.h. eine "gezielte Politik
zur Beeinflussung der räumlichen Entwicklung" in Angriff genommen werden könne.

Gee/Treuner[2] haben die nationalen Analyse- bzw. Programmeinheiten innerhalb
der Europäischen Gemeinschaft hinsichtlich ihrer Größenordnung und Datenlage
einer international vergleichenden Analyse unterzogen. Die Ergebnisse ihrer
Untersuchung weisen die starken Abweichungen im Flächenumfang zwischen den Bezugs-
räumen der einzelnen nationalen Raumordnungspolitiken nach. Entsprechend unbefriedigend fällt der Vergleich der nationalen Datensituationen aus. Gee/Treuner
plädieren daher für "ein System in etwa vergleichbarer Analyseräume" der gemeinschaftlichen Raumordnungspolitik sowie für die Zusammenfassung der Analyseeinheiten zu "Programmräumen".[3]

---

[1] Empfehlung zur europäischen Raumordnungspolitik, Schriftenreihe "Raumordnung"
des Bundesministers für Raumordnung, Bauwesen und Städtebau 06.009, Bonn-
Bad Godesberg 1976, S. 19.

[2] Colin Gee/Peter Treuner: Zur Datenlage für eine europäische Raumordnungspolitik,
in: Raumordnung und Raumforschung 3, 1976, S. 115-124; ausführlicher dies.,
Datenbasis für eine europäische Raumordnungspolitik. Arbeitsbericht erstellt
im Auftrag des Bundesministers für Raumordnung, Bauwesen und Städtebau, Stuttgart 1975; Professor Treuner war Vorsitzender der europäischen Arbeitsgruppe
des Beirates für Raumordnung von der die oben erwähnte Empfehlung verfaßt wurde.

[3] Gee/Treuner: Zur Datenlage ..., a.a.O., S. 124

Derartige Programmräume als Bezugsräume einer Raumordnungspolitik der Europäischen Gemeinschaften bzw. ihrer Regionalförderung müssen jedoch nach der Empfehlung des Beirates "in jedem Falle .... aus Verwaltungseinheiten bestehen oder mit solchen identisch sein, um eine möglichst befriedigende Lösung des Informationsproblems zu gewährleisten".[1] Unter diesen Aspekten sprechen auf absehbare Zeit (solange die Verwaltungsräume zwischen den Mitgliedstaaten der Gemeinschaft einander nicht angepaßt werden) institutionelle und verwaltungstechnische Gründe für eine Berücksichtigung der bestehenden administrativen Raumeinheiten - trotz deren größenmäßiger Heterogenität.

2.3 Institutionelle Voraussetzungen der vergleichenden Bewertung von Teilräumen

Die gesamträumliche (zentrale) Ausweisung von Vorranggebieten einer supranationalen Raumordnungspolitik und ihrer Regionalförderung sollte - wie in § 2.1 begründet - zweckmäßigerweise auf der Basis raumspezifisch erhobener Informationen und teilräumlich (dezentral) festgelegter Entwicklungsziele (Bedarfsmaßstäbe und Ansprüche) vorgenommen werden. Damit wird die Erfüllung der zentral-staatlichen (gesamträumlichen) Funktion, "regionale Ungleichgewichte" zu stabilisieren, aber stark von dezentral getroffenen Ziel- bzw. Präferenzentscheidungen abhängig. "Rationale", d.h. nachvollziehbare und legitimierbare Prioritätsentscheidungen der gesamträumlichen Einheit sind auf dieser Grundlage nur bei gleichzeitiger zentraler Koordination der vielen (dezentralen) Zielfestlegungen möglich. Diese setzt eigentlich (im Rahmen eines in sich konsistenten Zielsystems dieser Raumordnungspolitik) neben der entsprechenden Koordinationskompetenz der gesamträumlich-zentralen Einheit auch ein einheitliches Gesamtkonzept der supranationalen Raumordnungspolitik als normative Basis voraus.

Die Problemfragen dieses Kapitels lauten dann: Wieweit müßte methodisch und wieweit kann politisch (auf der Grundlage eines einheitlichen Gesamtkonzepts der supranationalen Raumordnungspolitik) die Heterogenität der teilräumlich-dezentral entschiedenen Raumnutzungsansprüche und Zielwerte durch gesamträumlich einheitliche (homogene) und koordinierende Rahmenbedingungen eingeschränkt werden, um - aus der Zielperspektive des Gesamtraums - zu rationalen Förderprioritäten zu gelangen?

Die gesamträumliche Politikeinheit hat - so wird angenommen - spezifische(Verteilungs-)Ziele ihrer Regionalförderung, die sich auf den Gesamtraum beziehen und mit dem Begriff "Erreichung einer gleichgewichtigeren Raumentwicklung" umschrieben werden können. Ihre räumlichen Förderprioritäten seien an dieser ab-

---

[1] Empfehlung zur europäischen ..., a.a.O., S. 19

strakten Zielsetzung ausgerichtet. Die Voraussetzung ihrer Operationalisierung
ist die Identifizierung der "ungleichgewichtig entwickelten" bzw. "hinter der
allgemeinen Entwicklung zurückgebliebenen" Räume. Die entsprechenden Maßstäbe
sind - wird der gesamträumliche Durchschnitt irgendwelcher raumbezogener Merkmale
als normativ unbegründet abgelehnt - möglichst weitgehend auf der Grundlage räumlicher Entwicklungskonzepte mit den raumspezifischen Zielen der Raumnutzung und
regionalen Bedarfsmaßstäbe zu definieren.

Die raumspezifischen und konkreten Entwicklungsziele der teilräumlichen Politik-
einheiten sind dagegen nur auf das eigene Territorium und dessen 'optimale' Entwicklung bezogen, ohne räumliche Externalitäten zu berücksichtigen. Daraus ergeben sich gerade auch im Hinblick auf die Bestimmung gesamträumlicher Förderprioritäten ganz bestimmte Konsequenzen. Denn wenn die Höhe der zur Verteilung
anstehenden Fördermittel als konstant vorgegeben, d.h. als unabhängig von der
Anzahl der zu fördernden Teilräume angenommen wird, so gilt:

- je kleiner die Anzahl der "förderungsbedürftigen" Teilräume ist, desto kon-
  zentrierter kann der Mitteleinsatz der Raumordnungspolitik sein, desto höher
  kann die Effizienz ihrer Regionalförderung aus der Verteilungsperspektive
  des Gesamtraums sein, desto größer sind aber auch zwangsläufig die Verteilungskonflikte;
- je größer die Anzahl der "förderungsbedürftigsten" und geförderten Teilräume
  ist, desto disperser ist - bei räumlicher Gleichverteilung der Mittel innerhalb derselben - der Mitteleinsatz der Raumordnungspolitik (Gießkannenprinzip),
  desto geringer ist die Effizienz ihrer Regionalförderung aus der Verteilungsperspektive des Gesamtraums. Desto höher ist aber auch die Wahrscheinlichkeit
  der "Befriedigung" einer möglichst großen Anzahl von Teilräumen, d.h. desto
  geringer sind die Verteilungskonflikte.

Das spezifische Interesse der gesamträumlichen Einheit ist es daher, einerseits
die Zahl der zu fördernden Teilräume einzugrenzen - dieser Aspekt verweist auf
das Schwerpunktprinzip der Regionalförderung -, gleichzeitig aber andererseits
die Verteilungskonflikte zu minimieren - dieser Aspekt verweist auf entsprechende Legitimationsprobleme der Schwerpunktförderung. Beides erfordert daher eine
möglichst weitgehende Einheitlichkeit der wertenden Analyse regionaler Entwicklungsbedürftigkeit. Dies bedeutet die möglichst weitgehende Berücksichtigung
von Heterogenität in der Wertung regionaler Zustände, ohne daß die gesamträumliche Einheit die spezifische Zielperspektive ihrer Raumordnungspolitik aus
dem Auge verlieren darf.

Das Dilemma aus der Sicht der gesamträumlichen Einheit liegt somit in dem Anspruch nach Schwerpunktförderung bei bloßer Rahmensetzungskompetenz hinsichtlich der normativen Bedürfnisanalysen, da die Teilräume über die eigentliche Normsetzungskompetenz verfügen. Und dieser Sachverhalt erzwingt unter institutionellen Gesichtspunkten die weitgehende Berücksichtigung "regionaler Besonderheiten".

Das Dilemma aus der Sicht der teilräumlichen Einheiten liegt darin, daß es ihr spezifisches Interesse ist, den eigenen Teilraum möglichst als entwicklungs- und damit förderungsbedürftig darzustellen. Dieses Interesse führt aber in der zwangsläufigen Konsequenz aller raumspezifischen Bedarfsmaßstäbe - aus der Zielperspektive des einzelnen Teilraums dagegen durchaus ungewollt - zu einer tendenziellen Ausweitung der Anzahl zu fördernder Teilräume und damit zur entsprechenden Einschränkung des Prinzips der Schwerpunktförderung.

Was jeweils aus gesamträumlicher bzw. teilräumlicher Zielperspektive "wünschenswert", "realistisch" oder "zulässig" ist, läßt sich wissenschaftlich nicht entscheiden. Wohl aber lassen sich die (möglicherweise) unterschiedlichen Ergebnisse unterschiedlich weitreichender Rahmenbedingungen darstellen und in ihren Auswirkungen beschreiben. Auf der Basis eines methodischen Verfahrens, das auf die Konstruktion eines mehrdimensionalen regionalen Informationssystems zielt - dessen Beschreibung in § 3 jetzt folgt -, lassen sich (so der methodische Anspruch) die Auswirkungen unterschiedlich restriktiver gesamträumlich einheitlicher Rahmenbedingungen auf die Bestimmung räumlicher Förderprioritäten testen.

3. DIE METHODISCHEN ASPEKTE DER UNTERSUCHUNG

Ein regionales Bewertungssystem auf der Basis normativer Sozialindikatoren

Der dieser Untersuchung zugrundegelegte methodische Forschungsansatz zielt auf die Verdichtung interregional uneinheitlicher weil raumspezifischer Einzel-Informationen über bestimmte teilräumliche "Defizit-Aspekte" zu interregional vergleichbaren Gesamt-Informationen über die regionale "Entwicklungsbedürftigkeit" im Rahmen eines multiplen regionalen Bewertungssystems. Als Informationsträger dienen raumbezogene Sozialindikatoren, die von den Teilräumen gebietsspezifisch konstruiert, bewertet (d.h. als normative Indikatoren definiert) sowie - innerhalb eines gesamträumlich einheitlichen konzeptionellen Bezugsrahmens der Regionalförderung - selektiert und gewichtet zu einem Bewertungsindex zusammengefaßt werden. Dadurch soll dem Anspruch Genüge getan werden, bei der gesamträumlichen Prioritätensetzung möglichst weitgehend regionale Besonderheiten und spezifische Bedürfnisse zu berücksichtigen. Die durch die normativen Indikatoren zum Ausdruck gebrachten Informationen implizieren zugleich die Repräsentation realer regionaler Verhältnisse sowie die Wertung dieser Verhältnisse im Sinne eines Ist-Soll-Vergleichs. Die normativen Indikatoren liefern daher wertgebundene Zustandsaussagen über ihren jeweiligen Bezugsraum. Sozialindikatoren innerhalb dieses Forschungsansatzes sind somit politische Entscheidungshilfen, die erst auf der Basis politisch gesetzter Normen ihre Aussagefähigkeit gewinnen. Sie leisten dem Anspruch nach insofern einen wichtigen Beitrag zu einer rationalen, in ihren räumlichen Prioritätsentscheidungen nachvollziehbaren Politik, als sie Ziele und Ansprüche raumspezifisch quantifizieren und damit für das regionale Bewertungssystem operationalisieren.

3.1 Die Verwendung normativer Sozialindikatoren als Träger raumspezifischer Informationen

Sozialindikatoren werden in der wissenschaftlichen Forschung[1] als quantifizierte gesellschaftliche Informationen definiert und haben die Form von 'Meßzahlen' oder 'Kennziffern'. Sie sollen dem Anspruch der sogenannten Sozialindikatoren-Bewegung nach in einer komplexen und dynamischen Gesellschaft die Meßbarmachung und Messung sozialer Tatbestände zur Standortbestimmung, Planung, Meinungsbildung und Entscheidungsfindung ermöglichen. In Absetzung von einem überkommenen, als eindimensional kritisierten Bruttosozialprodukts-Konzept, soll mit Hilfe sozialer Indikatoren die Gesellschaft in ihrem Wandel multidimensional, also

---

[1] Zu den entsprechenden in der Bundesrepublik von der Sektion Soziale Indikatoren der deutschen Gesellschaft für Soziologie vorgelegten theoretisch-methodischen Arbeiten vgl. W. Zapf (Hrsg.): Soziale Indikatoren. Konzepte und Forschungsansätze, Frankfurt/New York 1974.

möglichst umfassend, beschreibbar gemacht, eine konzentrierte Bestandsaufnahme
der für die soziale Wohlfahrt bedeutsamen und sozialpolitisch relevanten Lebensbedingungen ermöglicht werden.[1]

Als Funktion gesellschaftlicher Indikatoren werden genannt:[2]
- die Erhöhung der Transparenz für die Öffentlichkeit;
- die 'rationale' Entscheidungsfindung durch eine Operationalisierung politischer
  Zielvorstellungen in Form von Soll-Indikatoren, die eine Quantifizierung der
  politischen Willensbildung ermöglichen;
- die Bereitstellung einer quantitativen Basis für Wirkungsanalysen und Erfolgs-
  kontrollen politischer Maßnahmen.

Die diesem Forschungsprojekt zugrundeliegende Fragestellung zielt auf eine normative Verwendung gesellschaftlicher Indikatoren für die Regionalanalyse. Danach
liefern Indikatoren wertgebundene Zustandsaussagen über einen (Teil-)Raum, wobei
(vorgegebene) politische Ziele und Interessen den Ausschlag geben sollen.
Die angenommene Funktion der Sozialindikatoren als normative Indikatoren innerhalb dieses Ansatzes lautet daher:
- eine "Erweiterung" der statistischen Informationen über die Ist-Zustände von
  (Teil-)Räumen durch ihre Konfrontation mit den entsprechenden Soll-Zuständen
  als Grundlage einer bewußt wertenden Einschätzung regionaler Entwicklungen
  und Leistungen;
- eine entsprechend quantitative Grundlegung regionalpolitischer Zielfindung;
- eine Sichtbarmachung von raumspezifischen Entwicklungs-, Versorgungs- und
  Leistungsdefiziten, d.h. von den Faktoren, die sich u.U. zu einer Gesamtaussage über die regionale 'Entwicklungsbedürftigkeit' zusammenfassen lassen.

In Absetzung von technokratischen Konzepten der Indikatorenverwendung[3] (die
vorgeben, auch nur abstrakt formulierte politische Ziele "wertfrei" operationalisieren zu können) geht diese Untersuchung hinsichtlich der Verwendung normativer
Indikatoren davon aus, daß in der Tat
- Sozialindikatoren keine neutralen Instrumente sind, die eine bloße Ausweitung
  der vorhandenen Informationsbasis bedeuten;
- Sozialindikatoren immer interessenbezogen und zweckgebunden hinsichtlich
  ihrer Konstruktion, Bewertung und Selektion sind;

---

[1] Vgl. B.M. Gross: A Historical Note on Social Indicators, in: R.A. Bauer (Ed.):
Social Indicators, Cambridge, Mass. (London: MIT-Press 1966, S. IX-XVIII).

[2] Nach R. Werner: Soziale Indikatoren und politische Planung. Einführung in Anwendung der Makrosoziologie, Hamburg 1975, S. 122-125.

[3] Vgl. Sheldon/Freeman: Notes on Social Indicators: Promises and Potential.
Policy Sciences, 1, 1970, S. 97 ff.

- vorgegebene, durch normative Indikatoren dem Anspruch nach zu operationali-
sierende politische Ziele für die räumliche Entwicklung zwangsläufig immer
gruppenspezifisch und interessengebunden sind;
- der Orientierungslosigkeit bzw. der fehlenden präzisen Zielsetzung politischen
Handelns innerhalb der Teil-Räume nicht durch systematisch erhobene Indikatoren und gut aufbereitetes Datenmaterial abzuhelfen ist;
- die Präzisierung des regionalpolitischen Wollens gegenüber den Betroffenen
und die Lösung normativer Konflikte zwischen sozialen Gruppen und politisch-
administrativen Ressorts oder Gebietskörperschaften nicht auf die Datenebene
verlagert werden können.

Im Hinblick auf die Selektion der "richtigen" Indikatoren kann keinesfalls unterstellt werden, ein bestimmter Satz von Indikatoren könne ein objektives Abbild
einzelner teilräumlicher Lebensbereiche liefern. Vielmehr ist in jedem Falle von
dem Tatbestand auszugehen, daß Indikatoren wie jegliche gesellschaftlichen Informationen immer selektiv und zweckabhängig sind. So urteilen Naschold/Väth[1],
Indikatoren stellten "bestenfalls eine formale Systematisierung der zugrund-
liegenden Irrationalitäten dar".

Im Hinblick auf den Zielaspekt normativer Indikatoren ist andererseits von der
Tatsache auszugehen, daß sich politisches Handeln überwiegend durchaus nicht an
klaren Zielsetzungen orientiert. Dies wird durch empirische Langzeit-Untersuchun-
gen für bestimmte politische Bereiche bestätigt. So weist H.K. Schneider in
seinen Untersuchungen über die Zielbestimmung für die Wirtschaftspolitik auf die
fehlende Präzison und Präzisierbarkeit von wichtigen Zielen hin.[2] Eine ziel-
adäquate Wirtschaftspolitik sei schon deswegen nicht möglich, weil generell die
Hauptziele inhaltlich entleert würden, kurzfristige Ziele vorherrschten und die
Gefahr bestünde, daß Zielsysteme insgesamt inkonsistent würden. Auf die politischen Vorteile leerformelhafter Ziele für die politische Exekutive gerade im
Bereich der Raumordnung verweisen Buttler/Gerlach/Liepmann[3]. "Bei fehlender
Übereinstimmung zwischen Bund und Ländern ermöglichen sie den Ländern eine politisch eigenständige Raumordnungspolitik. Mit inhaltlich entleerten Zielen läßt
sich politisch vortrefflich arbeiten."[4] Zimmermann stellt in diesem Zusammenhang, die Ergebnisse seiner Untersuchung[5] zusammenfassend, fest, "daß der bis-

---

[1] Naschold/Väth: Politisches Planungssystem im entwickelten Kapitalismus,
in: dies. (Hrsg.): Politische Planungssysteme, Opladen 1973, S. 17.

[2] H.K. Schneider: Zielbestimmung für die Wirtschaftspolitik in der pluralisti-
schen Gesellschaft, in: Theoretische und institutionelle Grundlagen der
Wirtschaftspolitik, hrsg. von H. Besters, Berlin 1967, S. 52 f.

[3] F. Buttler/K. Gerlach/P. Liepmann: Grundlagen der Regionalökonomie, Reinbek
bei Hamburg 1977, S. 124 f.

[4] Buttler/Gerlach/Liepmann: Grundlagen ..., a.a.O., S. 125.

[5] H. Zimmermann: Öffentliche Ausgaben und regionale Wirtschaftsentwicklung,
Basel/Tübingen 1970, S. 75.

herigen (bis 1970 - Verf.) Debatte um die Raumordnungspolitik des Bundes ...
kaum Zielvorstellungen entnommen werden können .... Eine Rangordnung der Ziele
oder doch eine gewisse Abstimmung untereinander ist nicht einmal in Ansätzen
zu erkennen." Seiner im Unterschied dazu beträchtlich positiveren Einschätzung
der Ziele der Regionalpolitik muß jedoch ebenfalls widersprochen werden. So
zeigte Voss[1] gerade am Beispiel der regionalen Wirtschaftspolitik in der Bundesrepublik, daß für vorhandene Maßnahmen erst nachträglich und auch wechselnde Ziele
"unterstellt" werden. Die dem normativen Indikatoren-Konzept als politischer Entscheidungshilfe zugrundeliegende Annahme, daß die Entscheidung über die durch
Indikatoren operationalisierten Ziele den auf diese ausgerichteten Maßnahmen den
Zielen rational zugeordnet werden, erscheint damit, vom praktischen Planungsvoll-
zug her gesehen, wenig realistisch. So formulieren "überpointiert" Buttler/
Gerlach/Liepmann: "Maßnahmen, die zu handhaben die Verwaltung gelernt hat, suchen
sich ihre Ziele."[2]

In der Regel wird bei der Bestimmung von Zielwerten als den Wertungsmaßstäben der
regionalen Beurteilung auf eine normative Begründung des Zielwertes verzichtet.
Vielmehr wird aus politischen Gründen zumeist auf (großräumige) Durchschnittswerte zurückgegriffen, denen dann die Funktion von Beurteilungsmaßstäben eingeräumt wird. So wurde bei der Abgrenzung der Fördergebiete für die "Gemeinschaftsaufgabe regionale Wirtschaftsförderung" als ein Abgrenzungskriterium die Abweichung des regionalen Pro-Kopf-Einkommens vom Bundesdurchschnitt verwendet.[3] Als
weiteres Abgrenzungskriterium wurde der regionale Grad physischer Ausstattung mit
Infrastruktur relativ zur bundesdurchschnittlichen Ausstattung herangezogen.[4]

Die dargelegten Schwachstellen beziehen sich auch auf die Verwendung normativer
Sozialindikatoren unter 'technokratischen' Gesichtspunkten. Die Kritik richtet
sich dabei gegen Ansprüche, mit Hilfe von Sozialindikatoren einzelne Politikfelder
und ihre Interdependenzen auf einer objektivierten Basis entscheidungsrelevanter
operationalisierter Ziele analysieren zu können. Derartige Ansprüche werden
aber hinsichtlich der Verwendung von Sozialindikatoren in diesem Forschungsansatz gerade nicht erhoben. Vielmehr wird die teilräumliche Interessenbezogen-

---

[1] G. Voss: Erfolgskontrolle regionaler Strukturpolitik, Diss. Köln, Wirtschafts-
und sozialwissenschaftliche Fakultät der Universität Köln, 1973, S. 28.

[2] Buttler/Gerlach/Liepmann: Grundlagen ..., a.a.O., S. 127.

[3] Vgl. R. Thoss/Strumann/Bölting: Zur Eignung des Einkommens als Zielindikator
der regionalen Wirtschaftspolitik, Beiträge SWR, Bd. 15, Münster 1974, S. 34 f.
und S. 102 ff.

[4] Vgl. D. Biehl, E. Hußmann, K. Rautenberg u.a.: Bestimmungsgründe des regionalen Entwicklungspotentials, Kieler Studien, Bd. 133, Tübingen 1975, S. 100-126.

heit der Definition und Bewertung von Indikatoren bzw. der Gewichtung im Falle der Indikatorenzusammenfassung in ihren Auswirkungen auf die gesamträumlichen Förderprioritäten gerade zum Forschungsgegenstand erhoben.

Es sollen die Auswirkungen der Interessenbezogenheit und Zweckgebundenheit gesellschaftlicher Indikatoren als Informationsträger raumspezifischer Raumansprüche und Bedürfnisse auf die Verwendbarkeit derselben im Rahmen eines regionalen Bewertungssystems zur Bestimmung gesamträumlicher Förderprioritäten untersucht werden.

Denn grundsätzlich - so wird angenommen - kann die Einführung systematischer Analysetätigkeit auf der Basis normativer Indikatoren durchaus zu einer Erhöhung der Selektivität staatlicher Förderprogramme (d.h. zu einer Verbesserung der Lenkung der Fördermittel in Prioritätsräume) führen, wenn auch nicht zu einer eindeutigen Lösung des Auswahlproblems. Voraussetzung ist aber eine möglichst präzise konzeptionelle Rahmensetzung aus gesamträumlicher Zielperspektive mit einem verschärften Begründungs- und Rechtfertigungszwang teilräumlicher Interessen.

Die Frage ist aber offen, wieweit bei prinzipiell 'realistischer' Einschätzung des tatsächlichen Stellenwertes raumspezifischer Zielsetzungen ein gesamträumliches auf normativen Indikatoren basierendes regionales Informationssystem dennoch dadurch aussagefähig wird, daß der teilräumliche Dispositions- und damit Manipulationsspielraum durch bestimmte, konzeptionell begründbare gesamträumliche Restriktionen eingeschränkt wird. Und genau auf diese Frage wird in dieser Untersuchung eine Antwort gesucht.

3.2 Die Methodologie des Untersuchungsansatzes

3.2.1 Einzelindikatoren für die Ermittlung regionaler Defizite

Die Anwendung gesellschaftlicher Indikatoren setzt prinzipiell die Klärung folgender methodologischer Fragen voraus[1], die in den folgenden Kapiteln abgehandelt werden:
- Was soll warum gemessen werden?
  Diese Frage zielt auf die in § 2 grundsätzlich für dieses Forschungsprojekt umrissene Fragestellung sowie auf die erwartete Leistung der Indikatoren.

---

[1] Vgl. R. Werner: Soziale Indikatoren ..., a.a.O., S. 55-105.

- Aufgrund welcher Annahmen über die Zusammenhänge welcher Faktoren soll
dies gemessen werden?
Diese Erweiterung der ersten Frage zielt auf den (hypothetischen) Zusammenhang zwischen den verschiedenen, unter Verwendung raumspezifischer Indikatoren
gemessenen regionalen Aspekten. Dies ermöglicht erst eine gezielte - und nachvollziehbare - Selektion der "relevanten" Indikatoren.
- Von welchen theoretischen bzw. normativen Grundlagen werden diese Annahmen
abgeleitet und erklärt?
Damit ist der theoretisch oder politisch-normativ begründete Bezugsrahmen
der Selektionsleistung angesprochen.
- Nach welchen theoretischen oder politisch-normativ begründeten Kategorien
sollen Einzelaussagen (Indikatoren) zu Gesamtaussagen (Indices) zusammengefaßt werden, die wieder aufgrund welcher theoretisch oder politisch-normativ
begründeter Selektionskriterien ausgewählt werden?
Damit schließlich ist die im Fall der Aggregàtion von Indikatoren sich stellen-
de Frage nach der Definition des so gebildeten Konstruktes bzw. nach den Aus-
wahl- und Abgrenzungskriterien dieses Konstruktes gestellt.

Die letzten drei Aspekte werden vorrangig in § 4.4 behandelt, der erste Aspekt
im folgenden. Normative Sozialindikatoren im hier zu verwendenden Sinne enthalten zielgerichtet quantifizierte Angaben über bestimmte Einzelaspekte teilräumlicher Entwicklung, Versorgung und Leistung. Normativ sind sie insofern, als
sie in ihrem Wert bereits eine Kombination von Ist- und zugehörigen Soll-Indikatoren darstellen, aus deren Gegenüberstellung die relativen Zielerreichungen
berechnet werden. Normative Indikatoren stellen in diesem Rahmen damit ein Maß
für die teilräumliche Zielerreichung bezüglich des beschriebenen Aspekts dar,
für die Differenz zwischen Zielwert und tatsächlichem Wert.
Die Verwendung normativer Sozialindikatoren in diesem Sinne impliziert somit
grundsätzlich bereits
- die Bestimmung bzw. Auswahl von Indikatoren (als Konstrukte aus statistischen Merkmalen);
- die Erhebung bzw. Berechnung von Ist- und die Festlegung von entsprechenden
Zielwerten;
- die Bestimmung von Schwellenwerten und Funktionsformen für den Bewertungsprozeß.

Die Aussagen normativer Sozialindikatoren bringen damit teilräumliche Defizit-
Aspekte zum Ausdruck, wobei diese Defizite entweder - bezogen auf Ist-Werte -
aus einem zum Zeitpunkt der statistischen Erhebung vorgefundenen Nachholbedarf
resultieren können, oder - bezogen auf prognostizierte Werte - aus einem künftig
erwarteten Bedarf.

3.2.1.1 Die Verwendung "objektiver" statt "subjektiver Indikatoren", "Input-" statt
"Output-Indikatoren"

Es mag zwar wünschenswert erscheinen, bei der Definition der Indikatoren für
die regionale Entwicklung und Versorgung subjektive Indikatoren zugrundezulegen,
d.h. den Nutzen für einzelne Bewohner einer Region selber zu messen. Diese For-
derung, vor allem von soziologischer Seite erhoben, stößt aber heute noch auf un-
überwindbar erscheinende Hindernisse methodischer wie auch organisatorischer Art.
Es werden daher überwiegend objektive Indikatoren verwendet, d.h. es wird versucht, die Größen zu messen, die den Nutzen stiften. In die gleiche Richtung zielt
die Unterscheidung von Input- und Output-Indikatoren.

Input-Indikatoren beziehen sich auf die Mittel zur Erreichung bestimmter Ergebnisse, die wiederum durch die Output-Indikatoren gemessen werden.

Wünschenswert wäre eine eindeutige Bestimmung des Outputs, d.h. das Messen eines
durch den Einsatz bestimmter Mittel je Region spezifisch - und interregional
möglicherweise unterschiedlich - klar definierten und meßbaren erreichten
Nutzens. Aber der Output ist oft sehr schwer zu definieren oder eindeutig zu
quantifizieren, und die Beziehung zwischen Input und Output daher schwierig zu
ermitteln. Deshalb beschränkt man sich im allgemeinen (auch mangels entsprechender statistischer Informationen) auf die Verwendung von überwiegend inputorien-
tierten Indikatoren. Inputs lassen sich zwar z.T. leichter definieren und quantifizieren, aber die Aussage ist ungenauer. Es ist durchaus denkbar, daß trotz
gleicher Inputs (z.B. der gleichen Arzt/Einwohner-Relation) sich im interregionalen Vergleich ganz unterschiedliche Outputs (im Beispiel etwa Säuglingssterb-
lichkeit) durch das Vorhandensein weiterer, nicht berücksichtigter Einflußfak-
toren ergeben können.

3.2.1.2 Zur inhaltlichen Systematik der Konstruktion 'raumbezogener' Indikatoren

Die Konstruktion der z.Zt. im politischen Bereich verwandten raumbezogenen Indikatoren richtet sich überwiegend nach dem Inhalt der jeweiligen Politik, für
die diese Indikatoren als Entscheidungshilfe dienen sollen.

Außerhalb des unmittelbaren politischen Aktionsrahmens liegende Aspekte bleiben
zumeist unberücksichtigt. Raumordnungspolitik hat es demgegenüber jedoch mit
allen Kategorien der räumlichen Entwicklung, Leistung und Versorgung zu tun.
Es handelt sich dabei um funktionale Kategorien, welche die Bedürfnisse des
Individuums (wohnen, arbeiten, sich bilden usw.) und ihre Beziehungen zueinander
abdecken sollen. Die Grundaufgabe der Raumordnungspolitik wird darin gesehen,
die Befriedigung solcher Bedürfnisse auf einem regional angestrebten bzw. als
ausreichend erachteten Niveau innerhalb für zumutbar geltender Entfernung zu
bewirken.

Nun ergeben einzelne Messungen erst einen Sinn im Rahmen einer Systematik, die die mit Einzel-Indikatoren gemessenen Sachverhalte in einen logischen Zusammenhang integriert und damit einen Bezug zur regional-politischen Praxis liefert. Diese Systematik raumbezogener Indikatoren wird durch die Vergabe von sachlich begründeten Bezugspunkten hergestellt. Diese Bezugspunkte wiederum sind die Bestandteile eines heuristisch verwendeten Schemas der Indikatorenkonstruktion, das sich im Falle der Konstruktion (potentiell) raumordnungspolitisch relevanter Indikatoren aus möglichst umfassenden raumbedeutsamen Kategorien zusammensetzt. Sollen die Indikatoren in ihrer Gesamtheit beispielsweise die Grundlage einer 'möglichst umfassenden' Raumberichterstattung darstellen, so werden sich die Bezugspunkte des entsprechenden Schemas der Indikatorenkonstruktion z.B. aus den in der regionalen Wirklichkeit erfaßbaren Elementen der Raumstruktur und den diesen zugeordneten Entwicklungs-, Leistungs- und Versorgungsbereichen zusammensetzen. Ein solches Schema geht dann von einer Hierarchie regionalpolitischer Ziele aus, die z.B. mit den demographischen, sozialen, ökonomischen und physischen Elementen des Raumes assoziiert sind.

Auf diese Weise kann versucht werden, eine mehrdimensionale Zielstruktur zu operationalisieren, indem gleichzeitig die verschiedenen Zielbereiche erfaßt und dabei ihre Verflechtung besonders berücksichtigt werden. Da Elemente im o.g. Sinne und Zielbereiche selbst nicht unmittelbar gemessen werden können, müssen letztere teilraumspezifisch in einzelne quantifizierbare Aspekte aufgespalten werden. Die Einzelindikatoren beziehen sich dann auf quantifizierbare Aspekte, die inhaltlich (möglichst) eindeutig ihrem Zielbereich als "Oberbegriff" zuzuordnen sind.

Dieser verbal beschriebene Zusammenhang ist durch Abbildung 3.1 einer regionalen Zielhierarchie graphisch verdeutlicht worden.

3.2.1.3 Die räumliche Dimension normativer Indikatoren

Normative Indikatoren bringen als bewertende Zustandsaussagen räumliche Zielerreichungsgrade, d.h. das Ausmaß raumspezifischer Bedürfnisbefriedigung bezüglich des durch den Indikator beschriebenen Sachverhalts zum Ausdruck. Integraler Bestandteil jeden normativen Indikators und damit Voraussetzung seiner Definition ist ein Ziel- oder Bedarfswert als Bewertungsmaßstab. Aus dem statistisch erhobenen bzw. von der erhobenen Statistik berechnetem Wert und angestrebtem normativem Wert ergibt sich - u.U. bei Zugrundelegung weiterer Normwerte, wie in § 3.3.3 ausgeführt werden wird - der Wert des normativen Indikators. Entscheidende Bedeutung für die Aussage des normativen Indikators kommt damit dem angelegten Bewertungsmaßstab zu. Nun ist dieser Wert nicht losgelöst von den räumlichen Dimensionen der räumlichen Bezugseinheit des Indikators und dem Grad ihrer funktionalen Verflechtung mit den angrenzenden Raumeinheiten zu bestimmen.

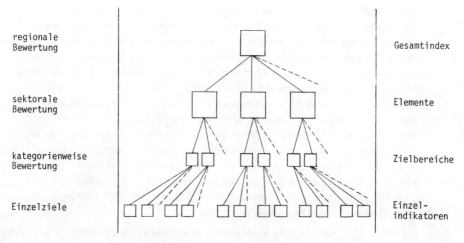

regionale Bewertung		Gesamtindex
sektorale Bewertung		Elemente
kategorienweise Bewertung		Zielbereiche
Einzelziele		Einzel- indikatoren

Abb. 3.1: <u>Schema einer regionalen Zielhierarchie</u>

Beides ist maßgebend für die Beantwortung der Frage, ob ein bestimmter Sollwert als "realistischer" Bewertungsmaßstab für den statistisch beschriebenen Istwert "gerechtfertigt" ist oder nicht.

Ist der Bezugsraum "zu groß" dimensioniert und zugleich in sich heterogen strukturiert, treten Nivellierungseffekte auf, die die Aussagekraft der Indikatoren (als raumbezogene Durchschnittswerte) entsprechend einschränken. Ist der Bezugsraum aber "zu klein" dimensioniert, so vermitteln die Indikatoren ebenfalls ein verzerrtes Bild, da räumliche Verflechtungen und die daraus resultierenden Substitutionsmöglichkeiten nicht hinreichend zum Ausdruck kommen. Idealerweise sollten diese "Verzerrungseffekte" bei den verglichenen Teilräumen gleich groß sein, was für eine - vom Flächenumfang bzw. Erreichbarkeitsgesichtspunkt her gesehen - "ähnliche" Abgrenzung und Raumgliederung spricht. Die praktischen Restriktionen solcher größenmäßig vergleichbarer Raumeinheiten für eine supranationale Raumordnungspolitik wurden in § 2.2 bereits diskutiert.

Der Schwerpunkt der folgenden Ausführungen liegt daher auf dem Aspekt überregionaler Verflechtungen und seiner Berücksichtigung bei der Analyse regionalspezifischer Entwicklungsziele und Versorgungsansprüche sowie der entsprechend gesamträumlich abzuleitenden regionalen Entwicklungsbedürftigkeit. Denn der in § 2 begründete Anspruch, raumspezifische (Entwicklungs-)Bedürfnisse anhand regionsspezi-

fischer Ziele zu bestimmen, kann nicht dahingehend interpretiert werden, die
teilräumliche "Entwicklungsbedürftigkeit"sei allein in Zusammenhang mit den Zielen der jeweiligen regionalen Entwicklungsplanung zu ermitteln. Vielmehr ist
auch der Zusammenhang mit großräumigeren Zielen bzw. gesamträumlichen Ansprüchen
der Raumordnung zu berücksichtigen. Das ergibt sich schon deswegen fast zwangsläufig, weil regionale Entwicklungsziele auch durch räumlich übergeordnete Ziele
determiniert sind. Eine weitere Notwendigkeit zur zusammenhängenden Betrachtung
von teilräumlich und räumlich übergeordneten Zielen ergibt sich aus dem Quanti-
fizierungsaspekt als solchem. Denn dabei stellt sich - im Anschluß an § 3.1 -
die Frage, welche Leistungsniveaus bzw. Ansprüche, d.h. welche Versorgungsgrade,
Ausstattungsziffern, Anteilswerte usw. für den einzelnen Teilraum als "angemessen", "überhöht" oder "zu niedrig" angesehen werden müssen im Vergleich zu den
aus gesamträumlicher Zielperspektive als gerechtfertigt erscheinenden Ansprüchen.

Die einheitlichen und den Teilräumen übergeordneten Zielvorgaben der gesamträumlich orientierten Raumordnungspolitik werden als das für einen spezifischen
Teilraum (etwa aufgrund gesamträumlicher Funktionszuweisung) "zulässige Anspruchsniveau" in dieser Untersuchung operationalisiert. Häufig werden sich dabei die
spezifischen Ansprüche der unteren Raumeinheiten nicht vollständig durchsetzen
lassen, da sie mit den Zielen der übergeordneten räumlichen Ebene nicht konsistent
sind. Die Tatsache, daß die aus teilräumlicher Zielperspektive vertretenen Anspruchsniveaus hinsichtlich der erwünschten Raumnutzung und Versorgungseinrichtungen - angesichts der Vernachlässigung ihrer räumlichen Externalitäten - im regionalen Einzelfall in einem möglichen Spannungsverhältnis zu dem aus gesamträumlicher Zielperspektive vertretenen Anspruchsniveau stehen, wurde in § 1.3
bereits institutionell begründet. Dieser Sachverhalt ist jedoch methodisch konsti-
tutiv für die räumliche Dimension der (auch aus gesamträumlicher Perspektive) an-
gemessenen Ansprüche (Ziel- und Bedarfswerte) als Bewertungsmaßstäbe. Für den Zusammenhang dieser Untersuchung soll der von daher grundlegende Begriff des "Anspruchsniveaus" dahingehend interpretiert werden, daß er zunächst einmal den komplexen (in sich durchaus widersprüchlichen) Erwartungshorizont der Bevölkerung
einer Region umreißt. Damit soll das Anspruchsniveau festlegen, in welchem Rahmen
sich die Zielentscheidungen der politischen Entscheidungsträger bewegen, sofern
sie sich an den (mehrheitlichen) Ansprüchen ihrer Bürger orientieren.

In diesem Sinne wird der Begriff bei Jansen und Töpfer[1] im Hinblick auf die
"bewertende Beurteilung" des Infrastrukturbestandes verwandt. Ober die quantitativen und qualitativen Anforderungen an eine den Bedarf befriedigende Infrastruk-

---

[1] P.G. Jansen/K. Töpfer: Zur Bestimmung von Mängeln der gewachsenen Infrastruktur, in: R. Jochimsen/U.E. Simonis (Hrsg.): Theorie und Praxis der Infrastruk-
turpolitik (Schriften des Vereins für Socialpolitik, N.F., Bd. 54),Berlin 1970,
S. 401-426.

tur ist, so führen die Autoren aus[1], "ein Anspruchsniveau für die infrastruktu-
relle Ausstattung abzuleiten, das eine im Urteil der betreffenden Gesellschaft zu-
friedenstellende Versorgung mit diesen öffentlichen Gütern und Dienstleistungen
kennzeichnet". Dieses Anspruchsniveau ist nach Jansen und Töpfer jedoch nicht
durch einen aggregierten Gesamtwert zu erfassen, da sonst wichtige Informationen
verloren gehen. Erforderlich ist ein mehrparametriger Ausdruck bzw. ein Anspruchs-
vektor, in dem für jeden Infrastrukturbereich ein Anspruchswert fixiert ist.[2]
Aus der Gegenüberstellung des gemessenen Infrastrukturbestandes und des bewertenden Anspruchsniveaus ergibt sich dann, ob und wieweit die vorhandene Infrastruktur das angestrebte Niveau erfüllt. Das "wünschenswerte" Anspruchsniveau, d.h.
das zu erreichende Versorgungsniveau der Bedarfsträger der Infrastruktur wird
durch politischen Entscheid festgelegt; es ist "nur über einen Zielbezug zu
motivieren".[3] Regionale Entwicklungs- und Versorgungsziele, von den (demokra-
tisch legitimierten) politischen Entscheidungsträgern einer Region festgelegt,
sind somit die normative Grundlage, auf der "Ansprüche" in Form von regionalen
Versorgungsgraden, Ausstattungsziffern, Anteilswerten definiert werden.

Die übliche Verwendung großräumiger Durchschnittswerte in Ersetzung regionaler
Entwicklungsziele vermag aus verschiedenen Gründen nicht zu befriedigen. So beschreiben diese Durchschnittswerte keinen eigentlichen Sollzustand, sie sind in
ihrem konkreten Wert als Norm kaum begründbar. Vor allem lassen sie darüber hinaus
regionale Besonderheiten, raumspezifische Ansprüche und Funktionen unberücksichtigt. An ihrer Stelle sollten dem methodischen Anspruch nach daher spezifisch für
jede Region festgelegte regionale Entwicklungsziele treten. Im Unterschied zur Verwendung großräumiger Durchschnittswerte als Normwerte können diese regionsspezifischen Entwicklungsziele regionale Besonderheiten und spezifische Bedürfnisse
berücksichtigen. Obwohl die Ersetzung großräumiger Durchschnittswerte durch
regionale Entwicklungsziele nach Ansicht der Bearbeiter eigentlich sinnvoll ist,
sahen sie sich bei der Bearbeitung des nur der exemplarischen Darstellung dienen-
den empirischen Teils der Untersuchung gezwungen, mangels hinreichender politisch
definierter und quantifizierter Zielwerte in den sowohl aggregierten als auch
einzelnen analysierten Gebieten bei der inhaltlichen Argumentation in § 4 und
den Berechnungen in § 5 doch auf Durchschnittswerte zurückzugreifen.

Nichtsdestoweniger bleibt der prinzipielle Anspruch aufrecht erhalten, aus den
genannten Gründen bei der Definition normativer Indikatoren regionale Entwicklungsziele zugrundezulegen. In ihrer Summe machen diese das "regionale Anspruchs-

---

[1] Jansen/Töpfer: Zur Bestimmung ..., a.a.O., S. 403.
[2] Jansen/Töpfer: Zur Bestimmung ..., a.a.O., S. 423, Anm. 6.
[3] Jansen/Töpfer: Zur Bestimmung ..., a.a.O., S. 406.

niveau" aus. Nun wurde oben hervorgehoben, daß regionale Entwicklungsziele aber
auch in Zusammenhang mit übergeordneten räumlichen Zielen zu bewerten sind. Die
Beurteilung, welche regionalen Anspruchsniveaus für einen spezifischen Teilraum
aus gesamträumlicher Zielperspektive als angemessen, überhöht oder zu niedrig
angesehen werden müssen, soll daher über die Festlegung "raumtypenspezifischer
Anspruchsniveaus" bezüglich bestimmter Indikatoren, für die eine raumtypische
Differenzierung begründbar ist, ermöglicht werden. Sämtliche Teilräume werden
dann einem bestimmten Raumtypus zugeordnet. Damit wird ihnen zugleich ihr "gesamträumlich vertretbares" Anspruchsniveau zugewiesen.

Welche politische Einheit im regionalen Einzelfall die formalen Kriterien für
die Typisierung (und damit die faktische Typisierung) sowie die typenspezifisch
"zulässigen" Anspruchsniveaus festlegen kann, richtet sich nach dem institutionellen Rahmen der jeweiligen nationalen Raumordnungspolitik. Es wird im spezifischen Falle einer supranationalen bzw. europäischen Raumordnungspolitik aber - angesichts der interregionalen Heterogenitäten der räumlichen Entwicklungsziele, Ver-
sorgungs- und Ausstattungsindikatoren - keinesfalls die supranational-gesamträum-
liche Einheit sein können, die die Typisierungskriterien und die typenspezifisch
zulässigen Ansprüche einheitlich festlegt. Ohne eine solcherart gesamträumlich
koordinierte Bestimmung der teilräumlichen Bedarfswerte "zulässiger" Anspruchsniveaus wird die notwendige Konsistenz von gesamträumlichen und teilräumlichen
Zielen jedoch nicht vorausgesetzt werden können. Die Konsistenz der Ziele erlaubt aber erst die Übernahme der teilräumlichen Bewertungen.

Das Anspruchsniveau als Operationalisierung räumlicher Entwicklungsziele einerseits und als Konzept der (gesamt-)räumlich differenzierten Dimensionierung von
Norm-Vorgaben für die teilräumlichen Bewertungsmaßstäbe andererseits ist aber ein
schwieriges Konzept, dessen "Fruchtbarkeit" sich erst noch erweisen muß. Es ist
problematisch nicht nur hinsichtlich seiner Verwendung für die Regionalbevölke-
rung (als einer hochaggregierten Größe), sondern auch, weil Ansprüche nicht kon-
stante Normen sind, vielmehr fließende Maßstäbe, an denen die Wirklichkeit gemessen wird.[1] Die Normen der Raumnutzung im Zusammenhang dieser Untersuchung werden
somit einerseits als Resultat des regionalen politischen Willensbildungsprozes-
ses im Sinne des jeweiligen raumspezifischen Anspruchsniveaus[2], als auch als
Funktion einer exogenen Zuweisung des einzelnen Teilraums zu einer Gebietskate-
gorie mit ihrem typenspezifischen Anspruchsniveau interpretiert.

---

[1] Darauf verweisen auch D. Storbeck, M. Lücke: Die gesellschaftspolitische Relevanz regionalpolitischer Ziele, in: Ausgeglichene Funktionsräume. Grundlagen
für eine Regionalpolitik des mittleren Weges. Veröffentlichungen der Akademie
für Raumforschung und Landesplanung, Bd. 94, Hannover 1974, S. 42 f.

[2] Vgl. Storbeck/Lücke: Die gesellschaftspolitische Relevanz ..., a.a.O., S. 29.

Mit diesem Konzept sind daher drei politisch-normative Entscheidungen der gesamträumlichen Einheit verbunden, nämlich über
- die Definition von Raumtypen;
- die Definition der zugehörigen Anspruchsniveaus (d.h. der entsprechenden, untereinander konsistenten Indikatoren und der gesamträumlich noch zu rechtfertigenden Bandbreiten ihrer Anspruchswerte);
- der Modus der Zuweisung eines Teilraums zu einem Raumtyp.

Grundsätzlich werden Normwerte in dieser Untersuchung nicht nur nach Raumtypen, sondern auch nach räumlichen Aggregationsstufen unterschieden. Im Interesse einer größtmöglichen Genauigkeit der Typisierung, d.h. einer Minimierung von Nivellierungseffekten, beschränkt sich die Typisierung jedoch auf die unterste Stufe des abgestuften räumlichen Bezugssystems, d.h. auf die Analyseräume.

Bezüglich der Raumtypen läßt sich grundsätzlich zwischen Gruppen von "Strukturregionen"[1] und Gruppen von "funktionalen Regionen"[2] unterscheiden.

Strukturregionen werden definiert unter Zugrundelegung bestimmter Strukturmerkmale, bezüglich der die Mitglieder desselben Raumtypus einander "ähnlich" sind. Die in Abhängigkeit vom Typisierungszweck ausgewählten maßgebenden Strukturmerkmale werden durch "klassifizierende" (der Klassifikation der Teilräume zugrundegelegte) Indikatoren quantifiziert. Durch die Bestimmung von Schwellenwerten werden für jeden einzelnen Indikator Klassen gebildet und dann die mit Punkten bewerteten Klassenzugehörigkeiten eines Teilraums gewichtet zu einer Gesamtbeurteilung über seine Typenzugehörigkeit zusammengefaßt. Die Definition von räumlichen "Strukturtypen" mit quantitativen (meßbaren) Kriterien ermöglicht daher die Typisierung des einzelnen Teilraums als Resultat von "Berechnungen". Neuere statistische Erhebungen können damit bei Berücksichtigung ihrer Daten zu einer Änderung der Typisierung einzelner Teilräume führen.

Diese Möglichkeit der Typisierung hat aber einen gewichtigen Nachteil; sie berücksichtigt ausschließlich die einzelne Raumeinheit innerhalb ihrer vorgegebenen, zumeist politisch definierten (unter Versorgungs- und Entwicklungsgesichtspunkten möglicherweise willkürlichen) Grenzen. Die Typisierung von Strukturregionen vernachlässigt damit mögliche funktionale Verflechtungen zwischen isoliert voneinan-

---

[1] Vgl. R. Landwehr: Die Gliederung des Raumes: Typisierung, Regionsabgrenzung und Regionierung, Beiträge SWR, Münster 1975, S. 59.
[2] Vgl. R. Landwehr: Die Gliederung ..., a.a.O., S. 60.

der typisierten Raumeinheiten und "zumutbare" Substitutionsmöglichkeiten in
angrenzenden Regionen. Diese Verflechtungen und Substitutionsmöglichkeiten sind
aber für die meisten Typisierungszwecke wichtiger als strukturelle Ähnlichkeiten.

Diese Zusammenhänge sind daher gerade ausschlaggebend bei der Definition von Raumtypen als funktionalen Regionen. Die Raumeinheiten werden dann z.B. aufgrund
ihrer spezifischen (Vorrang-)Funktion innerhalb ihres übergeordneten Gesamtraums
klassifiziert. Diese Typisierung basiert dann auf der Annahme einer räumlich-
funktionalen Arbeitsteilung. Die Möglichkeit der Bestimmung raumspezifischer
(Vorrang-)Funktionen hängt jedoch entscheidend von der Größe der Raumeinheit ab.
Erfahrungsgemäß bereitet es große Schwierigkeiten, für einzelne Raumeinheiten
konkrete Funktionen festzulegen, aus denen sich dann das spezifisch "zulässige"
Anspruchsniveau ableiten ließe.

3.2.2 Die Bildung von regionalen Bewertungsindizes

Der Bedarf an einer Indexbildung ist inhaltlich darin begründet, daß das hier
vorgestellte Verfahren auf die - gesamträumlich orientierte und entsprechend
inhaltlich breit angelegte - Bestimmung räumlicher, sektorübergreifender Förderprioritäten zielt. Damit ist eine möglichst umfassende Bewertung teilräumlicher Entwicklungs- und Versorgungsdefizite gemeint, die im Hinblick auf die komplexe Bewertung eines bestimmten Teilraums als "entwicklungsbedürftig" im Sinne
von "strukturschwach", "unterentwickelt" bzw. "unterversorgt" erfolgt. Wenn
durch die Verwendung des Begriffes 'typenspezifische Anspruchsniveaus' Komplexität reduziert werden soll, so muß dieser Begriff einerseits in sich noch hinreichend komplex sein, d.h. eine hinreichende Anzahl von Bewertungsvorgängen (normative Indikatoren) enthalten, um - bei einer praktikablen Anzahl von Raumtypen -
die vielfältigen, bei der Abgrenzung der Typen implizierten Ansprüche hinreichend
integrieren zu können. Er muß andererseits aber auch so operabel sein, daß er ein
Konstrukt aus einer überschaubaren Anzahl von Gesamtaussagen darstellt, die als
solche wieder Konstrukte von Einzelaussagen (durch normative Indikatoren dargestellte bewertete Beobachtungen) sind. Während 'typenspezifische Anspruchsniveaus'
die räumliche Dimension der normativen Indikatoren betreffen, indem sie die unterschiedlichen Normwerte nach Raumkategorien integrieren, integriert der erwähnte
schematische Bezugsrahmen Indikatoren und Konstrukte nach sachbezogenen, sektoralen Kategorien.

3.2.2.1 Logik der Indexbildung

Die komplexe Fragestellung dieser Untersuchung wird durch Indizes angegangen, wodurch der vorhandenen mehrdimensionalen Struktur des Untersuchungsgegenstandes "Regionen" Rechnung getragen wird.

Voneinander verschiedene Informationen werden auf einen gemeinsamen (sachlichen) Bezugspunkt hin in Beziehung gesetzt und zu einem Index dieses übergeordneten Bezugspunktes zusammengefaßt.[1]

Ein Index im Sinne dieser Untersuchung ist eine Maßzahl, die aus einer gewichteten Zusammenfassung mehrerer im Sinne dieser Untersuchung definierter normativer Indikatoren bestehen kann. Diese Zusammenfassung muß aber nicht unbedingt in Form eines gewichteten Durchschnittswertes linear vorgenommen werden.

Die Vergleichbarkeit der Gewichtungen wird durch eine Standardisierung der Indikatorenwerte (eine Umwandlung auf ein gemeinsames Intervall) ermöglicht. Dadurch werden bei der Messung verschiedener Phänomene mit verschiedenen Skalen und verschiedenen Dimensionen die zusammengefaßten Bewertungen dimensionslos vergleichbar gemacht. Die beiden Hauptkomponenten der Indexbildung sind damit Standardisierung und Gewichtung.

Die Gewichtung kann prinzipiell auf zwei verschiedene Arten geschehen, nämlich formalanalytisch oder normativ. Bei der ersteren Art kann ein Anhaltspunkt durch multivariate Verfahren gefunden werden. Es steht die Frage im Vordergrund, wie hoch die Korrelation (genauer Determination) eines Indikators mit dem gemeinsamen Konstrukt sein muß. Zur Definition des gemeinsamen Konstrukts und auch zur Ermittlung der Gewichte könnte z.B. die Faktorenanalyse benutzt werden. Die entsprechenden analytischen Indizes werden dann durch die dadurch festgelegten Gewichte nach empirischen Gesichtspunkten zugleich formal und unveränderbar bestimmt.

Bei normativen Indizes stehen demgegenüber Definitionen im Vordergrund. Es wird angegeben, wie hoch der Beitrag eines Indikators zu einem Konstrukt zu bewerten ist. "Normativ" bedeutet daher für diese Untersuchung, daß die Gewichte nur auf normativ begründbaren Standards beruhen, die auf der "politischen" Ebene liegen. Indizes lassen sich somit allgemein in Abhängigkeit von der Art ihrer Gewichtung als normative (bewußt wertend gewichtete) und als analytische (empirisch festgelegte) Indizes charakterisieren.

---

[1] Vgl. grundlegend zu diesem Kapitel R. Werner: Soziale Indikatoren ..., a.a.O., S. 151-220.

Der in der Themenstellung der Untersuchung verwendete Begriff "Indikatorensysteme" zielt auf die damit angesprochene Aggregation von frei auszuwählenden Indikatoren zu "Informationssystemen". Mit dem Anspruch, gesellschaftliche
Indikatoren nach Systemkriterien abzuleiten bzw. zusammenzufassen, soll prinzipiell die bei isolierter Betrachtung einzelner Indikatoren bestehende Gefahr der Überbetonung von Teilaspekten und der Verkennung von Zusammenhängen
ausgeschlossen werden. Im Hinblick speziell auf die Problemstellung dieses
Forschungsprojektes soll die Zuordnung heterogener Indikatoren zu einheitlichen Systemelementen eine systematische Zusammenfassung zu Konstrukten ermöglichen.

Grundsätzlich lassen sich folgende "Indikatorensysteme" unterscheiden:[1]

- Definitionssysteme

    Die Indikatoren werden in einen Definitionszusammenhang gebracht; durch die
    gemeinsame Dimension wird Zusammenfassung ermöglicht;

- Quantifizierte Beziehungssysteme

    Unabhängig von einer gemeinsamen Dimension werden Zusammenhänge hergestellt,
    wobei die Beziehungen in empirisch abgesicherter Form vorliegen sollten,
    und zwar - angesichts der fehlenden einheitlichen Dimension - in einer ab-
    strakten standardisierten Form;[2]

- Ordnungssysteme

    Diese liefern Begründungen für die Zusammenstellung von Indikatoren, wobei
    taxonomisch vorgegangen oder nach funktionalen Gesichtspunkten gegliedert
    wird. Sie arbeiten meist mit hochaggregierten Größen.

Die Notwendigkeit, Indikatoren zu Konstrukten zusammenzufassen, läßt sich
speziell im (europäischen) Rahmen dieser Untersuchung dadurch begründen, daß
raumspezifische und damit interregional heterogene Indikatoren nur durch
dimensionslose Konstrukte in Zusammenhang gebracht und vergleichend interpretiert werden können - die komparative regionale Bedeutung z.B. der einzelnen
Indikatoren Gymnasiasten/Einwohner in Bayern und "secondary school leavers"/
Einwohner in Irland wäre schwierig zu ermitteln, ihre jeweiligen Rollen jedoch
in einem interregional vergleichbareren (wenn auch national definierten) Konstrukt "Bildungschancen" einfacher festzustellen. Indikatorenkonstrukte lassen sich auch als einzige realistische (praxisbezogene) Orientierung für die

---

[1] Vgl. Werner: Soziale Indikatoren ..., a.a.O., S. 76-79.
[2] z.B. durch Faktorladungen

Feststellung regionaler Entwicklungsdefizite begründen - wie oben vermutet und wie in § 5 gezeigt wird, sind zu diesem Zweck ausgewählte Einzelindikatoren zu empfindlich (die Ergebnisse erweisen sich nicht als "stabil") und einseitig (nur Teilaspekte betonend und daher politisch nicht zu vertreten).

Einem einheitlich vorgegebenen Konstrukt sollte, wenn immer möglich, ein ganzer Satz von raumspezifischen Indikatoren zugeordnet werden, um einen einzelnen Indikator nicht zu isolieren und möglicherweise überzubewerten. Wie aber lassen sich Sätze von Indikatoren zu Konstrukten, d.h. inhaltlich: zu übergreifenden Aussagen, numerisch: zu Indizes, zusammenfassen?

Durch Erstellung einer Indexreihe sollen die Eigenschaften eines Systems umfassend charakterisiert werden. Die Charakterisierung verfolgt die Ziele, durch Indexreihen
- globale Zusammenfassungen zu erzielen, die das System übersichtlich darstellen;
- Verlaufsformen und Schwellenwerte zum Zwecke der Systemsteuerung erkennbar zu machen;
- Vorstufen zur möglichen Erstellung umfassender dynamischer Modelle zu bilden.

Im Zentrum unserer Überlegungen stehen die normativen und nicht die empirischen Indizes. Denn die Absicht ist nicht, ein Modell regionaler Entwicklung zu konstruieren, sondern eine Informationsbasis für die 'politische' Bestimmung räumlicher Förderprioritäten zu erstellen und zu testen.

Mit der Konstruktion normativer Indizes als Zusammenfassung "politisch" gewichteter Indikatoren sind eine Reihe von inhaltlichen und methodischen Problemen verbunden, wobei aber auch letztere grundsätzlich nur politisch-normativ und nicht durch methodische Operationen zu lösen sind. Inhaltlich ist mit der Zusammenfassung die Frage verbunden, wieweit die verschiedenen normativen Entwicklungs-, Versorgungs- und Leistungsindikatoren eines Teilraums angesichts der Heterogenität der gesellschaftlichen Gruppen in diesem Teilraum einheitlich zu einem einzigen globalen Urteil über die allgemeine Entwicklungsbedürftigkeit der betreffenden Region verbunden werden können. Denn der Wert solcher Indizes hängt nicht nur von den Normwerten der einzelnen zusammengefaßten Indikatoren ab, sondern darüber hinaus auch von ihrer 'repräsentativen' Gewichtung.

Das Dilemma bei der Bewertung räumlicher Entwicklungsbedürftigkeit besteht darin, daß einerseits die regionalen Ansprüche und Bedürfnisse prinzipiell mehrdimensional anzugeben sind, andererseits die Zusammenfassung aber diese enormen Gewichtungsprobleme aufwirft. Wieweit ist es inhaltlich überhaupt vertretbar, durch unterschiedliche Gewichtungen verschiedene teilräumliche Versorgungsbereiche - Bildung, Gesundheit, Verkehr usw. - zu einem einzigen Bewertungsindex der regionalen Entwicklungsbedürftigkeit zusammenzufassen, um damit eine globale Beurteilung ermöglichen zu können derart, daß - empirisch fundiert - festgestellt wird, die regionale Bedürfnisbefriedigung hat einen ganz bestimmten (numerischen) Grad erreicht? Können diese Gewichte tatsächlich quantifiziert werden?

Nun sollen in diesem Projekt Indizes ausschließlich auf der politisch-normativen Ebene - im Hinblick auf die Entwicklung eines Verfahrens zur informativen Grundlegung raumordnungspolitischer Entscheidungen durch ein multiples regionales Bewertungssystem - verwendet werden. Doch stellen sich auch dabei eine Reihe methodologischer Fragen der Aggregierbarkeit von Indikatoren zu Indizes, Fragen, die die inhaltliche Beziehung der Indikatoren zueinander betreffen und die in den folgenden Kapiteln näher behandelt werden.

3.2.2.2 Normative Implikationen der Konstruktion von Sachbereichs-Indizes

Die raumspezifisch konstruierten und (raumtypisch) bewerteten Einzelindikatoren sollten systematisch (im Rahmen des schematischen Bezugsrahmens) zunächst auf ihre jeweiligen Konstrukte (Bezugspunkte) hin zu Bereichs-Indizes (Gesamtaussagen) zusammengefaßt werden. Wie aber lassen sich unterschiedliche Meßgrößen ungleicher physischer Objekte methodisch zu einer Gesamtaussage aggregieren?

Die Möglichkeiten sind hier begrenzt. Meßgrößen können zu Indikatoren umgewandelt werden, die sich auch hierarchisch gliedern lassen. Die entstehenden Vektoren (Indikatorenwerte über alle berücksichtigten Raumeineinheiten) können entweder mit Hilfe exogen angegebener Gewichte (hierarchisch oder nichthierarchisch organisiert) und linear oder nicht-linear zu einem Index aggregiert werden. Oder sie können mit multivariaten Verfahren ohne exogene Angaben verarbeitet werden, um die endogen versteckten Interdependenzen zu berücksichtigen. Vorteile des erstgenannten Vorgehens bestehen darin, daß inhaltlichanalytisch gearbeitet werden kann - Nachteile darin, daß das Problem der numerischen Vektorinterdependenz unberücksichtigt bleibt. Für das letzgenannte Vorgehen spricht, daß die "internen" Beziehungen zwischen Vektoren numerisch bewältigt werden, aber unter Inkaufnahme eines (wahrscheinlichen) Verlustes inhaltlicher Interpretierbarkeit der Ergebnisse.

Die Kombination von Einzelindikatoren zu einem Index hängt inhaltlich davon
ab, wieweit man die Erfüllung der verschiedenen durch die Indikatoren operationalisierten Ziele als substitutiv bzw. komplementär ansieht oder nicht. In
der Literatur wird die Ansicht vertreten, nur solche Indikatoren dürften aggregiert werden, die als substitutiv anzusehen sind[1], was bedeutet, daß die von
ihnen beschriebenen Aspekte (zumindest partiell) gegeneinander aufrechenbar
sein müssen.[2] Infrastruktureinrichtungen beispielsweise werden als (räumlich)
substituierbar bezeichnet, wenn sie hinsichtlich ihres Beitrags zum Niveau
der regionalen Lebensbedingungen durch andere ersetzbar sind.[3]

Bei der Frage der Substitutivität geht es somit um Wertrelationen. Ein gleicher
"hoher" Zielerreichungsgrad auf der ersten Aggregationsstufe der Bereichs-
Indizes könnte durch unterschiedliche Niveaus der einzelnen Indikatoren, aus
denen er sich zusammensetzt, erreicht werden. Der Urteilende ist dann, wenn
er das Zustandekommen des aggregierten Wertes akzeptiert, im Hinblick auf die
Gesamtbewertung verschiedener Situationen indifferent. In den aus den Indikatoren zu bildenden Konstrukten sind die Indikatoren bei einer möglichst
breit angelegten Berücksichtigung von Substitutionseffekten normalerweise
additiv (linear) verknüpft. Eine Berücksichtigung von möglichen Komplemen-
taritätseffekten bedeutet demgegenüber, daß nichtlineare Beziehungen zwischen
den Indikatoren einbezogen werden müssen.

"Für die Deskription das Vorliegen von Substitutivität, daß eine Aggregation
einen sinnvollen Wert ergibt, der Vergleiche ermöglicht, und für die Regionalpolitik bedeutet es, daß einzelne Komponenten gegeneinander aufrechenbar sind,
also z.B. eine schlechte wirtschaftliche Situation durch bessere Umweltbedingungen ausgeglichen werden kann."[4] Immerhin besteht die Möglichkeit, daß
eine Aufrechenbarkeit dann als akzeptabel angesehen wird, wenn für alle einzelnen Indikatoren mindestens ein bestimmter Soll-Wert (Schwellenwert) erreicht ist.

---

1) Vgl. z.B. T. Plogmann: Zur Konkretisierung der Raumordnungsziele durch gesellschaftliche Indikatoren, Beiträge SWR, Bd. 44, Münster 1977, S. 21.

2) Dies betrifft hauptsächlich nur lineare Verknüpfungen. Eingeführte nichtlineare Abhängigkeiten der Gewichtungen oder Bewertungen könnten zumindest
die bewußt akzeptierte Komplementarität berücksichtigen.

3) Vgl. R. Thoss: Steuerungsprobleme der Strukturpolitik, in: R. Thoss, R. Stone,
O. Vogel u.a., Beiträge zur Strukturpolitik, Materialien SWR,Münster 1977,S.17

4) R. Thoss u.a.: Zur Eignung des Einkommensniveaus als Zielindikator der regionalen Wirtschaftspolitik, Münster 1974, S. 15.

Die Annahme einer linearen Kombination von Indikatoren entspricht dem in der Regel so gehandhabten - heute vielfach als zu realitätsfern eingeschätzte Verfahren der Nutzwertanalyse. Wenn im regionalen Geschehen komplementäre Beziehungen zwischen Zielen bzw. Indikatoren angenommen werden, kann keine exogene Gewichtung der additiv verknüpften Indikatoren dem hinreichend gerecht werden. Zweckmäßiger ist der Versuch, bestimmte Indikatoren, die nur beschränkt substituierbar sein sollen, exogen zu bestimmen und nicht-linear in die Gesamtbewertung der regionalen Entwicklungslage einzubeziehen. Diese Indikatoren, deren Handhabung in § 3.3.4.4 beschrieben ist, werden in dieser Untersuchung "dominante Indikatoren" genannt. Durch deren Bestimmung soll ausgeschlossen werden, daß unvertretbare Substitutionseffekte vorkommen. Innerhalb eines solchen Rahmens der Nicht-Linearität bleibt jedoch die Fragestellung des komparativen Werts der noch anzuwendenden Gewichtungen im Falle eines Bestehens von starken Interdependenzen. Durch die Anwendung einfacher multivariater Verfahren läßt sich aber sehr schnell zumindest ein Eindruck von den bestehenden Interdependenzen gewinnen.

3.2.2.3 Restriktionen der Konstruktion von Gesamt-Indizes

Bei der Frage der Aggregierbarkeit von Indikatoren auf einen bereichsweisen Bezugspunkt als gemeinsames Konstrukt hin (z.B. innerhalb eines Infrastrukturbereiches wie 'Gesundheitswesen') mag es sich (teilweise) möglicherweise noch um Überlegungen über technische Zusammenhänge handeln, mit deren Hilfe man ein "plausibles" oder "begründetes" Gewichtungsschema für Indikatoren erstellen könnte. Dies trifft jedoch keinesfalls auf die Frage der Aggregierbarkeit verschiedener Bereichs-Indizes zu einem sog. Gesamt-Index zu. Denn dabei stellen sich Fragen wie beispielsweise: Wieweit kann innerhalb der regionalen Komponente "Infrastrukturausstattung" eine Unterversorgung im Bereich des Gesundheitswesens durch ein Obersoll im Bereich des Erziehungswesens ausgeglichen werden?

Die Problematik der Annahme von Substitutionsbeziehungen verschärft sich daher, sobald die Bereichs-Indizes zu Indizes der nächsthöheren sektoralen Aggregationsstufe (Elemente) und diese wiederum zu einem einzigen regionalen Bewertungsindex zusammengefaßt werden sollen. Substituierbarkeit von Infrastruktureinrichtungen erscheint möglicherweise noch bei spezialisierten Angeboten innerhalb der höheren Qualitätsstufen eines Versorgungsbereichs möglich, sofern innerhalb der jeweiligen Qualitätsstufe bereits genügend Wahlmöglichkeiten existieren. Äußerst schwierig zu beantworten ist jedoch die Frage, bis zu welchem Wert des berechneten regionalen Bewertungsindizes eine (gesamthaft betrachtet) als ungünstig bewertete regionale Arbeitsmarktstruktur durch eine (gesamt betrachtet) eher als günstig bewertete regionale Infrastruktur noch substituierbar sein soll.

Gegen die Konstruktion eines einzigen regionalen Bewertungsindexes auf der höchsten Aggregationsstufe läßt sich darüber hinaus der Einwand erheben, dieser Bewertungsindex zeige keine operationalen Ansatzpunkte für Maßnahmen mehr auf. Eine additive Zusammenstellung, die allenfalls innerhalb der einzelnen Bereiche einen Index bildet, weist zumindest diesen Nachteil nicht auf. Wieweit aber lassen sich auf dieser informativen Basis räumliche Förderprioritäten "eindeutig" festlegen?

Diese Fragen in diesem methodologischen Teil stellen kann nicht heißen, sie auch sämtlich beantworten zu wollen. Sie bilden in ihrer Gesamtheit den methodischen Problemzusammenhang bei der Verwendung raumbezogener Sozialindikatoren als Informationsgrundlage für die Bestimmung räumlicher Förderprioritäten. Die einzelnen Probleme stellen sich dabei aber überwiegend nicht nur als (rein formale) Methoden-Probleme dar, sondern zugleich als materielle Politik-Probleme.[1] Dies bedeutet, daß sie letztlich nicht durch methodische Operationen, sondern grundsätzlich nur politisch-normativ lösbar sind. Durch eine Methode, wie sie im folgenden Kapitel entwickelt und beschrieben wird, lassen sich aber immerhin politische (Ziel-)Probleme und Konflikte transparent machen. Ob dies politisch erwünscht ist, ist eine ganz andere Frage!

3.3 Das Informationssystem und die zugehörigen Verfahren

3.3.1 Allgemeiner Oberblick

Das im folgenden beschriebene Gesamtverfahren soll eine den Gegebenheiten Rechnung tragende Möglichkeit darstellen, räumliche Förderprioritäten auf einer quantitativen Grundlage festzulegen. Dieses Gesamtverfahren ist so konzipiert, daß es durch die Kombination normativer Regionalindikatoren zu regionalen Bewertungsindizes die Erstellung von Rangfolgen der berücksichtigten Regionen nach ihrer relativen Förderungsbedürftigkeit ermöglicht. Die Rangposition jeder einzelnen Region ist dabei eine Funktion der Höhe ihres Bewertungsindexes relativ zu allen anderen regionalen Bewertungsindizes. Da die Rangfolgen der Regionen sich somit in Abhängigkeit von einer Änderung der regionalen Bewertungsindizes

---

[1] Beispielsweise spielen bei der Notwendigkeit der Klärung möglicher Substitutionsrelationen politische Ziele derart eine Rolle, daß z.B. für (noch) naturnahe Räume politisch-normativ eine gewisse Kompensation des niedrigeren Einkommensniveaus durch die Vorteile des 'Wohnens im Grünen' angenommen werden kann, was dann unmittelbar Konsequenzen für den Umfang erforderlicher Entwicklungsmaßnahmen (z.B. für die Industrieansiedlung) hat.

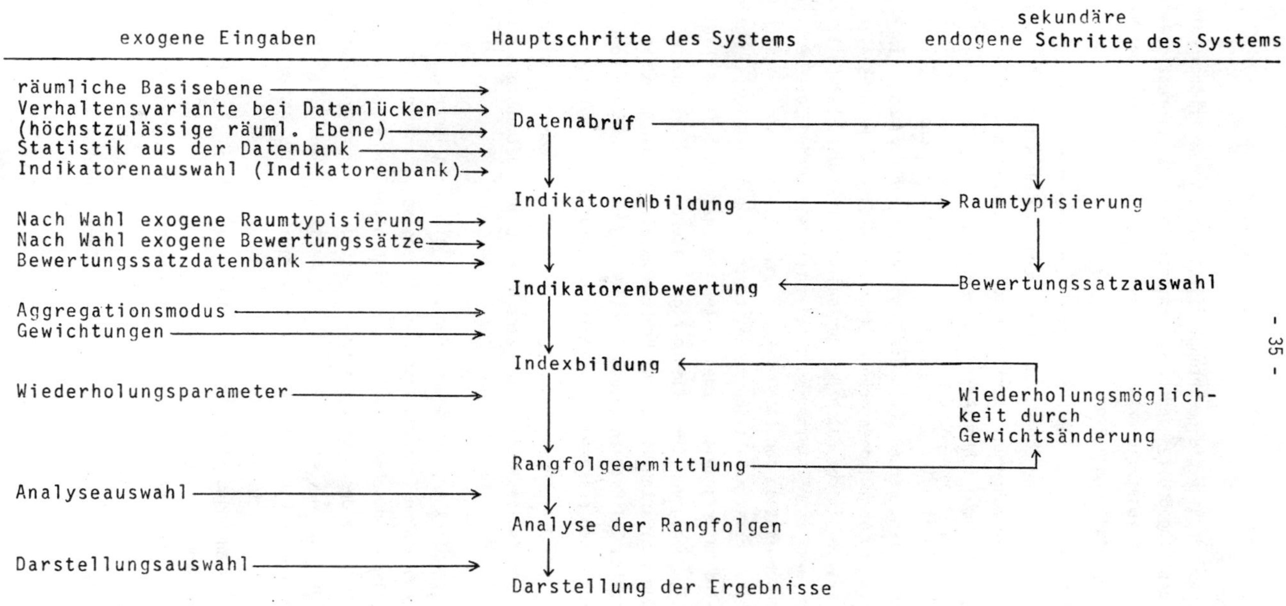

exogene Eingaben | Hauptschritte des Systems | sekundäre endogene Schritte des Systems

räumliche Basisebene
Verhaltensvariante bei Datenlücken
(höchstzulässige räuml. Ebene)
Statistik aus der Datenbank
Indikatorenauswahl (Indikatorenbank)

Nach Wahl exogene Raumtypisierung
Nach Wahl exogene Bewertungssätze
Bewertungssatzdatenbank

Aggregationsmodus
Gewichtungen

Wiederholungsparameter

Analyseauswahl

Darstellungsauswahl

Datenabruf

Indikatorenbildung → Raumtypisierung

Indikatorenbewertung — Bewertungssatzauswahl

Indexbildung

Rangfolgeermittlung

Analyse der Rangfolgen

Darstellung der Ergebnisse

Wiederholungsmöglich-
keit durch
Gewichtsänderung

Abb. 3.2: Allgemeine Übersicht über das HETIS-Informationssystem

ändern können, und da sich die Bewertungsindizes wiederum in Abhängigkeit von unterschiedlichen Eingabedaten ändern können, schließt das Informationssystem auch die Möglichkeit zusätzlicher Analysen der Rangfolgeänderungen bei Variation der bestimmenden Eingabedaten ein.

Die regionalen Bewertungsindizes können für unterschiedliche (unterschiedlich hoch aggregierte) räumliche Ebenen berechnet werden. Beim Auftreten von Datenlücken auf einer oder mehreren dieser räumlichen Ebenen stehen im System unterschiedliche Verhaltensmöglichkeiten zur Auswahl.

Die normativen Regionalindikatoren, aus denen sich die regionalen Bewertungsindizes zusammensetzen, werden durch die Kombination von regionalen Ist-Indikatoren und regionalen Soll-Indikatoren gebildet. Der Ist-Indikator stellt dabei ein Konstrukt aus bestimmten Daten der Regionalstatistik dar. Der Soll-Indikator stellt den dem jeweiligen Ist-Indikator gegenüberzustellenden Soll-Wert (Zielwert) dar. Die Kombination von Ist-Indikator und Soll-Indikator zu einem sog. normativen Indikator ist inhaltlich zu verstehen als ein Bewertungsvorgang der durch den Ist-Indikator jeweils dargestellten regionalen Situation. Diese Kombination benötigt neben den Zielwerten einige weitere normative Angaben, die zusammen mit den Zielwerten einen sog. Bewertungssatz für jeden Indikator bilden. Bei bestimmten Indikatoren werden dabei verschiedene, für die Bewertung nach unterschiedlichen Kriterien ausgewählte Bewertungssätze gebildet.

Für die Kombination der anhand dieser Daten konstruierten normativen Indikatoren zu Bewertungsindizes werden drei verschiedene Aggregationsformen berücksichtigt.

Die in diesem Überblick angesprochenen Verfahren bilden in ihrer Gesamtheit das in § 2 angesprochene Informationssystem. Dieses soll in folgenden in seinen einzelnen formal-methodischen Elementen beschrieben werden. Eine Übersicht über die einzelnen Schritte des Systemablaufs wird dabei zum besseren Verständnis der Detailbeschreibungen vorangestellt. Diese Übersicht (Abb. 3.2) stellt die exogenen und endogenen Hauptkomponenten des Systems dar. Das System läßt sich in die vier Verfahrensschritte gliedern:

1. Auswahl der Daten und Bildung der Indikatoren
2. Bewertung der Indikatoren
3. Aggregation der bewerteten (normativen) Indikatoren zu regionalen Indizes
4. Ermittlung der Rangfolge der Regionen.

Das System soll zunächst in einer symbolmäßigen Form dargestellt werden (Abb. 3.3).

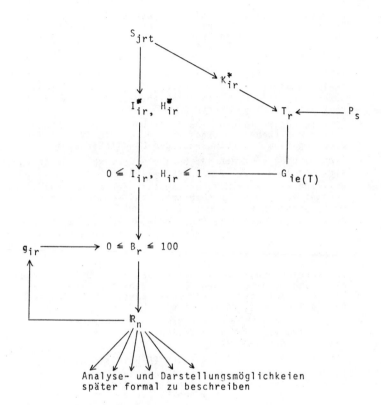

Abb. 3.3: Hauptkomponente und Ablauf des Systems in Symbolen

Symboldefinitionen

S -   die in der Datenbank gespeicherten statistischen Daten

I^* -   Indikatoren mit Maßeinheiten, die auf einer bestimmten räumlichen Ebene für alle betrachteten Raumeinheiten homogen verfügbar sind (homogene Ist-Indikatoren)

H^* -   Indikatoren mit Maßeinheiten, die nicht für alle betrachteten Raumeinheiten einheitlich definiert bzw. nicht einheitlich auf einer bestimmten räumlichen Ebene verfügbar sind (heterogene Ist-Indikatoren)

K^* -   Indikatoren mit Maßeinheiten, die auf der räumlichen Ebene 1 nur für die Raumtypisierung benutzt werden. Diese Indikatoren sind teils homogen, teils heterogen im o.g. Sinne; sie sind aber für die auf Ebene 1 befindlichen Raumeinheiten eines Staates einheitlich verfügbar (klassifizierende Ist-Indikatoren)

j - Inhaltssuffix der Datenreihen in der Datenbank

r - Raumeinheitssuffix; es gibt insgesamt 57 verschiedene
      Raumeinheiten; in Bayern 26 auf Ebene 1, 4 auf Ebene 2
      und 2 auf Ebene 3; in Frankreich 5 auf Ebene 1, 4 auf
      Ebene 2 und 2 auf Ebene 3; in Irland 7 auf Ebene 1, 5
      auf Ebene 2 und 2 auf Ebene 3

t - Zeitpunkt-Suffix

i - Indikator-Suffix; die Indikatoren I^*, H^* und K^* erhalten
      sowohl inhaltliche als auch zeitpunktmäßige bzw. zeit-
      raummäßige Definitionen

T - Typisierungswerte bzw. -beschreibungen für die Raumein-
      heiten der Ebene 1. Zulässig sind nur die "Werte" Ver-
      dichtungsraum, Obergangsraum und Ländlicher Raum

P_s - systemexogen einzugebende Parameter (Schwellenwerte
      usw. s = 1,2 ...) für die Raumtypisierung

G - Bewertungssätze; ein Bewertungssatz für einen Indikator i
      besteht aus jeweils 6 Normwerten auf verschiedenen Be-
      wertungsebenen e

e - Bewertungsebene-Suffix; Bewertungssätze sind auf maximal
      9 räumliche bzw. Typisierungs-"Ebenen" verfügbar. Diese
      sind (kurz beschrieben), einheitlich Europa, einheitlich
      Bayern, einheitlich Frankreich, einheitlich Irland,
      räumliche Ebene 2, räumliche Ebene 3, räumliche Ebene 1
      für Verdichtungsräume, räumliche Ebene 1 für Obergangs-
      räume und räumliche Ebene 1 für Ländliche Räume. Die
      letzten 3 Kategorien sind, weil raumtyp-abhängig, auf
      Abb. 3.3 mit e(T) repräsentiert

I - normative Indikatoren; die Bewertung (durch einen Bewer-
      tungssatz) von I^*. Diese Zahlen sind dimensionslos und
      liegen zwischen 0 und 1

H - normative Indikatoren; eine Bewertung (wie I) von H^*

B - aggregierte normative Indikatoren bzw. Bewertungen;
      Gesamtindizes der Entwicklungsbedürftigkeit; dimensions-
      lose Aggregationen von I und H, die zwischen 0 und 100
      liegen

g - Gewichtungsangaben

R - Rangfolgen der Raumeinheiten auf einer bestimmten räum-
      lichen Ebene

n - Rangfolgensuffix bei wiederholten Läufen unter unter-
      schiedlichen Bedingungen (z.B. von g)

Die Abb. 3.3 zeigt nochmals die 4 Hauptprozesse des Informationssystems, in dem

1. aus der Datenbank Statistiken S_{jrt} (regionale Kennziffern) gezogen
   werden und zu vorbestimmten Indikatoren I^*_{ir}, H^*_{ir} und K^*_{ir} verarbeitet
   werden.

2. mittels Sätzen von Normwerten G_{ie} (Bewertungssätze) u.U. auch einer Raumtypisierung T_r (unter Verwendung der K-Indikatoren) die mit Maßeinheiten versehenen Indikatoren I_{ir}^* und H_{ir}^* zu dimensionslosen normativen Indikatoren I_{ir} und H_{ir} verarbeitet werden,

3. die I- und H-Indikatoren durch exogene Eingabe der Gewichtungen g_{ir} und eines Aggregationsmodus sowie u.U. weiterer Eingaben zu regionalen Indizes B_r verarbeitet werden und

4. die B_r in Rangfolgen zusammengestellt werden (u.U. in mehrere Rangfolgen bei verschiedenen Rahmenbedingungen) und diese wiederum analysiert werden.

Diese Hauptprozesse und die dazugehörigen Unterprozesse und exogenen Eingaben werden jetzt in § 3.3.2 bis 3.3.6 einzeln dargestellt, erklärt und begründet.

3.3.2 Die Konstruktion der Ist-Indikatoren auf der Basis der Rohstatistik dreier räumlicher (Aggregations-)Ebenen und die Verhaltensvarianten bei Datenlücken

Bereits bei den ersten Überlegungen über die Erhebung regionaler Rohdaten für unterschiedliche Staaten im europäischen Raum war es einerseits offensichtlich, daß im Rahmen dieser Untersuchung Daten für sämtliche Staaten auf einer genügend kleinräumlichen Ebene nicht erhoben werden können. Daher war von Anfang an vorgesehen, für die Überprüfung des hier beschriebenen Informationssystems Testgebiete aus verschiedenen europäischen Staaten auszuwählen, die keinesfalls als zufällig gewählte Elemente einer Stichprobe der europäischen Raumeinheiten zu betrachten sein sollten. Denn es mußten gewisse Probleme (z.B. die der Erfassung und Analyse der schwierig zu betrachtenden großen Ballungsgebiete) ausgeschlossen werden.

Zur Zeit stehen kleinräumige Daten (etwa auf Kreisebene in der Bundesrepublik) über eine ausreichende Anzahl von regional wichtigen Sachgebieten für viele Länder Europas kaum zur Verfügung[1]. Die Testgebiete mußten daher selektiv ausgewählt und die notwendigen statistischen Daten selbständig gesammelt werden.

Andererseits sollten "raumordnungspolitisch relevante Sachbereiche" mit den verfügbaren statistischen Daten so vollständig wie möglich abgedeckt werden, um das inhaltliche und daher auch das politische Entscheidungsdilemma so scharf wie möglich zu illustrieren.

---

[1] Vgl. z.B. Colin Gee und Peter Treuner, Datenbasis für ... a.a.O., S. 41 ff.

Die in drei europäischen Staaten abgegrenzten Testgebiete sollten von ihrer
internen Raumgliederung her eine noch überschaubare und doch für Tendenzaus-
sagen auch hinreichend große Anzahl von Analyseeinheiten und Programmeinheiten
darbieten. Dazu sollte ihre Anzahl auch ein Mindestmaß an multivarianten Untersuchungen ermöglichen, um zumindest die offenbareren Interdependenzen zwischen
Indikatoren und Ähnlichkeiten der Analyseeinheiten zu identifizieren. Schließlich war es ein Ziel der Untersuchung, die technische Durchführbarkeit eines
komplexen Informationssystems in der in dieser Untersuchung dargebotenen Form
mit seinen Datenverarbeitungsproblemen für eine größere Anzahl zu vergleichen-
der und bezüglich der Verfügbarkeit von Daten (auch) heterogener Regionen zu
erproben[1].

Die endgültig ausgewählten Testgebiete waren Gebiete in Bayern, Frankreich
und Irland mit insgesamt 38 Analyseeinheiten und 6 Programmeinheiten[2].

Die Daten für die Ebene 2 ließen sich mit wenigen Ausnahmen durch die Zusammenfassung der für die unterste Ebene der Analyseeinheiten gesammelten Daten ermitteln, so daß sich eine spezifische Datenerhebung für die räumlichen Aggregationsebenen erübrigte. Dies setzte aber voraus, daß die Daten als absolute
Zahlen erhoben und in dieser Form in einer Datenbank gespeichert wurden. Eine
Ausnahme bildete z.B. der Wanderungssaldo, der, wenn er für die Analyseeinheiten einer Programmeinheit bekannt war, nicht einfach durch Addition dieser
(Analyseeinheits-)Werte für die Programmeinheit gewonnen werden konnte. Denn
die (Möglichkeit von) Binnenwanderungen von Analyseeinheit zu Analyseeinheit
innerhalb derselben Programmeinheit wären dabei unberücksichtigt geblieben.
Das bei der Themenstellung der Untersuchung bereits erwartete Problem der statistischen Heterogenität regionaler Daten unterschiedlicher Staaten trat in er-
heblichem Umfang auf und führte zu den zu lösenden Datenverarbeitungsproblemen[3].
Statistische Heterogenität in dem hier verwendeten Sinne tritt dann auf, wenn
einer oder mehrere der folgenden Zustände bestehen:

1. Eine verfügbare regionale Kennziffer in einem Staat (einer Raumeinheit)
   findet keine parallele, äquivalente oder gleiche Definition bzw. Verfügbarkeit in allen anderen betrachteten Staaten (Raumeinheiten).

---

[1] Hier ist zu betonen, daß die Durchführbarkeit komplexer Informationssysteme
(mit einer Analysefähigkeit) in einer homogenen Datensituation hier nicht
zur Frage steht, da diese andernorts mehrmals angewandt worden sind.

[2] Die Auswahl und Abgrenzung der Testgebiete sowie ihre interne Raumgliederung
wird in § 4.1 beschrieben und begründet.

[3] s. dazu die Liste der regional verfügbaren Daten im Anhang

2. Der Erhebungszeitpunkt äquivalenter raumbezogener Statistiken zwischen Ländern stimmt nicht überein.

3. Die räumliche Bezugsebene äquivalenter raumbezogener Statistiken unterscheidet sich von Land zu Land.

4. Gegliederte Statistiken (Siedlungsstruktur, Altersstruktur und dergl.) sind in verschiedenen Ländern anders gegliedert.

5. Es treten "Datenlücken" in einem oder mehreren Ländern ganz oder teilweise auf einer bestimmten räumlichen Ebene auf.

Diese erwähnten Arten statistischer Heterogenität verlangen eine differenzierte Behandlung und Analyse der Statistiken und der daraus resultierenden Indikatoren unterschiedlicher europäischer Staaten. Jedoch sollte es der Sinn des hier beschriebenen Informationssystems sowie der Datenwertung im weiteren Sinne sein, die Prozesse der Datenerhebung und Vorgänge der Datenbewertung formal so weit wie möglich zu vereinheitlichen, um vergleichbare Voraussetzungen herzustellen und das Ausmaß der exogenen Eingaben zu verringern. Wie diese widersprüchlichen Anforderungen bei der Datenbehandlung miteinander vereinbart wurden, wird in § 3.4.1 und den darauffolgenden programmtechnischen Kapiteln beschrieben. Hier ist nur zusätzlich anzumerken, daß nicht jede erhobene Statistik als "heterogen" angenommen wird. Vielmehr werden Bevölkerungs-, Ärzte-, Wanderungsinformationen und einige mehr als "äquivalent" angenommen; sie waren überall in den Testgebieten verfügbar. Diese Unterscheidung zwischen "homogenen" und heterogenen Informationen führte wiederum zu einer zusätzlichen Art der "Heterogenität" der Datenstruktur.

Das Auftreten von Datenlücken in Form nicht verfügbarer Angaben für einzelne Raumeinheiten innerhalb eines Staates und auf einer bestimmten räumlichen Ebene ist relativ häufig, wie nicht anders zu erwarten war. Denn beim Vergleich verschiedener Staaten untereinander kann nicht erwartet werden, daß "wichtige" Daten immer für alle Raumeinheiten und räumliche Ebenen gleichzeitig zur Verfügung stehen. Es handelt sich hierbei somit um ein typisches Problem jedes Staatenvergleichs, weshalb eine generelle Lösung dieses Problems erforderlich ist. Im Zusammenhang des hier beschriebenen Informationssystems wurden verschiedene Verhaltensmöglichkeiten bei Auftreten dieses Problems entwickelt. Grundsätzlich wird in diesem Falle entweder auf die lückenhaften Datenreihen ganz verzichtet, oder die Lücken werden durch bestimmte Manipulationen (die aber als solche ersichtlich sind) geschlossen.

Das Bild eines Indikators (I_{ir}^{*}, H_{ir}^{*} oder K_{ir}^{*}) erfordert mindestens zwei Datenreihen. Beispielsweise setzt der Indikator 'Arztdichte' die Datenreihen Ärzte und Einwohner (oder Fläche) für jede Region voraus. Wie oben bereits

erwähnt, sollen in der Datenbank aus Gründen der räumlichen Aggregierbarkeit
die Rohdaten (im Falle des Beispiels die absoluten Zahlen der Ärzte und der
Einwohner einer Raumeinheit) gespeichert werden. D.h. für eine gegebene Raumeinheit r zum Zeitpunkt t:

$$I_{ir}^* \equiv I_{ir}^* \ (S_{jrt}, \ j \in J \subset N)^{1)}$$

$$H_{ir}^* \equiv H_{ir}^* \ (S_{jrt}, \ j \in J \subset N)$$

$$K_{ir}^* \equiv K_{ir}^* \ (S_{jrt}, \ j \in J \subset N)$$

wobei die Teilmenge J mindestens 2 Elemente hat.

Das Wegfallen des Zeit-Suffixes t von I_{ir} ist darin begründet, daß bei der
Definition homogener Indikatoren die Zeitpunkte der Datenerhebung für alle
Regionen einheitlich sein sollten, oder durch Interpolations- bzw. über kleinere
Zeiträume reichende Extrapolationsverfahren vereinheitlicht werden sollten.
Im Rahmen dieser Untersuchung wurden - aus Gründen einer Vereinfachung der Pro-
grammiertätigkeit - zwar keine entsprechenden Verfahren entwickelt; sie sind
aber grundsätzlich technisch durchführbar. Da die Berechnungen aufgrund der gebildeten Indikatoren im Rahmen dieser Untersuchung nicht dem Nachweis dienten,
daß eine bestimmte Region zum Zeitpunkt t bedürftiger als eine andere Region
zum gleichen Zeitpunkt war, da diese Berechnungen vielmehr der Überprüfung
der prinzipiellen Aussagefähigkeit des entwickelten Verfahrens dienten, werden
einige Ungenauigkeiten nicht identischer bzw. angeglichener Erhebungszeitpunkte
für die Berechnungen hingenommen.

Das Informationssystem sollte auf jeder der drei räumlichen Ebenen anwendbar
sein, um wahlweise Vergleiche der Testgebiete auf unterschiedlichen räumlichen Ebenen zu ermöglichen. Für das Schließen von Datenlücken für einzelne
Raumeinheiten auf einer bestimmten räumlichen Ebene standen folgende Alterna-
tiven zur Diskussion:

Variante 1: Wenn Daten zur Berechnung eines Ist-Indikators für eine bestimmte
Raumeinheit nicht vorhanden sind, wird dieser Indikator nur in Bezug auf diese Raumeinheit von der Analyse gestrichen. Entsprechende
Anweisungen für den Aggregationsprozess (Abb. 3.2 und 3.3), z.B.
für eine Umverteilung der Gewichtungen, müssen weitergegeben werden.

---

[1] N ist die Menge der positiven Ganzzahlen.

Variante 2: Wie Variante 1, nur daß in diesem Falle der Indikator für alle
Raumeinheiten der gleichen räumlichen Ebene in dem betroffenen
Staat von der Analyse gestrichen wird.

Bei der Auswahl bestimmter Indikatorenmengen auf einer bestimmten räumlichen
Ebene könnte dies dazu führen, daß das Informationssystem den Lauf abbricht.

Variante 3: Wie Varianten 1 und 2, nur daß in diesem Fall der Indikator für
alle Raumeinheiten der gleichen räumlichen Ebenen in dem betroffenen Staat (für heterogene Indikatoren) bzw. in der Analyse insgesamt (für homogene Indikatoren) auch in Abhängigkeit vom Indi-
katorentyp und vom Modus der Anwendung (s. § 3.3.3.2) von der
Analyse gestrichen wird.

Diese Variante schließt die Möglichkeit ein, daß ein Indikator, für den die
statistische Basis in allen Staaten vorhanden aber auf bestimmter räumlicher
Ebene lückenhaft ist, als "homogen" aufgestellt und benutzt werden kann.

Varianten 4, 5, 6: Diese entsprechen jeweils den Varianten 1 bis 3, mit der Ausnahme, daß in diesen Fällen für zeitpunktbezogene Indikatoren
die Möglichkeit bestehen soll, wenn Informationen zu einem bestimmten
Zeitpunkt ganz oder teilweise fehlen oder nicht interpoliert werden
können, die entsprechenden Informationen für einen früheren Zeitpunkt abzurufen und zu verwenden, bevor der Indikator in den verschiedenen in Varianten 1 bis 3 angegebenen Weisen gestrichen wird.
Für Indikatoren, die sich statt auf Zeitpunkte auf Zeiträume beziehen, werden analog die entsprechenden Informationen für einen
früheren Zeitraum (soweit verfügbar) verwendet. Dies soll aber
gleichzeitig für alle Raumeinheiten der berücksichtigten Ebene
eines Staates gelten, so daß keine Ist-Indikatoren mit unterschiedlichen Erhebungszeiten innerhalb eines Staates vorkommen können.

Variante 7: Wenn alle Daten zur Berechnung eines Ist-Indikators in einer bestimmten Raumeinheit nicht vorhanden sind- wird auf die nächst-
höhere Ebene "umgestiegen", der Ist-Indikator dort berechnet und
dieser Wert als für die Raumeinheit mit der Datenlücke auf der
unteren Ebene ebenfalls zutreffender Wert angenommen. Wie weit
(von Ebene 1 auf 2 oder auch noch über Ebene 2 auf Ebene 3 umgestiegen werden darf, wird exogen bestimmt. Ist sogar dann eine
Berechnung des Indikators nicht möglich, wird der Lauf abgebrochen.

Variante 8: Wie Variante 7, nur daß das Umsteigen aller Raumeinheiten der gewählten Operationsebene des betroffenen Staates bewirkt wird.

Variante 9: Wenn alle Daten zur Berechnung des Ist-Indikators in einer bestimmten Raumeinheit der ausgewählten Operationsebene des Systems
nicht vorhanden sind, wird diese Einheit (und ihre in derselben
Aggregationsgruppe zur nächsthöheren Ebene zugeordneten Nachbar-
einheiten) durch die Raumeinheit höherer Ebenen ersetzt. Z.B. wenn
Daten für den Kreis Forchheim fehlen, werden die weiteren Raumeinheiten der Ebene 1, die zusammen die entsprechende Einheit
der Ebene 2 bilden (im Beispiel die Stadt- und Landkreise Bamberg (Stadt), Coburg (Stadt), Bamberg (Land), Coburg (Land), Forchheim, Kronach und Lichtenfels) für die Analyse durch die Daten der
bayerischen Planungsregion Nr. 4 ersetzt. Dieser Prozeß kann nur
bis zur Ebene 3 fortgesetzt werden. Sind auch für diese Ebene
keine Daten verfügbar, so wird der Informationsablauf abgebrochen.

Variante 10: Ähnlich wie Variante 9, nur soll hier nicht nur für die betroffenen Raumeinheiten umgestiegen werden, sondern wenn überhaupt ein
Umsteigen notwendig ist, dann soll für den ganzen zugehörigen
Staat auf höherer Ebene weitergearbeitet werden. Wenn z.B. Daten-
elemente für einen Ist-Indikator in Forchheim fehlen, werden die
26 Raumeinheiten auf Ebene 1 in Bayern durch die 4 Planungsregionen
in der Analyse vollständig ersetzt.

Verschiedene andere Varianten und Variantenkombinationen sind denkbar. Alle hier
aufgeführten Varianten stellen Kompromisse zur "Lösung" des Datenlückenproblems
dar. Diese bringen jeweils selbstverständlich gewisse Nachteile im Zusammenhang
mit Nivellierungseffekten mit der Durchführung von Analysen auf verschiedenen
räumlichen Ebenen usw. mit sich. Bei den zahlreichen Überlegungen, die hierüber
angestellt werden, sollte aber nicht vergessen werden, daß z.Zt. die regionale
Statistik für die Mitgliedstaaten der Europäischen Gemeinschaften im weitesten
Sinne "heterogen" ist, daß wichtige Informationen aus Forschungsberichten im
Gegensatz zu offiziellen Veröffentlichungen kommen müssen (z.B. regionales Einkommen in Irland) und daß daher diese Daten in der Tat sehr lückenhaft sind.
Wenn viele Informationen der regionalen Analysen nicht verloren gehen sollen,
muß eine dieser Varianten (oder ähnlicher Varianten) benutzt werden. Ein notwen-
diges Ziel der regionalpolitischen Überlegungen innerhalb der Europäischen Gemeinschaften muß es daher sein, die benötigte kleinräumige Informationsbasis
für einen "europäischen" Regionalvergleich zu verbessern.[1]

---

[1] Vgl. hierzu die Empfehlung zur Europäischen Raumordnungspolitik des Beirates
für Raumordnung, a.a.O., S. 19; ferner die Empfehlungen aus: Colin Gee,
Peter Treuner, Datenbasis für ... a.a.O., S. 138 ff.

In der in diesem Bericht vorgeführten Untersuchung werden nicht alle erwähnten
Varianten realisiert. Es werden lediglich die Varianten 1,2,7 und 8 program-
miert und im Rahmen des allgemeinen Systems wahlweise zur Verfügung gestellt.
Selbstverständlich meldet das Informationssystem ausdrücklich alle vom System
unternommenen Änderungen, Streichungen und Einfügungen von Daten anderer Ebenen
im Fall von entdeckten Datenlücken.

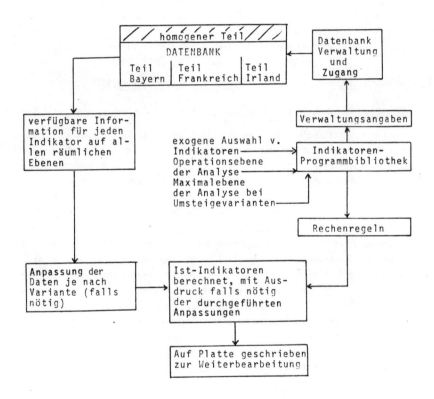

Abb. 3.4: Logischer Ablauf des Systemteils ISTWERT

Der schon erwähnte Modus der Datenspeicherung macht es notwendig, jeden Indikator innerhalb des Systems zu "konstruieren". Diese Indikatorenkonstruktion erfolgt mit Hilfe einer Indikatoren-Programmbibliothek, die nicht nur die notwendigen Referenzen zu den benötigten Daten enthält, sondern auch die tatsächlichen Berechnungen vornimmt. Wie dies programm-technisch geschieht, wird
in § 3.4 dargestellt - ein logischer Ablauf des Prozesses illustriert in diesem Kapitel die wichtigsten Komponenten der gleichzeitigen Erstellung der Werte
für eine gewählte Ist-Indikatorenmenge (Abb. 3.4). Da die Abbildung in Verbindung mit § 3.3.1 und der Erklärung der (Verhaltens-)Varianten bei Datenlücken
die Erstellung der Ist-Werte der ausgewählten Indikatoren nachvollziehbar macht,
wird hier auf eine weitere Erläuterung der Abbildung verzichtet.

3.3.3 Die Bewertung von Ist-Indikatoren nach unterschiedlichen Zielkriterien

3.3.3.1 Das Bewertungsproblem im allgemeinen

Wenn einmal Ist-Indikatoren berechnet sind, wird für einen einzelnen Indikator
die interregionale (räumliche) Vergleichbarkeit zwischen den Regionen, für die
der Indikator berechnet werden kann (betr. Varianten 1 und 2) angenommen.
Diese Informationen könnten die Informationsbasis eines interregionalen Erklä-
rungsmodells bilden; unterschiedliche Indikatoren sind aber ohne weitere Bearbeitung modellmäßiger oder anderer Art miteinander (in diesem Abschnitt "intersektoral" genannt) nicht sofort sinnvoll vergleichbar. Die Möglichkeit der Verknüpfung durch Verhaltensannahmen geprägter Modelle oder mittels der Faktorenanalyse[1] ist kein Ziel oder Teilziel dieser Untersuchung. Ein Teilziel ist
jedoch, die impliziten Beziehungen der Ist-Indikatorenvektoren durch Regres-
sions- und Clusteranalysen zu untersuchen - aber dies wird u.U. nur die inter-
sektoralen Interdependenzen aber nicht die intersektorale Vergleichbarkeit der
Ist-Indikatoren klarer machen. Um die Aussagen der Indikatoren intersektoral
vergleichen zu können, bleibt daher nur der Weg einer direkten Umwandlung der
Ist-Werte auf ein gemeinsames Intervall als Lösung dieses Vergleichbarkeits-
problems übrig. Da die Ist-Indikatoren verschiedene Maßeinheiten haben, kann

---

[1] Vgl. z.B. Paul Klemmer: Die Faktorenanalyse als Instrument der empirischen
Strukturforschung, in: Methoden der empirischen Regionalforschung (1. Teil),
Veröffentlichungen der Akademie für Raumforschung und Landesplanung, For-
schungs- und Sitzungsberichte Band 87, Hannover 1973, S. 141 ff., in dem
der "Entwicklungsstand" für die Stadt- und Landkreise Nordrhein-Westfalens
1966 dargestellt wird.

dieses Intervall nur eine dimensionslose Skala enthalten. Die Ergebnisse der
in dieser Untersuchung angewandten Umwandlung von rein beschreibenden, nur
interregional vergleichbaren Ist-Werten zu dimensionslosen interregional und
intersektoral vergleichbaren bewertenden Aussagen (den "Bewertungen") werden
"normative Indikatoren" genannt, da die Umwandlung auf eine gemeinsame Skala
(auf ein gemeinsames Intervall) mit Hilfe zusätzlicher (normativer) Informationen stattfindet, da reine statistische Umwandlungen (etwa in Richtung Standardisierung durch den Durchschnittswert und die Standardabweichung) als nicht
akzeptabel betrachtet werden.

Dieser Schritt der Bewertung von Indikatoren ist bekannt, jedoch nicht unum-
stritten. Die Kontroverse besteht darin, daß die durch die Umwandlung erzielte
formale intersektorale Vergleichbarkeit infrage gestellt wird. Es wird - so
wird vorgeworfen - der unvertretbare Versuch gemacht, "Äpfel und Birnen" zu vergleichen; es werden, wenn normative Indikatoren kombiniert und aggregiert werden, die erwähnten Äpfel und Birnen "zusammengekocht". Die offenbar bestehenden
numerischen und inhaltlichen Abhängigkeiten und Unabhängigkeiten der Ist-Indikatoren verkomplizieren und untermauern diese Gegenargumentation. Aber sogar
wenn man diese Beziehungsmöglichkeiten ignoriert, kann die Kritik nie ganz
ausgeräumt werden. Einen wesentlichen Beitrag zur Klarheit leistet aber ein
Appell an eine Berücksichtigung des Ziels der Umwandlung und daher an die praxis-
orientierte Vernunft. Angenommen, daß alle Ist-Indikatoren auf das Intervall
$[0,1]$ umgewandelt werden, wobei 0 eine Null-Bewertung der regionalen Lage, die
Bewertung "sehr schlecht", und 1 die volle Anerkennung einer zufriedenstellenden Lage bedeutet, hat man eine Vergleichsbasis auch (wie auch immer arrangiert)
für die Bewertungen von dazwischenliegenden regionalen Lagen, wobei sogar bei
dieser kurzen Erklärung der normative Charakter der Bewertung sehr klar zum
Ausdruck kommt. Normative Indikatoren, betrachtet als numerische Ausdrücke von
Bewertungen der "sektoralen" regionalen Lage, sind daher vergleichbar. Ob man
diese normativen Indikatoren kombinieren kann, und wie, ist eine zusätzliche
Frage.

In dieser Untersuchung wird eine Bewertung der Ist-Indikatoren innerhalb eines
bestimmten Intervalls $[0,1]$ verwendet, um zu normativen Indikatoren zu kommen,
wobei die angewandte Skala kardinal ist. Eine Kardinalskala ist (anstelle der
Verwendung einer Nominal- oder Ordinalskala) darum notwendig, weil den einzelnen
Raumeinheiten entsprechend ihrer komparativen Entwicklungsbedürftigkeit eine
Rangposition zugeordnet wird, die aufgrund der Wertunterschiede der normativen
Indikatoren bestimmt wird. Ein Problem der Bewertung innerhalb des geschlossenen

Intervalls $[0,1]$ (wie auch von jeglicher Bewertung zum Zwecke einer regionalen Rangfolgenbildung) ist das Vorkommen interregional sehr nahe beieinander-liegender Indexwerte, die sich aber bezüglich der Rangzuordnung der Regionen dennoch nachhaltig auswirken. Die Möglichkeit ist jedoch immer noch gegeben, Klassen von Raumeinheiten aufgrund von bedeutsamen (wie auch immer definierten) Bewertungsunterschieden zu bilden. Die Betrachtung der Rangfolge der einzelnen Regionen könnte folglich durch eine klassenbezogene Betrachtung ersetzt werden, wobei unter den Regionen innerhalb jeder Klasse kein (Rangfolge-)Unterschied zu machen wäre.

Da Zielen der Raumordnungspolitik bei der Bewertung regionaler Ist-Zustände eine entscheidende Bedeutung zukommt (vgl. § 3.2.1.3), können die Werte norma-tiver Indikatoren auch als "Zielerfüllungsgrade" interpretiert werden. Diese Einstellung trägt sowohl zur Begründung einer Kardinalskala wie auch zum inhalt-lichen Verständnis des Bewertungsprozesses selbst bei. Wie weit die Bildung normativer Indikatoren im hier verwandten Sinne in der politischen Wirklichkeit eine numerische Grundlage für die Bewertung von Regionen darstellen kann, ist vorrangig auch eine praktisch-politische Frage,die im Zusammenhang dieses metho-dischen Kapitels nicht erörtert werden soll. Da jedoch politische Entscheidungen über räumliche Förderprioritäten im Rahmen jeder Regionalpolitik getroffen wer-den müssen (wenn nicht aus Gründen der Konfliktvermeidung mit dem Gießkannen-prinzip der Regionalförderung vorlieb genommen werden soll) und da numerische Entscheidungshilfen diese politischen Entscheidungen möglicherweise auf eine bessere informative Grundlage stellen können, ist der methodische Zweck dieser Untersuchung (die Überprüfung der Aussagefähigkeit und Verwendung regionaler Indikatoren als Entscheidungshilfe für eine supranationale Festlegung räumlicher Förderprioritäten) damit hinreichend gerechtfertigt.

Eine weitere Vorentscheidung für den Bewertungsprozeß ist, wegen der noch unge-lösten Bewertungsprobleme von "Oberversorgungen" oder "Oberentwicklung" die Obererfüllung eines betrachteten Ziels unberücksichtigt zu lassen. D.h. die Be-wertung 1,0 umfaßt zugleich Zielerreichung und Zielübertreffung. Dadurch wird im übrigen auch ausgeschlossen, daß eine exzellente (aber gar nicht angestrebte) Lage (im Gegensatz zu einer angestrebten voll zufriedenstellenden Lage) in einem Sektor (z.B. in einem Versorgungsbereich) total oder partiell eine unzu-friedenstellende Lage in einem anderen Sektor (Versorgungsbereich) kompensieren kann.

Es wurde seitens der Bearbeiter beschlossen, nichtlinear zu bewerten (und damit grundsätzlich auch die lineare Bewertung als einen Spezialfall zuzulassen).

Eine allgemeine Bewertungsfunktion (die nur für die Ist-Indikatoren I^* und H^* benutzt wird - K^*, die raumtypklassifizierenden Ist-Indikatoren werden nicht so umgewandelt, s. § 3.3.3.4) ist in Abb. 3.5 dargestellt. Um die Allgemeinheit der benutzten Definition der Bewertungsfunktion aufrecht zu halten, werden alle Ist-Indikatoren so definiert, daß eine Zunahme der Indikatoren die formal "gute" Richtung bezeichnet. Dies bedeutet eine begriffliche (aber nicht inhaltliche) Umstellung bei nur wenigen der Indikatoren, z.B. bei der Arbeitslosigkeitsziffer; so wird die "Arbeitslosenrate" nicht definiert als Anteil der Arbeitslosen an allen Erwerbspersonen, da diese Definition nicht der Richtung:'je höher, desto besser' entsprochen hätte; vielmehr wurde sie definiert als Anteil der Nicht-Arbeitslosen an allen Erwerbspersonen. Dementsprechend ist der Schwellenwert s der Wert, ab dem eine positive Bewertung der regionalen Lage in Bezug auf I^*(oder H^*) erst infrage kommt. Die nichtlineare Strecke zwischen I^* = s und I^* = z drückt Zielerfüllungsgrade aus, die zwischen 0 und 1 liegen, d.h. sie stellt Beurteilungen regionaler Lagen dar, die zwischen einem absoluten "schlecht" und einem "voll zufriedenstellenden" Zustand liegen. Wie und warum diese Strecken nicht linear gewählt werden, wird weiter unten erklärt. Wenn I^* = z, wird eine 100%ige Zielerreichung registriert, die bis zu I^* = u anhält. z < $I^* \lessgtr$ u ist daher der schon angesprochene Bereich der Zielübererfüllung. Die lineare Strecke zwischen I^* = u und I^* = v wird als Bewertungs-

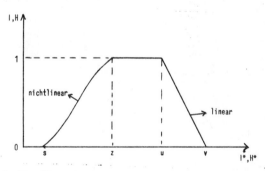

Abb. 3.5: <u>Die allgemeine Bewertungsfunktion für Ist-Indikatoren</u>

Symbole zu Abb. 3.5

s - Schwellenwert für I^*, H^*, von dem ab der normative Indikator I,H einen Wert größer 0 annehmen kann

z - Zielwert für I^*, H^*

u - Schwellenwert für I^*, H^*, von dem ab der normative Indikator einen Wert weniger 1 annehmen kann

v - Schwellenwert für I^*, H^*, von dem ab der normative Indikator den Wert 0 annimmt.

option für die Indikatoren eingeräumt, für die eine erhebliche Zielübererfüllung mögliche schädliche regionale Wirkungen haben könnte. Das beste Beispiel dafür ist der Ist-Indikator "Wanderungssaldo", wobei ein sehr hoher Zuwanderungsüberschuß offenbar zu Versorgungs- und anderen Problemen führen kann. In der Regel wird diese Option nicht benutzt, die Bewertungsfunktionen sehen dann wie in Abb. 3.6 dargestellt aus:

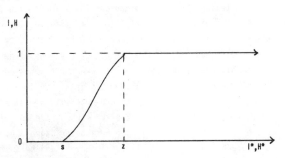

Abb. 3.6: <u>Typische Bewertungsfunktion für Ist-Indikatoren</u>

Die Gestaltung der nichtlinearen Strecke zwischen $I^* = s$ und $I^* = z$ wurde so flexibel gehandhabt, daß mit der Wahl von 2 Parametern alle Formen ähnlich zu denen in Abb. 3.7 möglich waren.

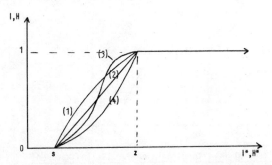

Abb. 3.7: <u>Alternative Formen für die Nichtlinearität der Bewertung</u>

Dies wurde ermöglicht durch eine Transformation einer in Perzentilen abgegrenzten Teilstrecke der Funktion:

- 51 -

$$y(x) = \frac{1}{2} + \frac{1}{2} \sin (x - \pi_{/2}) \qquad \text{auf den Raum } 0 \leqslant I \leqslant 1,$$
$$s \leqslant I^* \leqslant z \text{ (s. Abb. 3.8) durch die Anpassung}$$

$$I = \frac{1}{y(\frac{p\pi}{100}) - y(\frac{k\pi}{100})} \left[\frac{1}{2} - y(\frac{k\pi}{100}) + \frac{1}{2}\sin\left\{ \frac{(p-k)\pi(I^*-s)}{100(z-s)} + \frac{k\pi}{100} - \frac{\pi}{2} \right\} \right]$$

und ebenso für heterogene Indikatoren H_i^*.

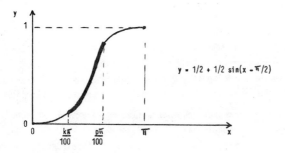

Abb. 3.8: Die Grundbewertungsform

Also kann eine Form wie (1) in Abb. 3.7 mit k = 50 und p = 90 ausgewählt werden, wie (2) (fast) linear mit k = 49 und p = 51, wie (3) mit k = 10 und p = 100 und wie (4) durch die Wahl k = 0 und p = 40. Die ganze Bewertungsfunktion von Abb. 3.5 kann daher durch die Festlegung von 6 Parametern s,z,u,v,k,p bestimmt werden. Diese 6 Werte bilden zusammen einen sog. Bewertungssatz und sind selbst die tatsächlich angewandten "Normwerte" der Ist-Indikatorenbewertung.

Die Frage, welche inhaltlich nach unterschiedlichen Zielkriterien gewählten Typen der Bewertungssätze und welche Organisation der tatsächlichen numerischen Normwerte zur Verfügung stehen sollen, wird unter § 3.3.3.2 bis § 3.3.3.4 behandelt.

3.3.3.2 Unterschiedliche Zielkriterien und Indikatorentypen

Die Möglichkeit, daß ein Indikator mehr als einen Bewertungssatz haben kann, wurde in das Informationssystem eingebaut. Grundsätzlich kann danach jedem als homogen angenommenen Indikator einer von 9 möglichen Bewertungssätzen folgender Art (und Absicht) nach Wahl zugerechnet werden:

i)   europäische Normwerte einheitlich für alle 3 Länder auf allen räumlichen Ebenen

ii) landesspezifische Normwerte einheitlich für alle Raumtypen und räumlichen Ebenen eines Staates; hier Bayern

iii) wie ii) für Frankreich

iv) wie ii) für Irland

v)   Normwerte der räumlichen Ebene 2. Bei homogenen Indikatoren für alle
Länder einheitlich, bei landesspezifischen heterogenen Indikatoren nur
für das jeweilige Land

vi) wie v) für die räumliche Ebene 3

vii) wie v) für die räumliche Ebene 1, und zwar nur für Raumeinheiten mit
dem Raumtypisierungswert "Verdichtungsraum"

viii) wie vii) für Raumeinheiten mit dem Typisierungswert "Übergangsraum"

ix) wie vii) für Raumeinheiten mit dem Typisierungswert "Ländlicher Raum".

Diese dargestellten Normwertkategorien sollen es einerseits erlauben, homogene
Informationen nach supranationalen (europäischen) und nationalen Zielvorstellungen zu beurteilen (bewerten). Andererseits räumen sie eindeutig die Möglichkeit einer Beurteilung je nach räumlichem Aggregationsniveau und (auf Ebene 1)
Raumtyp nach regionsspezifischen Gesichtspunkten und Bedürfnissen ein. Die inhaltliche Begründung hierfür ist in § 3.2.1.3 ausgeführt. Für heterogene Indikatoren, bei denen sich eine räumliche Differenzierung von Zielwerten begründen läßt, reduziert sich die Zahl der Bewertungssätze auf 5. Denn bei heterogenen, d.h. gebietsspezifischen Indikatoren fallen die europäisch einheitlichen sowie, mit Ausnahme des betreffenden Staates, alle weiteren länderspezifischen Bewertungen weg. Damit ist für bestimmte Indikatoren die Möglichkeit
eingeräumt, nach unterschiedlichen Zielvorstellungen (je nach Fragestellung)
oder raumtyp- und raumebenenspezifisch differenziert zu bewerten. Diese Unterscheidung von Indikatoren mit räumlich differenzierten und solchen mit räumlich nicht differenzierten Zielwerten führt dazu, daß Indikatoren im Zusammenhang mit ihrer vorstellbaren Anwendung und Bewertung von der Organisation her
kategorisiert werden müssen. Die Eingaben zur Auswahl der innerhalb eines bestimmten Laufes zu verwendenden Indikatoren müssen daher durch eine Angabe des
'Verwendungsmodus' für jeden Indikator ergänzt werden. Um Fehler zu vermeiden,
und um das Informationssystem benutzerfreundlicher zu machen, werden die Bewertungssätze und die Angaben zu den Indikatoren und ihrem Verwendungsmodus systemintern zuerst geprüft und von der Eingabe her falsch spezifizierte Indikatoren
mit entsprechender Meldung in der weiteren Analyse nicht mehr berücksichtigt.

Dieses Verfahren erspart zwar eine Wiederholung bei Fehleingaben nicht, ist aber insofern "benutzerfreundlich", als damit nicht nur Fehlermeldungen vom System produziert werden, sondern zugleich auch Ergebnisse (Analysen) mit einem allerdings reduzierten Inhalt.

Die Indikatoren sind damit in folgende vier Kategorien gegliedert:

Typ 1: Homogene Indikatoren mit raumebenenunspezifischen Normwerten. Hier werden aber unterschieden ein supranational (europäisch) einheitlicher und drei gebietsspezifische (hier: länderspezifische) Normwerte, so daß Indikatoren dieses Typs im Rahmen dieser Untersuchung insgesamt nur vier Bewertungssätze haben (ein Satz für "Europa" und je ein Satz für Bayern, Frankreich und Irland).

Typ 2: Homogene Indikatoren mit raumtyp- und raumebenenspezifischen Normwerten. Hier werden somit drei Bewertungssätze für die drei Raumtypen auf der räumlichen Ebene 1 und zwei Bewertungssätze für die erste und die zweite räumliche Aggregationsebene unterschieden. Zusätzlich werden wie bei Typ 1 auch ein supranational einheitlicher und drei gebietsspezifische (hier: länderspezifische) Bewertungssätze raumtypisch undifferenziert festgelegt, so daß Indikatoren dieses Typs insgesamt 9 Bewertungssätze besitzen.

Typ 3: Für die verglichenen Staaten von der Definition her heterogene, gebietsspezifische Indikatoren mit einem einzigen (raumtyp- und raumebenenunspezifischen) Bewertungssatz.

Typ 4: Heterogene und insofern gebietsspezifische Indikatoren mit raumtyp- und raumebenenspezifischen Bewertungssätzen. Da diese Indikatoren jeweils nur für 1 Land gelten, werden hier analog zu Typ 2 gebietsspezifisch nur drei Bewertungssätze für die drei Raumtypen und zwei Bewertungssätze für die räumlichen Ebenen 2 und 3 differenziert, so daß Indikatoren dieses Typs insgesamt fünf Bewertungssätze haben.

Für jeden einzelnen Indikator können jetzt entsprechend den regionsspezifischen Zielvorstellungen und Bedürfnissen Normwerte bestimmt werden. Eine raumtypische Differenzierung dieser Normwerte je nach Funktion der Raumeinheiten kann dann zusätzlich vorgenommen werden. Auf diese Weise können schließlich für jeden Analyseraum (der Ebene 1) die normativen Indikatoren (Bewertungen der Ist-Zustände) berechnet werden, die dann auf der Grundlage einer bewerteten Hierarchie von Raumtypen und räumlicher Aggregationsebenen basieren.

3.3.3.3 Organisation der Bewertungssätze

Jedem Ist-Indikator wird in einer Datenbank eine 9 x 6 Matrix der Normwerte zugeordnet. Wie schon erklärt, sind diese Matrizen nur ausnahmsweise voll beschrieben, da entweder die Bewertungsfunktionsform die entartete Gestalt von Abb. 3.6 annimmt oder der Ist-Indikator selbst den Indikatorentypen 1,3 oder 4 (s. § 3.3.3.2) zuzuordnen ist. Im ersten Fall wird u = v im Bewertungssatz geschrieben und im zweiten wird ein Nullsatz (alle Werte gleich Null) eingetragen. Die Bewertungsform und die Verfügbarkeit eines bestimmten Bewertungssatzes wird daher eindeutig bezeichnet. Die Ordnung der Daten im dreidimensionalen Raum (Ist-Indikator - Bewertungssatzkategorie - Bewertungssatzelement) bestimmt ausreichend und in einfacher Weise die Zugehörigkeit jedes Datenpunktes. Eine systemintern geordnete Indikatorenauswahl mit den dazugehörigen Informationen der Anwendungsmodi ermöglicht es, daß die Bewertungsbank nur einmal gelesen werden muß und räumt auch die logische Möglichkeit ein, systematische Änderungen der Normwerte (z.B. innerhalb einer vorgegebenen Bandbreite) bei wiederholten Läufen vorzunehmen.

Die Zugangseinfachheit einer solchen (Bewertungs-)Organisation wäre auch im praktischen europäischen Rahmen (d.h. unter Einschluß aller neun Mitgliedstaaten) beizubehalten, da eine erhebliche Speicherplatzersparnis durch eine einfache Umstrukturierung zu erzielen ist, wobei durch die Anwendung eines Verwaltungssatzes die bei Indikatorentypen 1,3 und 4 vorkommenden Nullsätze keinen Platz in Anspruch nehmen würden. Wegen des reduzierten Umfangs dieser beispielhaften Untersuchung wird dieser Schritt nicht unternommen.

3.3.3.4 Die Raumtypisierung

Die Normwerte für bestimmte Indikatoren sind - auf der Basis von regionalen Modellüberlegungen - u.a. auf der räumlichen Ebene 1 raumtypen-differenziert festzulegen. Bei den betreffenden Indikatoren handelt es sich vor allem um Versorgungs-Indikatoren, die z.B. die Ausstattung mit Einrichtungen unterschiedlicher Zentralität in einer meistens auf der Wohnbevölkerung basierenden und daher u.U. stark nivellierten Verhältniszahl zum Ausdruck bringen. So sollten etwa die Normwerte des Versorgungs-Indikators 'Krankenhausbetten/Einwohner' in Abhängigkeit von der spezifischen Struktur ihrer räumlichen Bezugseinheit bzw. von deren Funktion innerhalb ihres übergeordneten Gesamtraums differenziert werden. Völlig undifferenzierte, d.h. für alle Raumeinheiten der Ebene 1

(Analyseräume) einheitliche Normwerte würden raumstrukturell bzw. raumfunktional begründete und begründbare Unterschiede im Ausstattungsniveau unberücksichtigt lassen und zu unvertretbaren Gesamtergebnissen führen müssen.

Andererseits erweist sich eine raumspezifische Bestimmung von Normwerten für jeden einzelnen Analyseraum als nicht nur zu komplex, sondern letztlich als ähnlich unbegründbar und schwierig nachvollziehbar wie eine vollständig homogene Wertung. Einen Mittelweg zwischen räumlicher Homogenität und vollständiger räumlicher Heterogenität der entsprechenden Normwerte stellt die Differenzierung dieser Normwerte zwischen Raumtypen dar. Den Klassifikationskriterien für eine Raumtypisierung kommt dabei entscheidende Bedeutung zu.

Nach der Art der Kriterien, mit deren Hilfe die Analyseräume auf ihre Zugehörigkeit zu einem bestimmten Raumtypus hin geprüft werden, wurde in § 3.2 zwischen homogenen "Strukturregionen" einerseits und "funktionalen Regionen" andererseits unterschieden. Im ersten Fall werden die Analyseräume mit relativ gleichartiger räumlicher Struktur innerhalb des Informationssystems, und zwar durch die Berechnung innerhalb eines abzurufenden Systemteils mit festgelegten Kriterien und auszuwählenden Schwellenwerten, ihrem Raumtypus zugewiesen.

Im zweiten Falle werden die Analyseräume mit relativ gleichartiger Funktion innerhalb ihres übergeordneten Raumes exogen durch im regionalen Einzelfall wertende 'Zuweisung' ihrem Raumtypus zugeordnet. Innerhalb dieses methodischen Kapitels interessiert vorrangig nur das methodische Vorgehen der zuerst genannten Möglichkeit einer Raumtypisierung. Der definierten Raumtypologie liegen die Gebietskategorien Verdichtungsräume, Übergangsräume und Ländliche Räume zugrunde. Die inhaltliche Bestimmung und Begründung dieser drei Raumtypen wird in § 4.2.2.2 vorgenommen.

Die Typisierung erfolgt so, daß für jeden einzelnen Analyseraum zunächst für drei Indikatoren aus dem Bereich der Siedlungsstruktur überprüft wird, wieweit sie jeweils Ist-Werte oberhalb eines Schwellenwertes aufweisen, der die Untergrenze des Raumtypus 'Verdichtungsraum' definiert. Sofern ein Analyseraum dieses indikatorspezifische Kriterium erfüllt, wird ihm eine bestimmte Punktzahl zugewiesen, die zwischen den drei Indikatoren variiert und von daher eine implizite Gewichtung dieser Indikatoren darstellt. Diese Punkte werden addiert. Wenn die Gesamtzahl oberhalb eines bestimmten Schwellenwertes liegt, wird der entsprechende Analyseraum als Verdichtungsraum klassifiziert, der Typisierungsvorgang für diesen Raum abgebrochen. Wenn der Analyseraum für einzelne oder alle Indikatoren Ist-Werte unterhalb der Schwellenwerte des Verdichtungsraums aufweist, wird überprüft, wieweit seine Werte innerhalb des 'Übergangs-Bereichs' liegen, der durch die unteren Schwellenwerte für die Ländlichen Räume definiert ist. Durch das gleiche Punktvergabe-Verfahren wie oben wird dann überprüft, ob es sich um einen Übergangsraum oder um einen Ländlichen Raum handelt. Dies ist jedoch im Unterschied zur Klassifizierung der Verdichtungsräume zunächst nur eine vorläufige Klassifizierung, die im folgenden anhand bestimmter demographischer Indikatoren der Wohn- sowie der Erwerbsbevölkerung und ihrer zeitlichen Veränderung überprüft werden. Das Verfahren ist zweistufig und entspricht methodisch der oben beschriebenen Typen-Zuweisung. Die endgültige Raumtypisierung aller Analyseräume erlaubt nunmehr einen für bestimmte Indikatoren raumtypenspezifisch differenzierten Bewertungsvorgang.

Diese Typisierung läßt sich alternativ im Informationssystem durch eine exogen eingegebene Typisierung ersetzen. Während die Raumtypisierung im ersteren Falle nach strukturellen Kriterien erfolgt, kann sie im letzteren Falle funktionale Gesichtspunkte (der raumspezifischen Funktionszuweisung) berücksichtigen.

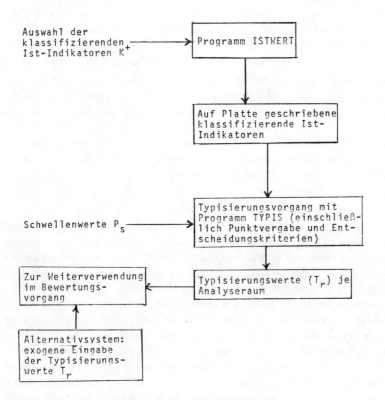

Abb. 3.9: Logischer Ablauf des Programms TYPIS
(nur für die Bearbeitung der Analyseräume auf der räumlichen Ebene 1)

3.3.3.5 Ablauf des Bewertungsvorgangs

In Anlehnung an die Teilsysteme von § 3.3.3.1 bis § 3.3.3.4 ist es jetzt möglich, den Gesamtablauf des Bewertungsvorgangs darzustellen (Abb. 3.10). Das System wird EVALIS genannt (gemäß seinem Hauptprogramm) und hat als Eingaben

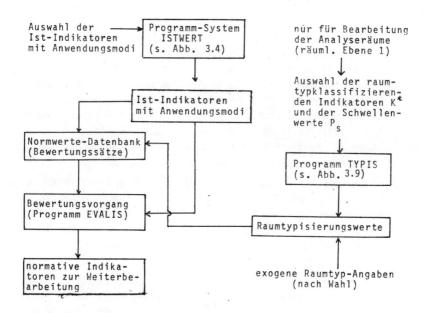

Abb. 3.10: Logischer Ablauf des Systemteils EVALIS

die Ausgaben des Systemteils ISTWERT (Abb. 3.4). Es bewirkt - in Abhängigkeit auch von der gewählten Verhaltensvariante bei lückenhaften Daten - die Umwandlung der Ist-Indikatoren in normative Indikatoren. Das Verhältnis der Ausgabe zur Eingabe ist 1 : 1, d.h. jeder von ISTWERT übergebene Wert wird bewertet. Durch unvollständige Daten trotz der Anwendung einer "Datenlückenvariante" immer noch auftretende fehlende Indikatoren werden als Lücken an EVALIS weitergeben und dort erst eindeutig als fehlende Ist-Indikatoren festgehalten. Selbstverständlich sind Ausdrucke bei den beiden Programm-Abschnitten ISTWERT und EVALIS möglich. Die Ausgaben (räumlich differenzierte normative Indikatoren) werden zur Weiterbearbeitung im Sinne ihrer Aggregation auch gespeichert. Die Beschreibung dieser Stufe schließt sich an.

3.3.4 Die Aggregation normativer Indikatoren

3.3.4.1 Die Aggregationsproblematik im allgemeinen

Bewertete und daher normative, raumbezogene und auf ein gemeinsames dimensions-
loses Intervall hin umgewandelte Indikatoren beinhalten Aussagen, die keineswegs a priori als untereinander unabhängig bezeichnet werden können. Bevor daher Indikatoren zu "multisektoralen" Aussagen oder sogar zu einer Gesamtaussage (-beurteilung) des regionalen Zustandes kombiniert werden, müssen die verschiedenen möglichen Abhängigkeiten zwischen Indikatoren (zumindest) bewußt
gemacht bzw. soweit wie möglich analysiert werden. Eine Aufzählung einiger der
möglichen Interdependenzen genügt, um diese bekannte Problematik zu umreißen:

a. Raumbezogene Merkmale aus nominell unterschiedlichen Sachbereichen (etwa
Krankenhausbetten und Autobestand) können implizit durchaus eng verknüpft
sein.[1] Jedes Merkmal hat jedoch einen gewissen selbständigen Aussagebereich
(100%ige Korrelationen kommen selten vor), auf den - je nach Untersuchungsziel - u.U. schwierig zu verzichten ist.

b. Raumbezogene Merkmale aus demselben Sachbereich (etwa Anzahl der Krankenhausbetten und der Ärzte in einer Region) drücken wichtige komplementäre Aspekte
eines Sachbereiches aus, wobei in Unterschied zu a. ein gewisser Grad der
Substitution a priori nicht ausgeschlossen werden kann. In dieser Kategorie
ist es sogar wahrscheinlich, daß die Merkmale miteinander gut korrelieren.

c. Benachbarte Räume teilen Versorgungsbereiche unterschiedlicher Reichweite.
Auch wenn sie möglichst "funktional" abgegrenzt werden, bezieht sich die Abgrenzung nur zufällig simultan auf die vertretenen unterschiedlichen Sach-
(Versorgungs-)Bereiche, besonders, wenn sich solche funktionalen Räume (aus
statistischen Gründen) mit Verwaltungsgrenzen decken müssen. (Auf der keinesfalls als funktional zu bezeichnenden Ebene 1 dieser Untersuchung führte diese
Überlegung zur Erstellung raumtypbezogener Normwerte und, noch früher, zum
Versuch, diese Analyseebene zu einer zusätzlichen, möglichst funktionalen,
räumlichen Aggregationsebene (nämlich Ebene 2) zusammenzufassen.)

d. Bewertungstechniken (wie z.B. in § 3.3.3 vorgeführt) haben die Tendenz, u.U.
unabhängige Sachbereiche derselben Politikrichtung (etwa Wirtschafts- oder
Verkehrspolitik) ähnlich zu handhaben; z.B. durch eine gleichartige über-
bzw. untertriebene Setzung von Parametern wie s und z (Abb. 3.5) oder durch
eine ähnlich angepaßte Nichtlinearität der Bewertung. Solche Tendenzen

---

[1] Je höher die Zahl der Krankenhausbetten/Einw., desto höher die Zahl der Autos/
Einw. (oder umgekehrt); eine Korrelation läßt sich im Vergleich von Ländlichen Räumen und Verdichtungsräumen durchaus nachweisen.

würden eine (nichtlineare) Transformation der Ist-Indikatoren in einer
Richtung bewirken, die zu einer automatisch erhöhten Korrespondenz der normativen Aussagen (Indikatoren) führen müßte.

Eine Konsequenz der Kenntnis solcher Wechselwirkungsarten ist, daß die numerische Abhängigkeit der Ist-Indikatoren (um den obigen Punkt d. auszuschließen)
untersucht werden muß, um zumindest (falls sich keine anderen Folgerungen ergeben) einen Informationsrahmen der Interdependenzen zu erstellen. Diese Untersuchung wird mittels einfacher Korrelationsanalysen, multipler Regressionsanalysen und zweier Clusterverfahren durchgeführt. Über diese Arbeit und die daraus
resultierenden Implikationen für die Datenbasis und den Indikatorenkatalog wird
in § 4.3 berichtet.

Kern der Problematik der Aggregation normativer, in dimensionsloser numerischer
Form vorhandener regionaler Aussagen ist die Fragestellung, wie empfindlich die
von den Ergebnissen abzuleitende Entscheidung (z.B. darüber, welche europäischen Regionen gefördert werden sollen) unter Anwendung einer Reihe politisch
vertretbarer Aggregationsvorschriften ist.

Die Wahl von spezifischen (Input- oder Output-)Indikatoren, soweit die Verfügbarkeit der Statistik dies erlaubt, wird normalerweise so angelegt, daß möglichst
umfassende Aussagen angestrebt werden. Die Auswahl Tindemanns - Arbeitslosigkeit, Einkommen und Wanderungssaldo -[1] illustriert sehr gut diese Einstellung.
Damit ist gemeint, daß mit der Auswahl ganz bestimmter aus einer größeren Anzahl möglicher Indikatoren angestrebt wird, an den tatsächlichen, nicht voll
numerisch-analytisch definierbaren Gegenstand der Beschreibung - sei dies Entwicklungsstand, Entwicklungsbedürftigkeit oder Lebensqualität u.a. - möglichst
nahe heranzukommen. Abhängigkeiten, Komplementaritäts- und Substitutionseffekte
sind dabei fast immer (und absichtlich) von Bedeutung. Diese Effekte können nur
zum Teil empirisch-analytisch festgelegt werden, z.B. durch die Faktorenanalyse.
Dieses Vorgehen erlaubt jedoch keine Flexibilität der politischen Handhabung
(etwa in Richtung einer veränderten Betonung oder Gewichtung der einzelnen
Indikatoren), die bei der Komplexität einer supranationalen (etwa der europäischen) Regionalpolitik aber absolut notwendig sein wird. Eine (politisch-)
normativ vorgenommene Kombination oder Aggregation der Indikatoren ist daher
unvermeidbar. Dabei liegt der Kern der Problematik in der Frage, ob bei national
oder regional vorgenommener politischer Gewichtung und Aggregation der Indikatoren eine Reihe nachvollziehbarer Aggregations- und Gewichtungsmöglichkeiten
zu supranational konsistenten bzw. "stabilen" Förderungsprioritätsentscheidungen
führen können.

---

[1] Die Europäische Union - Bericht von Leo Tindemanns an den Europäischen Rat,
in: Bulletin der Europäischen Gemeinschaften, Beilage 1/1976.

Dieser Aspekt wird materiell in § 5.1.3 wieder aufgenommen. Im folgenden werden drei im Rahmen dieser Untersuchung realisierte (programmierte) Aggregationsmöglichkeiten beschrieben und eine vierte nichtrealisierte diskutiert. Die Aggregationsmethode soll im Informationssystem genauso zur Wahl stehen, wie die Indikatoren selbst. Für die Beurteilung des Systems interessieren weniger die einzelnen Ergebnisse der Auswertung, als vielmehr die "Ähnlichkeiten" der Ergebnisse mehrerer Läufe unter verschiedenen, politisch als noch vertretbar erscheinenden Aggregationsvorschriften.

3.3.4.2 Nichthierarchische lineare Aggregation

Bei diesem Modell werden die einzeln ausgewählten normativen Indikatoren mittels exogen festgelegter Gewichtungskonstanten zu einem kombinierten Index zusammengefaßt:

$$B_r = \frac{\sum\limits_{i=1}^{n} g_{ir} I_{ir} + \sum\limits_{i=n+1}^{m} g_{ir} H_{ir}}{\sum\limits_{i=1}^{m} g_{ir}} \cdot 100$$

wobei n die Anzahl der homogenen und m-n die Anzahl der heterogenen Indikatoren darstellt. Da $0 \leqslant I_{ir} \leqslant 1$ und $0 \leqslant H_{ir} \leqslant 1$, liegt der regionale Index B_r kardinal skaliert zwischen 0 und 100.

Ungeachtet der Gewichtung erlaubt dieses einfache und häufig angewandte Modell partielle aber keine vollen Substitutionsmöglichkeiten. Die unbefriedigende Situation einer Region in einem Zielbereich kann durch eine sehr befriedigende Situation in einem anderen Zielbereich in Form eines kombinierten Durchschnittswertes aus beiden Bereichs-Bewertungen "kompensiert" werden. Die unbefriedigende Situation der Region in einem Bereich kann aber nicht voll durch die sehr gute Situation in einem anderen Bereich überdeckt werden. Denn je nach Gewichtung schlägt die schlechte Bewertung beim Gesamtindex B_r durch. Substitutionsmöglichkeiten werden daher partiell, Komplementaritätsbeziehungen nur unbefriedigend zum Ausdruck gebracht. In welchem Ausmaß diese Wechselwirkungen stattfinden, regeln die exogen bestimmten Gewichtungen g_{ir}.

Das Systemteil dieses Modells heißt COMBIS1 und beinhaltet ein implizites Gewichtungsumverteilungsschema, wenn für eine Region und einen Indikator die Informationen I_{ir} oder H_{ir} durch Lücken in der ursprünglichen Datenbasis fehlen. Der Indikator wird für die betreffende Region bzw. die betreffenden Regionen (je nach Variante - siehe § 3.3.2) ignoriert - dies impliziert eine Umverteilung der Gewichtung proportional zu den bestehenden (übriggebliebenen) Ge-

wichtungen. Andere Lösungen dieses Problems sind möglich, aber in dieser
Untersuchung nicht berücksichtigt. Die Möglichkeit, Indikatorenlücken voll-
kommen aus der Analyse auszuschließen, ist durch die Datenlückenvarianten 7
und 8 (Systemteil ISTWERT) gegeben, wobei fehlende Daten zum Abbruch des Laufes führen, wenn die Ebene der Analyse und die Maximalebene des "Umsteigens"
gleich angegeben werden.

COMBIS1 kann, wie die anderen im folgenden beschriebenen Programme COMBIS2
und 3, auch die Ergebnisse wiederholter Läufe mit geänderten Gewichtungen
zwecks anschließender Analysen (die in § 3.3.5 beschrieben werden) speichern.
Eine schematische Darstellung der Inputs und Outputs ist in Abb. 3.11 gegeben.

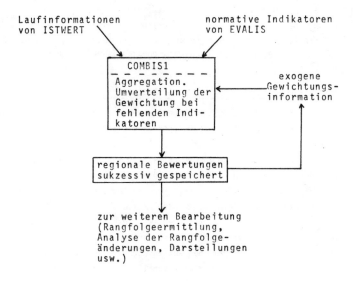

Abb. 3.11: Aggregationsfunktion von COMBIS1

3.3.4.3 Hierarchische lineare Aggregation

Eine andere Möglichkeit, normative Indikatoren linear zu aggregieren, besteht
darin, eine Hierarchie von Teilaggregationen jeweils mit inhaltlicher Substanz
vom Einzelindikatorenniveau bis zum regionalen Gesamtindex (B_r) aufzubauen
und sukzessiv linear gewichtet zu aggregieren. Dies wird in dieser Untersuchung
4-stufig durchgeführt, indem Einzelindikatoren zu Indikatorenbereichen, diese

wiederum zu Politikelementen und jene dann zum regionalen Gesamtindex
(siehe Abb. 3.1) aggregiert werden. Dafür ist eine mathematische Darstellung
des Prozesses unnötig, weil sukzessiv lineare Transformationen schließlich nur
eine (eindeutig definierte) lineare Transformation (der einzelnen Indikatoren)
darstellen. Der Hauptvorteil ist, daß sogar auf der ersten (sektoralen) Aggregationsebene eine Scheinhomogenität erzeugt werden kann, da ein Indikatorenbereich - z.B. "Gesundheitswesen" - begrifflich dasselbe bedeutet, ob er nun
für die verschiedenen nationalen Raumeinheiten aus (statistisch begründet)
heterogenen Einzelindikatoren zusammengesetzt ist oder nicht. Eine Heterogenität nicht nur der Einzelindikatoren, sondern auch der (aggregierten) Zielbereiche und Elemente muß jedoch in ähnlicher Weise wie bei der nichthierarchi-
schen Aggregation durch COMBIS1 bei der Programmierung im Informationssystem
berücksichtigt werden. Dieser Systemteil (COMBIS2) benutzt in der Tat
COMBIS1 als ein Subroutine, wenn einmal die unterschiedlichen Dateneingaben
und "Rücktransformationen" für einzelne Indikatoren durchgeführt worden sind.
Die Abbildung 3.11 gilt daher genauso für COMBIS2 wie für COMBIS1.

3.3.4.4 Nichtlineare Aggregation - Dominanz eines Indikators

Wie in § 3.3.4.2 erläutert, erlaubt eine lineare Kombination normativer Indikatoren, daß niedrig bewertete Indikatoren partiell durch andere kompensiert
werden können. Jedoch ist ein erheblicher Nachteil einer Bewertung in einem
geschlossenen Intervall (im vorliegenden Fall $[0,1]$), daß es eine bestimmte
minimale Bewertung (nämlich hier 0) gibt. Dieses Problem tritt auch bei der
Nutzwert-Analyse und anderen Bewertungsprozessen auf; es besteht darin, daß
keine Differenzierung zwischen "schlechten" Zuständen möglich ist. Diese Lage
kann zu einer kritischen Situation führen, wenn der betreffende Indikator an
sich sehr bedeutend ist, wie dies z.B. bei der Arbeitslosigkeit der Fall sein
könnte. Hier wäre es im europäischen Rahmen durchaus denkbar, daß die normative Bewertung einer Arbeitslosenziffer von 10% Null sein könnte. Eine Region
mit 50% Arbeitslosigkeit würde aber bei diesem Vorgehen gleicherweise mit der
Bewertung Null beziffert - obwohl in dieser Situation die soziale Stabilität
der Region in Gefahr wäre. Bei 10% Arbeitslosigkeit kämen vielleicht noch
Substitutionsmöglichkeiten infrage - bei 50% aber trifft dies nicht mehr zu;
die regionale Gesamtbewertung (B_r) muß daher Null gesetzt werden, da die Ar-
beitsplatzlage die regionale Situation voll "dominiert".

Aus solchen und anderen Überlegungen (siehe § 5.2.5 und § 5.3.4) wird eine
weitere Aggregationsvariante entwickelt, die die Aggregation nichtlinear
unter Berücksichtigung eines dominanten Indikators, u.U. auch von zwei domi-
naten Indikatoren, vornimmt. Hier stehen verschiedene technische (mathematische)

Möglichkeiten zur Wahl. Von diesen Möglichkeiten wurden zwei relativ einfache im Rahmen des Projekts realisiert, weitere zwei nur diskutiert (siehe anschliessenden § 3.3.4.5).

a) Es sei ein Indikator A "dominant". Von dem Zielerreichungsgrad I_A wird ein Faktor f_A durch eine funktionae Beziehung $f_A \equiv f_A(I_A)$, $0 \leqslant f_A \leqslant 1$, bestimmt, der multiplikativ den schon berechneten regionalen Bewertungsindex (B_r^3) vermindert, wobei B_r^3 - diese Aggregations-Variante wurde COMBIS3 genannt - durch die einfache lineare Verknüpfung von COMBIS1 (§ 3.3.4.2) berechnet wird:

$$B_r^A = f_A B_r^3 = f_A \frac{\sum_{i=1}^{n} g_{ir} I_{ir} + \sum_{i=n+1}^{m} g_{ir} H_{ir}}{\sum_{i=1}^{m} g_{ir}} \cdot 100$$

Der Einfachheit halber werden keine indikatorenspezifischen Faktoren $f_A(I_A)$ entwickelt, sondern rein intuitiv zwei jeweils einheitliche Funktionen $f_A(I)$ für die Indikatoren 2 (Anteil Erwerbsfähiger) und 5 (Anteil Erwerbstätiger im 2. und 3. Sektor) bzw. für die Indikatoren 1 (Wanderung) und 18, 50 und 63 (heterogene Einkommens-Indikatoren der drei Staaten) zur Verfügung gestellt (Abbildungen 3.12 und 3.13). Die unterschiedlichen Faktoren könnten (vorläufig) einer wachstumsorientierten bzw. versorgungsorientierten Regionalpolitik zugeordnet werden.

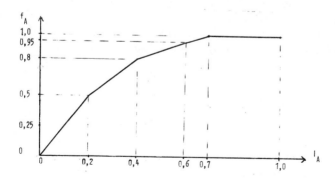

Abb. 3.12: Multiplikativer Faktor hinsichtlich einer wachstumsorientierten Regionalpolitik

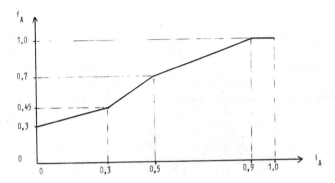

Abb. 3.13: Multiplikativer Faktor hinsichtlich einer versorgungsorientierten
Regionalpolitik

Diese einfachen Funktionen, die segmentweise linear konstruiert werden, dienen
ausschließlich dem Zweck der Illustration der Effekte einer Realisierung der
"Dominanz"-Überlegungen. Der Faktor für die Indikatoren Nr. 2 und 5 führt bei
Zielerreichungsgraden dieser Indikatoren von unter 0,7 zunehmend eine erhebliche Verminderung von B_r^3 ein, bis zur logischen Vollverminderung auf den Null-
punkt (für eine völlig unzureichende Nullbewertung dieser Indikatoren). Diese
Art der Dominanz vergrößert die Förderchancen für beispielsweise Regionen mit
einem hohen Anteil älterer Personen der Wohnbevölkerung oder einem hohen Anteil
landwirtschaftlich Berufstätiger an der Erwerbsbevölkerung. Der Faktor für die
Indikatoren Nr. 1 und 18, 50, 63 führt aber keine Nullfaktoren ein, erlaubt daher für hohe Abwanderung bzw. niedriges Einkommen immer noch ein gewisses Maß
der Substitution. Bei dieser Funktion jedoch wird für regionale Werte, die
unter der maximalen Zielerreichung liegen, schneller und härter "bestraft". Dies
räumt offenbar höhere Förderchancen für Abwanderungsgebiete und Gebiete niedrigen Einkommens ein.

b) Es seien zwei Indikatoren A und B "dominant". Der Faktor $f_{A/B}$ wird wie folgt
definiert und wie f_A oben angewandt:

$$f_{A/B} = f_A \text{ wenn } I_B \geqslant I_A$$

$$f_{A/B} = (f_A + f_B)/2 \text{ wenn } I_B < I_A,$$

$$f_{A/B} = f_A \text{ wenn } I_B < I_A \text{ und } f_B > f_A$$

wobei wiederum nur die Indikatoren 1, 2, 5, 18, 50 und 63 ausgewählt werden
können, und diese sind auch (wie vorher) nur in Verbindung mit ihren jeweiligen
Funktionen zu verwenden. Mit der obigen Definition kann die Auswahl zweier be-
liebiger dominanter Indikatoren auch aus beiden der zwei beispielhaft angenommenen Politikrichtungen dann ohne zusätzliche Bedingungen zur Illustration konsistent und plausibel gestaltet werden, wobei bzgl. der Dominanz ein Indikator (A)
den "Vorrang" gegenüber dem anderen (B) hat (z.B. daß Wanderung vorrangig vor
Einkommen "dominieren" soll, ist durch den Faktor $f_{1/18}$ - für Bayern - gestaltet).

Die Plausibilität des beschriebenen Gerüsts soll nochmals hervorgehoben werden.
Dominanz in der gestalteten Form wird dadurch als inhaltliches Konzept illustriert. Die Nichtlinearität, so eingeführt, verhindert partiell oder vollständig Substitutionsmöglichkeiten für wichtige regionale Eigenschaften, die
"schlecht" oder zumindest "nicht zufriedenstellend" bewertet werden. Die gewählte technische Form, diesen Effekt zu erreichen, ist keineswegs eine Empfehlung
für die politische Praxis (die Festlegung der Kurven von Abb. 3.12 und 3.13
und die Auswahl der jeweiligen damit verbundenen Indikatoren dürfte einiges an
politischer Diskussion verursachen!). Es sollte dabei aber nicht ignoriert werden, daß die Festlegung von Komplementaritätsbeziehungen - ob normativ entschieden oder empirisch definiert - eine recht komplizierte Angelegenheit mit möglicherweise weitreichenden Konsequenzen ist.

Da COMBIS3 aus COMBIS1 mit den oben aufgeführten Modifikationen besteht, erübrigt sich eine Darstellung des logischen Ablaufs - siehe Abb. 3.11.

3.3.4.5 Nichtlineare Aggregation - andere Möglichkeiten

Zwei andere im Rahmen des Projekts grundsätzlich infrage kommende und disku-
tierte (aber nicht realisierte) Möglichkeiten einer nichtlinearen Aggregation
mit dem Ziel, Komplementaritätsbeziehungen zu berücksichtigen, sollen hier
kurz vorgeführt werden.

a) Funktionale Nichtlinearität der Aggregationsform:

z.B. der Ausdruck
$$B_r = \frac{I_A(g_A + \sum_{i \neq A}' g_{ir}I_{ir} + \sum_i g_{ir}H_{ir})}{g_A + I_A^{\gamma} \sum_{i \neq A}' g_{ir}} \cdot 100$$

erzeugt funktional durch Manipulation des Exponenten γ ($0 \leqslant \gamma \leqslant 1$) eine Familie
nichtlinearer Bewertungsfunktionen bezüglich des "dominanten" (als u.U. nicht
oder nur partiell substituierbaren) Indikators A - siehe Abb. 3.14.

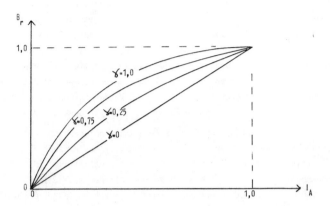

Abb. 3.14: <u>Nichtlineare Aggregationsformen</u>

Auch hier wäre es (wenn auch zugegebenermaßen in der Praxis nur mit großen
politischen Schwierigkeiten) möglich, ähnliche Formen zu konstruieren, wobei
mehrere Indikatoren gegenüber der linearen Aggregationsform verminderte Substitutionsmöglichkeiten finden.

b) Nichtlinearität der Gewichtung:

Die Form

$$B_r = \frac{\sum_i g_{ir}(I_A, I_B, \ldots) I_{ir} + \sum_i g_{ir}(H_x, H_y \ldots) H_{ir}}{\sum_i g_{ir}} \cdot 100$$

wobei die Gewichtungen g_{ir} eine gesetzmäßige (nichtlineare) Abhängigkeit von
mehreren Zielerreichungsgraden in "wichtigen" Bereichen (A,B,...,X,Y...) haben
könnten, wäre auch eine (in diesem Fall vielleicht mehr praxis-freundliche) Möglichkeit, die mit der linearen Aggregation verbundenen Substitutionseffekte
gezielt zu vermindern. Käme z.B. höhere Arbeitslosigkeit vor (ausgedrückt durch
das Vorkommen eines niedrigeren Wertes für I_4 in einer bestimmten Region), so
wäre es möglich, g_{80} (die Gewichtung für die Bewertung der Krankenhausbettendichte) bei der (danach) linearen Aggregation niedriger und u.U. gleich Null
zu setzen. Damit würde der Substitutionseffekt der Krankenhausbettendichte
für die Arbeitsmarktlage verringert und u.U. ausgeschlossen.

Wie eingangs erwähnt, werden obige Möglichkeiten a) und b) (als weitere
Aggregationsvarianten) nicht realisiert. Daher werden ihre Implikationen hier
nicht vertieft diskutiert.

3.3.5 Die Analysefähigkeit des Informationssystems

3.3.5.1 Die Rangfolgen

Endergebnis der drei in § 3.3.2 bis § 3.3.4 beschriebenen Arbeitsstufen des Informationssystems ist für eine gewählte Anzahl von Indikatoren mit exogen eingegebenen Gewichtungen sowie gewählten Aggregations- und Datenlückenvarianten eine Liste von regionalen Einzelindizes B_r (auf der gewählten räumlichen Ebene). Die Möglichkeit einer simultanen Herstellung mehrerer Indizes (z.B. $_iB_r$, i = 1,2...) als entscheidungsrelevante Informationen für isolierte Bereiche des regionalen Geschehens ist (und wird im Bericht) immer offen gehalten - es wird aber in dieser Hinsicht faktisch nie mehrdimensional gearbeitet. Die Ermittlung einer Rangfolge aufgrund des für jede Region produzierten Einzelindexes ist dann sehr einfach. Laufinformationen und eine wertmäßig geordnete Darstellung der Bewertungsindizes liefern zunächst einen ersten visuellen Eindruck (auf Bildschirm oder Papier) der komparativen (durch die verschiedenen Auswahl- prozesse subjektiv gestalteten) "Entwicklungsbedürftigkeit" der Regionen. Dies wird in Tabelle 3.1 illustriert, wobei bei der dargestellten Auswahl der Indi- katoren (diese sind alle homogen) die Datenlückenvariante keine Datenlücke auf- wies und daher keine Umverteilung der Gewichtungen verursachte. Die benutzte Aggregationsvariante war COMBIS1.

Die Erstellung staatenspezifischer Rangfolgen ist nach Wunsch möglich - siehe Tabelle 3.1 (Fortsetzung).

Das Informationssystem hat zusätzlich die Fähigkeit, durch geänderte Gewich- tungsbedingungen weitere Läufe innerhalb eines Laufkomplexes durchzuführen und die Rangfolge-Ergebnisse zu speichern. Diese Fähigkeit bedeutet nicht nur, daß die Einflüsse schematisch geänderter Gewichtung auf die Rangfolge bzw. Index- werte in einem Durchgang angesehen werden können, sondern, daß auch durch die entsprechende Anwendung von Null-Gewichten die Auswahl der Indikatoren in einem Durchgang gesteuert werden kann.

Die sukzessiv produzierten Rangfolgen können so ausgedruckt werden, daß eine graphische Darstellung[1] des Rangfolgeverhaltens einzelner (aller) Regionen ermöglicht wird. Eine solche Darstellung wird ein "Pictograph" (des Verhaltens) genannt. Eine Illustration eines "Pictographs" ist auf Tabelle 3.3 gegeben, wobei die Laufbedingungen wie auf Tabelle 3.1 mit den auf Tabelle 3.2 aufge- zeigten Gewichtungsänderungen vorgegeben sind.

---

[1] Aus Zeitgründen wurden keine Plotter-Systeme im Rahmen des Projektes ange- wandt; daß es aber derartige automatische Zeichenmöglichkeiten gibt, liegt auf der Hand.

Tabelle 3.1 Illustration der Laufinformationen und daraus resultierender
Rangfolgelisten eines Laufes

LAUF-BEDINGUNGEN

BASISEB = 1   MAXEB = 3   VARIANT = 3

ANZAHL DER GEWUENSCHTEN INDIKATOREN = 8

NAEMLICH INDIKATOREN   2   3   4   5   6   7   8   9

BAYERN INDIKATOREN	4	2	3	5	6	7	8	9
HABEN ANFANGSGEWICHTE	1.0	1.0	1.0	1.0	1.0	1.0	1.0	1.0
FRANKREICH INDIKATOREN	4	2	3	5	6	7	8	9
HABEN ANFANGSGEWICHTE	1.0	1.0	1.0	1.0	1.0	1.0	1.0	1.0
IRLAND INDIKATOREN	4	2	3	5	6	7	8	9
HABEN ANFANGSGEWICHTE	1.0	1.0	1.0	1.0	1.0	1.0	1.0	1.0

RANGFOLGE ALLER REGIONEN

RANGFOLGE	EINHEIT	REGIONSNAME	BEWERTUNGSINDEX
1	34	KERRY	29.9
2	36	LIM.C'NTY	37.1
3	38	CLARE	38.9
4	37	TIPP.N.R.	44.0
5	33	CORK C'NTY	48.0
6	19	ERLANGEN L	52.1
7	28	HAUTEG.O.T	53.2
8	22	ROTH	57.1
9	3	BAMBERG L	58.0
10	30	AUDE	59.4
11	31	PYR.-OR.	59.9
12	21	FUERTH L	61.4
13	35	LIM.CITY	62.4
14	29	ARIEGE	62.7
15	14	TIRSCHENR.	62.7
16	4	COBURG L	64.1
17	10	BAYREUTH L	64.3
18	24	ANSBACH L	65.1
19	25	NEUSTADT/A	67.8
20	26	WEISSENB'G	68.9
21	9	HOF S	70.2
22	11	HOF L	71.9
23	18	SCHWABACH	72.1
24	12	KULMBACH	72.5
25	13	WUNSIEDEL	72.7
26	2	COBURG S	73.0
27	1	BAMBERG S	73.9
28	8	BAYREUTH S	75.6
29	5	FORCHHEIM	76.5
30	23	ANSBACH S	76.6
31	27	TOULOUSE	77.4
32	16	FUERTH S	77.7
33	7	LICHTENF'S	77.8
34	32	CORK CITY	78.2
35	20	NUERNB'G L	78.5
36	6	KRONACH	79.2
37	17	NUERNB'G S	82.7
38	15	ERLANGEN S	87.7

Fortsetzung nächste Seite

noch Tabelle 3.1 <u>Illustration der Laufinformationen und daraus resultierender</u>
<u>Rangfolgelisten eines Laufes</u>

RANGFOLGE DER REGIONEN IN DEN EINZELNEN STAATEN

BAYERN

RANGF.	EINHEIT	REGIONSNAME	BEURINDEX
1	19	ERLANGEN L	52.1
2	22	ROTH	57.1
3	3	BAMBERG L	58.0
4	21	FUERTH L	61.4
5	14	TIRSCHENR.	62.7
6	4	COBURG L	64.1
7	10	BAYREUTH L	64.3
8	24	ANSBACH L	65.1
9	25	NEUSTADT/A	67.8
10	26	WEISSENB'G	68.9
11	9	HOF S	70.2
12	11	HOF L	71.9
13	18	SCHWABACH	72.1
14	12	KULMBACH	72.5
15	13	WUNSIEDEL	72.7
16	2	COBURG S	73.0
17	1	BAMBERG S	73.9
18	8	BAYREUTH S	75.6
19	5	FORCHHEIM	76.5
20	23	ANSBACH S	75.6
21	16	FUERTH S	77.7
22	7	LICHTENF'S	77.8
23	20	NUERNB'G L	78.5
24	6	KRONACH	79.2
25	17	NUERNB'G S	82.7
26	15	ERLANGEN S	87.7

FRANKREICH

RANGF.	EINHEIT	REGIONSNAME	BEURINDEX
1	28	HAUTEG.O.T	53.2
2	30	AUDE	59.4
3	31	PYR.-OR.	59.9
4	29	ARIEGE	62.7
5	27	TOULOUSE	77.4

IRLAND

RANGF.	EINHEIT	REGIONSNAME	BEURINDEX
1	34	KERRY	29.9
2	36	LIM.C'NTY	37.1
3	38	CLARE	38.9
4	37	TIPP.N.R.	44.0
5	33	CORK C'NTY	48.0
6	35	LIM.CITY	62.4
7	32	CORK CITY	78.2

Tabelle 3.2 Gewichtungen für den Pictograph der Tab. 3.3

Indikatornr. u.Beschr. / Lauf	1	2	3	4	5	6	7	8	9	1o	11
4 Nicht-Arbeitslosen- quote (Promille)	1	1	1	1	1	1	1	1	1	1	1
2 Erwerbsfähigenanteil in Prozent	0	1	1	1	1	1	1	1	1	1	1
3 Spezifische Aktivitäts- rate	0	0	1	1	1	1	1	1	1	1	1
5 Nicht-landwirtschaftl. Erwerbstätige	0	0	0	1	1	1	1	1	1	1	1
6 Anzahl Wohnräume auf 100 Einwohner	0	0	0	0	1	1	1	1	2	3	4
7 Anteil Wohnungen mit Bad oder Dusche	0	0	0	0	0	1	1	1	2	3	4
8 Krankenhausbetten auf 1000 Einwohner	0	0	0	0	0	0	1	1	2	3	4
9 Praktische Ärzte auf 1000 Einwohner	0	0	0	0	0	0	0	1	2	3	4

Die Gewichtung für die Läufe 1 bis 11 (diese zusammengehörigen Läufe werden
in ihrer Gesamtheit ein Laufkomplex genannt) sollte (illustrativ) eine "systematische" Variation simulieren. Dabei werden zunächst, d.h. in den ersten
Läufen (nur für die verfügbaren homogenen Indikatoren) verschiedene ökonomische Indikatoren sukzessive eingeführt, danach ebenfalls vier infrastrukturel-
le Indikatoren, die schließlich gemeinsam stärker gewichtet werden (Läufe 9
bis 11). In Tabelle 3.3 (alle Regionsnamen für die auf dieser Tabelle nur nume-
rierten Regionen können in Tab. 3.1 gefunden werden) ist das entsprechende
"Verhalten" der Raumeinheiten Nr. 11 (Landkreis Hof, Nr. 14 (Tirschenreuth),
Nr. 17 (Nürnberg Stadt), Nr. 28 (Haute Garonne ohne Toulouse) und Nr. 37
(Tipperary North Riding) eingezeichnet. Damit kann die Empfindlichkeit einzelner Regionen bei sukzessiver Einführung weiterer Indikatoren oder Indikatorentypen oder bei (systematisch) geänderter Gewichtung in die Analyse durch die
geänderten Rangfolgen der entsprechend modifizierten Läufe visuell nachvoll-
zogen werden.

Im oben beschriebenen Prozeß gibt es aber eine technische und eine inhaltliche
Schwierigkeit, nämlich:

1. Wenn wenige Indikatoren benutzt werden, kommt es häufig vor, daß mehrere
   Regionen genau derselbe Indexwert (B_r) zugeordnet wird - meistens der Wert
   0 oder 100. Auch bei mehreren Indikatoren und Werten zwischen 0 und 100 ist
   dieser Fall nicht auszuschließen. Beim Auftreten identischer Werte werden
   die entsprechenden Regionen numerisch nach ihren Schlüsselnummern geordnet

Tabelle 3.3 Illustration eines Pictographs eines Laufkomplexes
(Für die Bedingungen der Läufe s. Tabellen 3.1, 3.2 und Text)

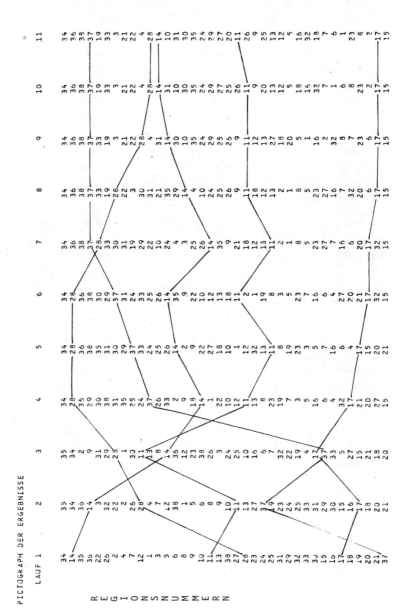

(siehe Tab. 5.12). Im Pictograph könnte diese Willkür zu falschen inhaltlichen Interpretationen des Rangfolgeverhaltens führen.

2. Die Rangfolgen sind (mit obiger Ausnahme) eindeutig aufgrund der Bewertungsindizes B_r ermittelt. Dabei zählen sowohl "minimale" als auch "bedeutende"
B_r-Differenzen gleichwertig. Dem in § 3.3 beschriebenen Gesamtverfahren kann
jedoch faktisch keine absolute "Genauigkeit" zugeschrieben werden - es kann
nicht gesagt werden (um ein überspitztes Beispiel zu nennen), daß Region X
mit B_r = 69,12 im Vergleich zu Region Y mit B_r = 69,13 weniger entwickelt
ist.

Diese zwei Probleme (gleichzeitig) angehend wird ein Verfahren entwickelt, das
es ermöglichen soll, durch exogene Angabe die Genauigkeit des ausgedruckten
Pictographs wahlweise zu bestimmen. Dieser Systemteil, SENSIS genannt, wird
unten beschrieben.

3.3.5.2 Der Systemteil SENSIS

SENSIS ist ein bei der Analyse wahlweise berücksichtigter Systemteil mit dem
Zweck, das regionale Rangfolgeverhalten im Pictograph (falls erzeugt) hinsichtlich des in § 3.3.5.1 unter zweitens angeführten Problems aufgrund bestimmter
(Eingabe-)Maßstäbe zu ändern und den Pictograph neu darzustellen. Gleichzeitig
löst SENSIS das technische Problem 1. von § 3.3.5.1.

Im ersten Schritt des Verfahrens (siehe Abb. 3.15) werden die mit identischen
Indexwerten (B_r) versehenen Regionen in der letzten Spalte des Pictographs
herausgesucht und, falls vorhanden, sequenziell die vorherigen Spalten auf
unterschiedliche B_r-Werte derselben Regionen hin untersucht. Kommen unterschiedliche B_r-Werte vor, werden die betroffenen Regionen in der letzten Spalte in
der Rangfolge entsprechend der vorherigen Rangfolge umgeordnet. Kommen unterschiedliche B_r-Werte nicht vor, werden die in der letzten Spalte nach Schlüsselnummern geordneten Regionen in ihrer numerischen Rangfolge belassen. Die
ggf. umgeordnete letzte Spalte des Pictographs bildet die Ausgangsbasis für den
zweiten Schritt. Die Wahl der letzten Rangfolge als Basis für den Hauptprozeß
(den zweiten Schritt) des Systemteils beruht darauf, daß in der Regel in dieser Untersuchung Pictographen von Rangfolgen aufgebaut werden, die von links
nach rechts Ergebnisse zunehmend komplex zusammengestellter - meistens von der
verwendeten Indikatorenanzahl her - regionaler Indexwerte B_r darstellen. Ein
Beispiel dieses Aufbaus zeigt Tab. 3.2 - der letzte Lauf stellt ein "Endergebnis" dar, die vorherigen im Pictograph links erscheinenden Läufe die Aufbau-
stadien dieses Ergebnisses.

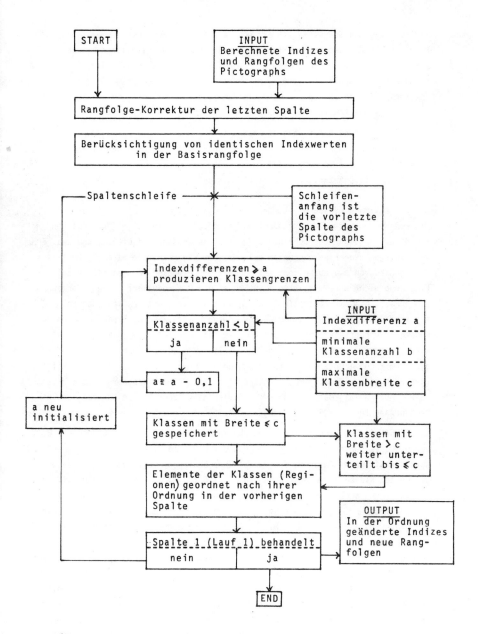

Abb. 3.15: Logischer Ablauf des Systemteils SENSIS

Ziel des zweiten Schrittes ist es, spaltenweise die Regionen der bestehenden
Rangfolge in Klassen aufzuteilen und die Regionen innerhalb jeder Klasse in
die Ordnung dieser Regionen in der schon bearbeiteten Rangfolge der rechten
Nachbarspalte des Pictographs zu bringen. Dieses Verfahren fängt mit der vor-
letzten Spalte an und endet, wenn die Rangfolge 1 (Spalte 1) in Bezug auf
Spalte 2 geändert wird (siehe Ablauf Abb. 3.15).

Die Klassenbildung benötigt drei Angaben:

1. einen Abstandsschwellenwert für in der Rangfolge nacheinanderfolgende
   Indexwerte (= a in Abb. 3.15)
2. eine minimale Anzahl der zu bildenden Klassen (= b in Abb. 3.15)
   und
3. eine maximale Klassenbreite (= c in Abb. 3.15).

Unter Anwendung von a wird zunächst die bearbeitete Rangfolge (der Regionen
und daher von den entsprechenden B_r-Werten) in Klassen aufgeteilt, und zwar durch
die Einfügung von Klassengrenzen zwischen den Regionen, die einen B_r-Wert-
Unterschied von $\geqslant$ a aufweisen. Ist dadurch die eingegebene minimale Anzahl der
Klassen b nicht erreicht, wird a in Stufen von 0,1 reduziert und der Vorgang
wiederholt, bis die durch die Angabe b vorgegebene minimale Klassenanzahl
erreicht ist. Die Breite jeder so gebildeten Klasse wird dann hinsichtlich der
Angabe c geprüft. Ist eine Klasse breiter (die Breite = $B_{r,max} - B_{r,min}$) als c,
wird sie durch das Einsetzen einer zusätzlichen Klassengrenze zwischen den Regionen mit dem größten B_r-Wertunterschied wiederum in zwei Klassen aufgeteilt.
Dieser Vorgang wird wiederholt, bis alle Klassen eine Klassenbreite $\leqslant$ c haben
(siehe Abb. 3.15). Das Neuordnen der Regionen in jeder Klasse beendet den Ge-
samtvorgang für eine Spalte (Rangfolge).

Der SENSIS-Prozeß wird gesteuert durch die Angaben a, b und c. Würde man z.B.
a = 0,001 (d.h. sehr klein), b = 38 und c = 0,001 (d.h. auch sehr klein) setzen,
würde SENSIS keine Änderung des Pictographs bewirken, weil jede Region einer
getrennten Klasse zugeordnet würde; würde a = 100 (d.h. sehr groß), b = 1 und
c = 100 (d.h. auch sehr groß) gesetzt, würden alle Rangfolgen identisch mit
der der letzten Spalte berechnet, weil in diesem Fall alle Regionen einer einzigen Klasse zugeordnet würden. Dies sind die zwei extremen Anwendungen. Dazwi-
schen liegen Angabebereiche für a, b und c, bei welchen die Empfindlichkeit der
Rangfolgen der Spalten des Pictographs zu B_r-Wertunterschieden gesteuert werden
kann. Das ursprüngliche Rangverhalten, welches z.B. in Tabelle 3.3 für fünf
Einzelregionen dargestellt ist, wird "geglättet". Die Wirkung von SENSIS mit den
Werten a = 10,0, b = 10 und c = 10,0 ist aus dem Vergleich von Tabelle 3.4 mit
Tabelle 3.3 zu ersehen. Hier zeigt der Vergleich, daß einerseits der (systematische) Verlauf der Rangpositionen der Raumeinheiten Nr. 14 und 28 im wesentli-
chen unverändert bleibt, daß andererseits für die Raumeinheit Nr. 37 (Tipperary

Tabelle 3.4 Illustration der Wirkung von SENSIS auf den Pictograph von Tab. 3.3

PICTOGRAPH DER ERGEBNISSE NACH SENSIS

LAUF	1	2	3	4	5	6	7	8	9	10	11
R	34	35	34	34	34	34	34	34	34	34	34
E	35	34	35	28	36	36	36	36	36	36	36
G	36	36	2	36	28	28	38	38	38	38	38
I	14	14	28	38	38	38	37	37	37	37	37
O	22	22	30	30	30	30	28	33	19	19	19
N	25	32	29	31	31	33	33	19	33	33	33
S	2	2	31	35	35	30	19	28	3	3	3
Z	12	28	9	25	29	19	22	21	21	21	21
U	7	12	1	37	37	33	31	4	22	22	22
M	4	7	4	23	33	22	30	14	14	4	4
M	3	26	11	24	25	31	29	10	28	28	28
E	1	4	13	25	19	22	3	31	14	14	14
R	9	9	30	26	22	35	21	30	10	10	10
N	11	1	38	2	14	10	4	35	31	31	31
	13	11	26	14	10	24	14	24	30	30	30
	8	13	12	10	26	26	10	29	35	35	35
	10	8	24	19	11	9	35	26	24	24	24
	28	38	23	11	13	25	24	9	29	29	29
	36	19	25	13	12	13	26	25	27	27	27
	27	6	22	12	18	12	9	27	20	20	20
	31	5	10	18	1	18	25	11	11	11	11
	23	27	19	1	2	1	11	20	26	26	26
	26	30	3	8	27	3	12	13	9	9	25
	24	29	7	19	8	4	18	12	25	25	13
	32	31	32	23	32	27	1	5	13	13	12
	27	23	4	3	3	16	2	32	12	13	5
	33	25	16	5	5	7	27	16	5	16	16
	30	24	6	7	23	16	5	32	16	32	32
	19	19	17	32	4	7	16	18	18	19	18
	10	17	37	14	16	6	7	7	7	7	7
	17	17	33	7	7	23	6	6	6	6	6
	37	37	25	17	17	20	23	23	1	1	1
	15	33	27	27	6	8	8	23	23	23	23
	18	15	12	20	17	21	20	8	6	8	9
	21	18	18	21	20	17	32	2	2	2	2
	20	20	20	15	21	15	15	17	17	17	15

N.R.) die generell steigende Tendenz, die bei Lauf 3 einmalig unterbrochen wird, in Tabelle 3.4 nicht mehr unterbrochen erscheint. Dies bedeutet, daß bei Lauf 3 (Tab. 3.3) die Rangfolgeposition ein verfälschtes Bild der Wichtigkeit der absoluten Änderung in B_{37} widergegeben wird - zumindest hinsichtlich der von den Angaben a, b, c definierten Sensitivität der Rangfolgebildung zu B_r-Wertunterschieden. Ähnliche "Glättungen" sind auch beim Verlauf für Raumeinheiten Nr. 17 und 11 zu sehen.

Aus dem Ablauf (Abb. 3.15) kann entnommen werden, daß die Rangfolgen durch SENSIS hierarchisch nach drei Kriterien geändert werden. Auf jeden Fall werden die bei jeder Rangfolge festgelegten Klassenbreiten nicht größer als der bestimmende Angabenwert. Diese Angabe simuliert daher die Festlegung einer (exogen bestimmten) "Genauigkeit" für die Berechnung der B_r-Werte. Aus relativen und absoluten Änderungen der B_r-Werte innerhalb einer Klasse (eines Klassenintervalls) resultiert durch die Anwendung von SENSIS keine geänderte Rangfolge der Regionen in dieser Klasse in Bezug auf die Rangfolge der betroffenen Regionen in der rechts stehenden Spalte. Die Angabe b (die minimale Anzahl der Klassen) wird im Vorgang zwar beachtet, ist aber nur bestimmend für die Klassenbildung wenn c (bezogen auf b) groß angegeben wird. Die Anfangsdifferenzangabe a ist nur für die Klassenbildung bestimmend, wenn a (bezogen auf b und c) klein angegeben wird.

Der Systemteil SENSIS, wie oben erklärt und illustriert, löst daher die zwei in § 3.3.5.1 erörterten Probleme der Rangfolgebildung bzw. der Entscheidung anhand von Rangfolgen, wobei der zweite Aspekt der wichtigere ist. Dieser Lösungsvorschlag, der hier nicht weiter bearbeitet wird und wegen des zusätzlich auftretenden Interpretationsbedarfs in der dargestellten numerischen Arbeit (§ 5) nicht benutzt wird, ist nichtsdestoweniger integraler und wichtiger Bestandteil dieser Untersuchung, denn wenn (Förder-)Entscheidungen aufgrund von (regionalen) Rangfolgen getroffen werden, ist eine Aufteilung der Rangfolgen in Klassen von der politischen Realität her gesehen nicht zu vermeiden. Daß dies nicht ohne Angaben, die zumindest zum Teil normative (Vor-)Entscheidungen (z.B. über die Anzahl der Klassen oder die maximal zulässige Klassenbreite) implizit beinhalten, geschehen kann, ist schon ausreichend illustriert worden, da durch automatische (mathematische) Klassenbildungsverfahren ohne normative Angaben das Problem 2. (§ 3.3.5.1) nicht garantiert gelöst werden kann. Wäre es aufgrund von Rangfolgen notwendig, (Förder-)Entscheidungen zu treffen, könnten jedoch Methoden, die wie SENSIS den Rangfolgeeffekt der sukzessiven Einführung der zum Beurteilungsindex beitragenden Indikatoren analysieren, durchaus eine hilfreiche Rolle spielen.

Auch zum im anschließenden § 3.3.5.3 behandelten Thema der Erfassung des Unterschiedsgrades von Rangfolgen wird SENSIS gebraucht.

3.3.5.3 Indikatoren zur Beurteilung von Rangfolgeunterschieden

Unter dem inhaltlichen Aspekt, wie unterschiedliche Rangfolgen verglichen werden können, insbesondere hinsichtlich der Wirkung einer systematischen Einführung von zusätzlichen Indikatoren in die Aggregationsrechnung bzw. einer geordneten Änderung von Indikatorengewichtungen (vgl. die Einrichtung des Systemteils SENSIS in § 3.3.5.2 beschrieben), ist es wünschenswert, den Versuch einer Quantifizierung von Rangfolgeunterschieden zu unternehmen. Dieses Thema hängt auch eng zusammen mit der grundlegenden Fragestellung der "Stabilität" der Ergebnisse des Informationssystems, wie als Leitfrage der Untersuchung in § 5.2 erörtert.

Als Ausgangspunkt der Überlegungen muß festgehalten werden, daß es keine "gute" oder "schlechte" Änderung einer Regionalrangfolge im Sinne dieser Untersuchung geben kann. Von einer Basis- oder Referenzrangfolge ausgehend können Änderungen nur im Sinne eines Absinkens der Rangposition mancher Regionen und daher eines relativen Aufsteigens anderer durch z.B. geänderte Randbedingungen oder Gewichtungen im Informationssystem zustande kommen. Da (erst durch die Rangfolgen) Entscheidungen in Richtung der Festlegung von Fördergebieten in Betracht gezogen werden, kann von vornherein unter Regionen nicht differenziert werden - es gibt keine qualitätsmäßig günstig zu beurteilenden (und daher auch keine ungünstigen) Rangfolgen, die zum Vergleich als Basis herangezogen werden könnten, sonst hätte man eine einfache und eng gezogene Entscheidungstautologie. Die Quantifizierung einer Änderung einer regionalen Rangfolge kann daher nur ausdrücken, wie viel geändert wird, und zwar als Skalar-Größe, d.h. ohne Richtungskomponenten. Diese Tatsache führt bei manchen Anwendungen zu Interpretationsschwierigkeiten, da durch die Existenz von Regionen aus verschiedenen Staaten im Rahmen der Untersuchung, denen wiederum Raumtypen zugeordnet werden, verständlicherweise der Wunsch auftritt, eine geänderte Rangfolge aus der Sicht eines Staates bzw. eines Raumtyps numerisch zu beurteilen. Diese oder ähnliche Fragestellungen bedürfen jedoch der Entwicklung von zusätzlichen Sonderindikatoren und dies wurde in der Untersuchung nicht unternommen.

Für die anfangs formulierte Fragestellung der Quantifizierung globaler Rangfolgeänderungen werden im folgenden drei Indikatoren entwickelt und in Verbindung mit dem Pictograph (beides mit und ohne die Anwendung des Systemteils SENSIS) als wahlfreie Analysen in das Informationssystem eingebaut: Alle drei Indikatoren sind so aufgebaut, daß ihre Werte im Intervall $[0,1]$ liegen, wobei der Nullwert eine "maximale" Änderung und der Wert 1 einen unveränderten Zustand bezeichnet. Die Indikatoren sind:

1. Der Indikator GEEKR

Hier wird eine "totale" Änderung der Rangfolge (GEEKR = 0) als eine vollständige Umkehrung (Abb. 3.16) definiert. Als ausschlaggebende Änderungsgröße wird die

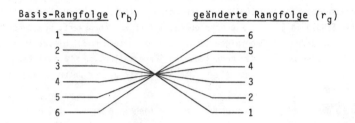

| Basis-Rangfolge (r_b) | geänderte Rangfolge (r_g) |

Abb. 3.16: Totale Umkehrung einer Rangfolge (n = 6)

Summe der absoluten Positionsänderungen in der Rangfolge $\sum_r |r_b-r_g|$ betrachtet. Die maximale Änderung für eine Rangfolge von der Länge n ist daher mit $n^2/2$ oder $(n-1)^2/2^{1)}$ für n gerade bzw. ungerade zu beziffern, wobei diese maximale Anzahl nicht nur durch eine vollständige Umkehrung erreicht werden kann. Der Indikator ist definiert als

$$\text{GEEKR} = 1 - \frac{\sum_{r=1}^{n} |r_b-r_g|}{N} \quad ,\ \ \begin{array}{l} N = n^2/2 \quad (n\ \text{gerade}) \\ N = (n-1)^2/2 \ (n\ \text{ungerade}) \end{array}$$

2. Der Indikator SPEAR

Als zweiter Indikator wird eine lineare Umwandlung des Spearman-Rangkoeffizienten gewählt, nämlich

$$\text{SPEAR} = 1 - \frac{3\sum (r_b-r_g)^2}{n(n^2-1)} \quad ,$$

wobei wiederum der Indikatorenwert in das Intervall [0,1] fällt[2], der Nullwert die totale Umkehrung und der Wert 1,0 den unveränderten Zustand impliziert. Die Berechnung eines Korrelationskoeffizienten setzt jedoch voraus, daß die zum Vergleich anstehenden Zahlen in bekannter Hinsicht normal verteilt sind, eine Vorbedingung, die bei der Rangkorrelation kaum zutrifft. Daher kann diesem Indikator keinesfalls die Bedeutung zugemessen werden, die einem (linear berechneten) Korrelationskoeffizienten r - auch wenn als $1-r/2$ umgewandelt auf [0,1] - im üblichen Sinne gegeben werden kann.

---

[1] $2[(n-1) + (n-3) + \ldots + 3+1]$; n gerade
$\ 2[(n-1) + (n-3) + \ldots + 2]$; n ungerade

[2] Der Spearman-Koeffizient der Rangkorrelation R fällt in das Intervall [-1,1] .

3. Der Indikator KENDT

Besser geeignet ist der Tau-Koeffizient (τ) von Kendall, besonders wenn die Anzahl der Regionen "klein" ist. Hier wird die Anzahl der Rangfolge-Umkehrungen (ungeachtet der Anzahl der betreffenden Rangfolgepositionen) als Quantifizierung der Änderung benutzt. τ liegt nach Kendall in $[-1,1]$ und wird hier linear umgewandelt nach KENDT = $1-\tau/2$; er erhält daher die Definition:

$$\text{KENDT} = 1- \frac{2S}{n(n-1)} \, ,$$

wobei S die Gesamtzahl der Rangfolge-Umkehrungen aller Regionenpaare (nur einmal gezählt) in den zwei Rangfolgen ist.

Die drei (formelmäßig ähnlich aussehenden) Indikatoren haben einen sehr unterschiedlichen inhaltlichen Aufbau. GEEKR zählt das Ausmaß einer Verschiebung in der Rangfolge, KENDT registriert - ohne "Ausmaß" - nur die Umkehrungen. Das Korrelationsprinzip von SPEAR hat wiederum einen völlig anderen (wohlbekannten) Grundgedanken. Es wäre ohne Zweifel möglich, andere Varianten zu entwickeln, jedoch gewährleisten (in Bezug auf das Ausmaß und die Bedeutung der in der Untersuchung durchgeführten numerischen Arbeit) die drei aufgeführten Indikatoren eine ausreichende Behandlung der in diesem Kapitel diskutierten Problematik.

Als numerische Illustration sind die berechneten Indikatoren für die 11 Läufe von Tabelle 3.3 und Tabelle 3.4 in Bezug auf Lauf 1 (als Basis-Rangfolge) auf Tabelle 3.5 dargestellt. Hier erscheint auch der Vergleich der Rangfolge 1 (Lauf 1) mit sich selbst - von der Definition aller drei Indikatoren numerisch mit 1,0 bewertet. Aus einem Vergleich der drei Tabellen (3.3, 3.4 und 3.5 kann vorerst ersehen werden (wie auch von den Definitionen her zu erwarten ist), daß der Indikator GEEKR Rangfolgeabweichungen viel "strenger" als SPEAR und KENDT beurteilt (z.B. bei Lauf 7 ist das Niveau von GEEKR nur ca. 60 % von dem der anderen zwei Indikatoren), wobei das allgemeine Niveau von KENDT wiederum um 5 % bis 10 % niedriger als das des Indikators SPEAR ausfällt. Diese erhebliche Streuung der Indikatorenwerte kommt aber nur zustande aufgrund der Abweichungen von Läufen 1 bis 4. Nach dem Lauf 4 (bis 11) sinken in der Tat die SPEAR- und KENDT-Werte (geringfügig) mehr ab. Die Nichtlinearität der Beziehungen unter den Indikatoren ist somit klar dargestellt.

Auch interessant ist ein Vergleich der Änderungsindikatoren für die zwei Ergebnisgruppen für Rangfolgen nicht bzw. durch SENSIS korrigiert (siehe Tab. 3.5). Im allgemeinen bewirkt die Anwendung von SENSIS ein ständig höheres Niveau der Werte, d.h. weniger Änderungen in den Rangfolgen haben stattgefunden. Auch mit der Anwendung von SENSIS sind die Abnahmen von Lauf zu Lauf (in Richtung Lauf 1

Tabelle 3.5 <u>Berechnete Indikatoren zur Beurteilung von Rangfolgeunterschieden</u>

Für den Pictograph der Tabelle 3.3 (ohne SENSIS)

Lauf	1	2	3	4	5	6	7	8	9	10	11
GEEKR	1.0000	.7950	.5429	.4266	.4349	.4127	.3601	.3878	.3767	.3740	.3767
SPEAR	1.0000	.9330	.7541	.6268	.6270	.6156	.5653	.5691	.5518	.5413	.5358
KENDT	1.0000	.8848	.6799	.5917	.5846	.5789	.5448	.5533	.5363	.5235	.5220

Für den Pictograph der Tabelle 3.4 (nach SENSIS)

Lauf	1	2	3	4	5	6	7	8	9	10	11
GEEKR	1.0000	.8532	.5928	.4654	.4321	.4183	.4017	.3934	.3906	.3906	.3906
SPEAR	1.0000	.9551	.7839	.6694	.6333	.6387	.6064	.5758	.5676	.5676	.5676
KENDT	1.0000	.9090	.7226	.6259	.5974	.5974	.5775	.5505	.5448	.5448	.5448

bis Lauf 11) im Vergleich stetiger - und dies insbesondere für den Indikator GEEKR. Die Wirkung des Systemteils SENSIS ist somit durch diese Indikatoren widergespiegelt, was als Illustration ihrer Funktion als Rangfolge-Änderungsindikatoren dienen kann. In Bezug auf die Fragestellung der Stabilität der Ergebnisse kann (als beispielhafte weitere Illustration mit greifbarerem Sachinhalt) aus dem Indikatorenverlauf (Tab. 3.5) in Verbindung mit Tabelle 3.2 sofort ersehen werden, daß, wenn einmal alle Infrastrukturausstattungsmerkmale in den Regionalindex mit gleicher Gewichtung einbezogen sind (Lauf 8), eine weitere Betonung (sogar bis zum vierfachen) dieser Merkmale die Rangfolgen kaum ändert (Läufe 9 bis 11) - die Ergebnisse sind in dieser Hinsicht unempfindlich (oder "stabil").

Diese numerische Ergänzung der rein visuellen Analysemöglichkeiten eines Pictographs (oder graphischer Gegenüberstellung sequentieller Rangfolgen) wurden im Rahmen des Projekts untersucht, weil die Frage der "Stabilität" und der Interpretation der Ergebnisse verschiedener Läufe des Informationssystems sich auf die Frage der Vergleichbarkeit von Rangfolgen unter gewissen Umständen reduziert. Auch wenn aufgrund von Rangfolge-Ergebnissen Förderentscheidungen getroffen werden sollten, würde solchen hier nur beispielsweise konstruierten numerischen Analysemöglichkeiten im politischen Beratungsrahmen eine praktische Bedeutung zukommen.

In den numerischen Untersuchungen von § 5 werden die drei Rangfolge-Änderungsindikatoren implizit und explizit bei der Interpretation der dort vorgeführten Systemläufe benutzt und ihre Anwendbarkeit kommentiert.

3.4 Das Programmsystem

3.4.1 Programmtechnische Erklärung

Das aufgebaute Informationssystem besteht aus einer Reihe angepaßter FORTRAN-Programme, die (wahlweise) nacheinander abgerufen und ausgeführt werden. Diese Programme funktionieren nur in Zusammenhang mit den regionalen Datenbanken und können (selbstverständlich) entweder im Batch-Betrieb (mit Karten - Ausgaben auf Papier) oder vom Terminal (Ausgabe auf Bildschirm und/oder Papier) durchgeführt werden. An verschiedenen Stellen sind Daten zur Steuerung eines Laufes als Eingaben notwendig, wobei eine nur minimale Ergänzung genügt, um einen Laufkomplex zu erzeugen.

Die meisten Programme, deren logische Abläufe in Abb. 3.4, 3.9, 3.10 und 3.11 gezeigt werden, sind programmtechnisch uninteressant (auch wenn die nicht unerheblichen Anstrengungen, Datenfehler zu melden und gleichzeitig so zu deponieren, daß der Lauf fortgesetzt werden kann, berücksichtigt werden), mit der einzigen Ausnahme des Programmes ISTWERT.[1] Dieses Programm (s. logischer Ablauf Abb. 3.4), das die gewünschten Ist-Zustände der gewählten Raumeinheiten berechnet und u.U. Datenlücken korrigiert, ist besonders kompliziert und wichtig, weil die Datenmenge keinen direkten Zugriff erlaubt und die Geschwindigkeit der indirekten Zugriffe zum größten Teil die Geschwindigkeit des ganzen Informationssystems bestimmt. Die regionalen Datenbanken der (Mitglied-) Staaten werden mit einem bestimmten Verwaltungssatz versehen, die der Größe nach klein genug sind, einen direkten Zugriff zu erlauben. Je nach gewünschten Indikatoren werden die notwendigen und von der Indikatoren-Nummer und daher über das Indikatoren-Subroutine leicht identifizierbaren Verwaltungsbytes sequentiell und geordnet in eine Schlange gepackt. Bei der Berechnung der Ist-Zustände (I^* bzw. H^*) wird die Schlange in der Art abgearbeitet, daß die für die Berechnung eines bestimmten Indikators notwendigen Datenreihen durch gezielte und sequentielle Datenbankzugriffe in einer Richtung abgerufen werden können. Als Zwischenstufe dieser Abarbeitung werden die Rohdaten je nach Datenlücken-Behandlungsvariante (s. § 3.3.2) mit der Hilfe von "Masking"-Verfahren korrigiert und der Ist-Indikator für die ausgewählten (bzw. je nach Lückenkonstellation und Behandlungsvariante) geänderten Regionen berechnet.

---

[1] Die prinzipielle Funktion des Programmteils wurde von den Bearbeitern vorgegeben, die ausgezeichnete programmtechnische Realisation wurde jedoch von Herrn Bernd Röder geleistet.

Dieser Systemteil, der die Indikatorenprogrammbank beinhaltet (s. Abb. 3.4),
und die zugehörigen Datenbanken mit ihren entsprechenden Verwaltungssätzen
sind so aufgebaut, daß bei einer Vermehrung des Datenumfangs im Falle einer
Anwendung etwa im Rahmen der europäischen Regionalpolitik die Zugriffszeiten
kaum vergrößert würden.

Um die Arbeitsweise des Informationssystems in Bezug auf Eingabe und Ausgabe
zu verdeutlichen, werden unten in § 3.4.2 die Eingabe- und Ausgabeeinzelheiten
für einen Beispiellaufkomplex auf der räumlichen Ebene 2 dargestellt.

3.4.2 Ein Beispiellauf auf räumlicher Ebene 2

Der erste Schritt eines Systemlaufs an jeder Rechenanlage ist, die zugehörigen
Daten- und Programmsegmente dem Lauf zuzuordnen. Das Rechenzentrum der Universität Stuttgart verfügt über eine CDC-Anlage, die "File"-orientiert ist - daher
wurden hier die angesprochenen Segmente auf Files gelegt und "attached":

1. ATTACH,BAYERN,FRANKREICH,IRLAND,BEWERTE.

   Die Datenbanken und der File der Bewertungssätze sind dem Lauf zugeordnet.

2. ATTACH,ISTWERT,EVALIS,COMBIS1,ANALIS.

   Die vier entsprechenden Programme für den gewünschten Lauf (Laufkomplex)
   werden dem Job zugeordnet. Da in diesem Beispiel auf räumlicher Ebene 2 gearbeitet wird, und zwar mit nur einer Aggregationsvariante, werden die
   auch zur Verfügung stehenden Programme TYPIS (Für die Raumtypisierung auf
   räumlicher Ebene 1) und die Aggregationsvarianten COMBIS2 und COMBIS3 nicht
   gebraucht.

3. DATENEINGABE

   für den Systemteil ISTWERT. Diese besteht aus der Anzahl der gewünschten
   Indikatoren, den Indikatorennummern, der Nummer der Behandlungsvariante bei
   Datenlücken, der gewählten räumlichen Ebene der Analyse und einer "Maximalebene" für das "Umsteigen" der Indikatorenberechnung (für die Varianten 7
   und 8, s. § 3.3.2). Diese Eingaben werden auch zur Kontrolle mit den Regionsnamen ausgegeben - s. Tab. 3.6.

4. ISTWERT.

   Das Programm (der Systemteil) ISTWERT wird ausgeführt. Dabei werden die entsprechenden Indikatorenprogramme (Subroutines) abgerufen, Datenlücken korrigiert und die Ist-Zustände der Regionen berechnet, auf einen File gelegt
   (gespeichert) und ausgegeben. Die Tabelle 3.6 zeigt diesen Ausdruck, bei
   dem ein ähnlicher Laufkomplex wie in Tab. 3.2 (S. 70), in diesem Fall auf
   der räumlichen Ebene 2, vorbereitet wird.

Tab. 3.6: Die Ergebnisse des Systemteils ISTWERT - Beispiel § 3.4.2

LAUF-BEDINGUNGEN

BASISEB = 2   MAXEB = 3   VARIANT = 8   ANZAHL DER GEWUENSCHTEN INDIKATOREN = 8
NAEMLICH INDIKATOREN   2   3   4   5   6   7   8   9

REGIONSNAMEN
REGION 4 / LIM. TOTAL   REGION 5 / TIPP.-N.R.   REGION 7 / CLARE   REGION 8   HAUTE-G.   ARIEGE   AUDE   PYR.-OR.   CORK TOTAL   KERRY

ISTWERTE

	REGION 4	REGION 5	REGION 7	LIM. TOTAL	TIPP.-N.R.	CLARE	REGION 8	HAUTE-G.	ARIEGE	AUDE	PYR.-OR.	CORK TOTAL	KERRY
IND2 ERWERBSFAEHIGENANTEIL IN PROZENT	52.87	54.89	58.50	48.35	48.17	48.95	51.50	56.78	52.32	53.38	54.83	49.16	48.97
IND3 SPEZIFISCHE AKTIVITAETSRATE	221.18	185.34	250.20	260.94	220.82	193.52	195.42	248.95	134.16	151.80	82.08	252.10	188.87
IND4 NICHT-ARBEITSLOSENQUOTE (PROMILLE)	951.04	954.00	962.00	976.00	939.00	925.00	957.00	954.86	964.08	965.44	961.99	936.00	866.00
IND5 NICHT-LANDWIRTSCH. ERWERBSTAETIGE	90.69	88.35	93.88	73.64	50.31	54.97	70.95	87.15	70.24	69.68	77.37	75.46	55.44
IND6 ANZAHL WOHNRAEUME AUF 100 PERSONEN	164.18	163.25	163.82	110.56	112.88	112.65	166.09	92.61	131.12	123.41	110.38	116.89	105.85
IND7 ANTEIL WOHNUNGEN MIT BAD ODER DUSCHE	27.26	23.68	36.84	50.48	38.07	39.35	24.04	49.23	37.79	41.62	54.80	52.63	40.98
IND8 KRANKENHAUSBETTEN AUF 1000 EW	7.43	12.79	8.84	4.92	2.01	1.55	11.90	3.98	4.87	3.93	3.19	3.91	1.83
IND9 PRAKTISCHE AERZTE AUF 1000 EW	7.48	7.29	9.36	4.60	4.60	4.60	6.48	23.60	13.00	15.20	18.50	4.80	4.80

5. DATENEINGABE

für den Systemteil EVALIS. Diese besteht aus einer Wiederholung der Indikatoren-Nummer,und zwar dieses Mal mit einer Indikatorentyp-Nummer und Be-
wertungssatzauswahl-Nummer (s. § 3.3.3.2). Dabei wird die Konsistenz der
in 3. und 4. vorbereiteten Daten nachgeprüft.

6. EVALIS.

Das Programm (der Systemteil) EVALIS wird ausgeführt. Das ausgegebene Ergebnis ist als Tab. 3.7 dargestellt, in der die Indikatoren-Nummer durch
die eingegebene Typnummer ergänzt und der Bewertungssatz gekennzeichnet
wird. In diesem Fall wurden die Indikatoren 2, 3, 5, 8 und 9 mit einer
auf der Ebene 2 einheitlichen europäischen Bewertung versehen und die Indikatoren 4, 6 und 7 mit länderspezifischen Bewertungen. Die Titel der durch
EVALIS ausgedruckten - jetzt normativen - Indikatoren (I bzw. H) sind von
Tab. 3.6 systemintern übertragen und daher nicht genau passend - ein
kleiner Schönheitsfehler. Zusätzlich zur Ausgabe werden die berechneten
Bewertungen für die u.U. gewünschte Weiterbearbeitung auf einen File gelegt (gespeichert).

7. DATENEINGABE

für den Systemteil (Programm) COMBIS1. Diese besteht aus einem für jedes
Land spezifizierten Gewichtungsschema der unter 3. angegebenen Indikatoren.
Wenn geänderte Nachläufe durchgeführt werden sollen, sind auch deren Anzahl und die spezifizierten neuen Gewichtungen anzugeben. Für die hierarchische lineare Aggregation (COMBIS2) sind die Eingabedaten etwas kompli-
zierter, für COMBIS3 ist die Eingabe wie bei COMBIS1, lediglich mit einer
Ergänzung, nämlich der Festlegung des (der) "dominanten" Indikators(en) -
s. § 3.3.4.4.

8. COMBIS1.

Das Systemteil COMBIS1 wird ausgeführt. Das Programm gibt nur eine Zeile
aus, nämlich den Titel der entsprechenden Aggregationsvariante - s. Tab.
3.8. Die regionalen Bewertungsindizes werden aber berechnet und zwecks
Darstellung und u.U. Analyse auf File gelegt (gespeichert). Zusätzlich
werden für den späteren Ausdruck auch die indikatoren- und regionsspezifischen Gewichtungen gespeichert, da die Datenlücken-Behandlungsvarianten
1 und 2 Indikatoren streichen, wenn einzelne Daten für bestimmte Raumeinheiten nicht vorhanden sind und, wenn dies passiert, eine Umverteilung
der angegebenen Gewichtungen stattfindet (vgl. § 3.3.2).

Tab. 3.7: Die Ergebnisse des Systemteils EVALIS - Beispiel § 3.4.2

REGIONSNAMEN

AUSDRUCK DER BEWERTUNGEN

	REGION 4 LIM. TOTAL	REGION 5 TIPP.N.R.	REGION 7 CLARE	REGION 8 HAUTE-G.	ARIEGE	AUDE	PYR.-OR.	CORK TOTAL	KERRY
IND 22 ERWERBSFAEHIGENANTEIL IN PROZENT	EBEN 1.0000 .3906	IND2 1.0000 .8854	1.0000 .9343	1.0000 1.0000	1.0000	1.0000	1.0000	.9474	.9353
IND 32 SPEZIFISCHE AKTIVITAETSRATE	EBEN .3386 1.0000	IND3 .4359 .8351	1.0000 .5355	.5578 1.0000	0.0000	.0215	0.0000	1.0000	.4790
IND 41 NICHT-ARBEITSLOSENQUOTE (PROMILL)	LAND .7925 .2523	IND4 .8365 .8328	.9304 .7002	.8744 .7023	.8376	.8675	.8094	.8465	.0930
IND 52 NICHT-LANDWIRTSCH. ERWERBSTAETIGE	EBEN .9702 .1982	IND5 .8915 0.0000	1.0000 0.0000	.0206 .8398	.0046	0.0000	.2881	.1889	0.0000
IND 61 ANZAHL WOHNRAEUME AUF 100 PERSONEN	LAND .8481 .2444	IND6 .8391 .2972	.8442 .2919	.8680 0.0000	.6842	.5279	.2404	.3869	.1360
IND 71 ANTEIL WOHNUNGEN MIT BAD ODER DUSCHE	LAND 0.0000 .5657	IND7 0.0000 .2223	.1876 .2591	0.0000 .5321	.2143	.3219	.6774	.6221	.3040
IND 82 KRANKENHAUSBETTEN AUF 1000 EW	EBEN 1.0000 .9891	IND8 1.0000 .0020	1.0000 0.0000	1.0000 .7573	.9816	.7404	.4594	.7338	0.0000
IND 92 PRAKTISCHE AERZTE AUF 1000 EW	EBEN 1.0000 .3939	IND9 1.0000 .3939	1.0000 .3939	1.0000 1.0000	1.0000	1.0000	1.0000	.4426	.4426

Tab. 3.8: <u>Ausgaben der Systemteile COMBIS1 und ANALIS - Beispiel § 3.4.2</u>

KOMBINATIONSVARIANTE 1

ANGEWANDTE OPTIONEN SIND	LISTE KENDT	LISTS	PICTO	PICTS	MELDR	SENSE	GEEKI	SPEAR
MODUS= 1								
ANFANGSDIFFERENZ SENSIS	10.00							
MIN. KLASSEN ANZAHL	10							
MAX. KLASSENBREITE	10.00							

LAUF 1
·······

BAYERN INDIKATOREN	4	2	3	5	6	7	8	9
HABEN ANFANGSGEWICHTE	1.0	0.0	0.0	0.0	0.0	0.0	0.0	0.0

FRANKREICH INDIKATOREN	4	2	3	5	6	7	8	9
HABEN ANFANGSGEWICHTE	1.0	0.0	0.0	0.0	0.0	0.0	0.0	0.0

IRLAND INDIKATOREN	4	2	3	5	6	7	8	9
HABEN ANFANGSGEWICHTE	1.0	0.0	0.0	0.0	0.0	0.0	0.0	0.0

■■

DIE REGION 1 REGION 4	NIMMT DIE ANFANGSGEWICHTUNG AN, NAEMLICH(PROZENT)							
INDIKATOREN	4	2	3	5	6	7	8	9
GEWICHTE	100.0	0.0	0.0	0.0	0.0	0.0	0.0	0.0

:

(Meldungen durch MELDR)

:

Laufschema durchgeführt bis:

LAUF 8
·······

BAYERN INDIKATOREN	4	2	3	5	6	7	8	9
HABEN ANFANGSGEWICHTE	1.0	1.0	1.0	1.0	1.0	1.0	1.0	1.0

FRANKREICH INDIKATOREN	4	2	3	5	6	7	8	9
HABEN ANFANGSGEWICHTE	1.0	1.0	1.0	1.0	1.0	1.0	1.0	1.0

IRLAND INDIKATOREN	4	2	3	5	6	7	8	9
HABEN ANFANGSGEWICHTE	1.0	1.0	1.0	1.0	1.0	1.0	1.0	1.0

■■

DIE REGION 1 REGION 4	NIMMT DIE ANFANGSGEWICHTUNG AN, NAEMLICH(PROZENT)							
INDIKATOREN	4	2	3	5	6	7	8	9
GEWICHTE	12.5	12.5	12.5	12.5	12.5	12.5	12.5	12.5

DIE REGION 2 REGION 5	NIMMT DIE ANFANGSGEWICHTUNG AN, NAEMLICH(PROZENT)							
INDIKATOREN	4	2	3	5	6	7	8	9
GEWICHTE	12.5	12.5	12.5	12.5	12.5	12.5	12.5	12.5

alle 13 Regionen nehmen die Gleichgewichtung der 8 Indikatoren an

:
:

9. DATENEINGABE

für den Systemteil ANALIS. ANALIS ist das Darstellungs- und Analysepaket des Informationssystems. Hier stehen einige alphanumerische Angaben zur Verfügung, die die Gestaltung der Ausgabe und die durchzuführenden Analysen lenken. Auf Tabelle 3.8 wird folgendes verlangt:

durch LISTE - eine Rangfolgeliste aller berücksichtigten Regionen
(s. Tab. 3.9)

LISTS - eine Rangfolgeliste für die einzelnen Staaten (s. Tab. 3.9)

PICTO - eine Darstellung der verschiedenen regionalen Rangfolgen innerhalb eines Laufkomplexes in einem Pictograph (vgl. § 3.3)

SENSE - die Ausführung des Systemteils SENSIS (vgl. § 3.3.5.1)
(für SENSIS sind numerische Angaben auch notwendig wie z.B. auf Tab. 3.8 zu sehen)

PICTS - eine Darstellung der verschiedenen regionalen Rangfolgen im Laufkomplex nach der Ausführung von SENSIS.

MELDR - die Ausgabe der endgültigen Gewichtungsschemata - auf Tab. 3.8 nehmen alle Regionen auf Ebene 2 die eingegebenen Gewichtungen an, weil die gewählten Indikatorn homogen und ohne Datenlücken auf dieser Ebene durch Statistiken abgedeckt sind

GEEKR - die Berechnung und den Ausdruck des Rangfolgeänderungs-Indikators GEEKR (vgl. § 3.3.5.3 und Tab. 3.10)

SPEAR - die Berechnung und den Ausdruck des weiteren Indikators KENDT (vgl. § 3.3.5.3 und Tab. 3.10)

KENDT - die Berechnung und den Ausdruck des weiteren Indikators KENDT (vgl. § 3.3.5.3 und Tab. 3.10).
(Da diese drei Indikatoren auf zwei Weisen angewandt werden können, ist ein Modus-Ausdruck - auf Tab. 3.8 mit 1 beziffert - auch notwendig.)

10. ANALIS.

Das Systemteil ANALIS wird ausgeführt. Dabei werden die unter 8. bestimmten Darstellungen und Analysen ausgedruckt bzw. durchgeführt. Auf jeden Fall werden diese Angaben ausgedruckt mit den anfangs bestimmten Gewichtungen für jeden Lauf. Auf den Tabellen 3.8 bis 3.10 ist eine (abgekürzte) Darstellung der Ausgabe-Informationen für einen Laufkomplex von 11 Läufen (vgl. Tab. 3.2) gezeigt, wobei die Ergebnisse nur für den Lauf 8 (alle 8 gewählten Indikatoren gleich gewichtet) und die zusammenfassenden Ergebnisse ausführlich angegeben sind.

Tab. 3.9: Ausgaben des Systemteils ANALIS - Die Rangfolgen - Beispiel § 3.4.2

für Lauf 8 (alle Indikatoren für jede Region gleichgewichtet)

RANGFOLGE ALLER REGIONEN

RANGFOLGE	EINHEIT	REGIONSNAME	BEWERTUNGSINDEX
1	10	KERRY	9.3
2	11	LIM. TOTAL	25.2
3	13	CLARE	70.0
4	5	HAUTE-G.	79.2
5	1	REGION 4	79.5
6	8	PYR.-OR.	80.9
7	2	REGION 5	83.7
8	6	ARIEGE	83.8
9	9	CORK TOTAL	84.7
10	7	AUDE	86.8
11	4	REGION 8	87.4
12	12	TIPP.N.R.	88.3
13	3	REGION 7	93.0

Ausgabe durch die Angabe LISTE

RANGFOLGE DER REGIONEN IN DEN EINZELNEN STAATEN

BAYERN

RANGF.	EINHEIT	REGIONSNAME	BEURINDEX	RANGF.
1	1	REGION 4	79.5	1
2	2	REGION 5	83.7	2
3	4	REGION 8	87.4	3
4	3	REGION 7	93.0	4

FRANKREICH

EINHEIT	REGIONSNAME	BEURINDEX	RANGF.
5	HAUTE-G.	79.2	1
8	PYR.-OR.	80.9	2
6	ARIEGE	83.8	3
7	AUDE	86.8	4

IRLAND

EINHEIT	REGIONSNAME	BEURINDEX
10	KERRY	9.3
11	LIM. TOTAL	25.2
13	CLARE	70.0
9	CORK TOTAL	84.7
12	TIPP.N.R.	88.3

* Ausgabe durch die Angabe LISTS

AENDERUNG VOLLSTAENDIG WAHRGENOMMEN

(für den nächsten Lauf, Lauf 9)

Tab. 3.10: Ausgabe des Systemteils ANALIS – Die Pictographen – Beispiel § 3.4.2

PICTOGRAPH DER ERGEBNISSE OHNE SENSIS

LAUF 1	2	3	4	5	6	7	8	9	10	11
10	10	10	10	10	10	10	10	10	10	10
11	11	8	6	8	13	13	13	13	13	13
13	13	6	7	7	7	12	12	12	12	12
5	5	7	8	13	6	8	11	11	11	11
1	12	11	13	11	8	7	8	8	8	8
8	9	13	11	6	11	6	7	7	9	9
2	1	2	4	12	12	11	6	9	7	7
6	8	4	12	4	4	4	9	6	5	5
9	2	12	9	9	9	9	4	5	6	6
7	6	1	2	5	2	5	5	4	4	4
4	7	5	5	2	5	2	2	2	2	2
12	4	9	1	1	1	1	1	1	1	1
3	3	3	3	3	3	3	3	3	3	3
GEEKR 1.0000	.7619	.5000	.4524	.5000	.5000	.4762	.5476	.5714	.5714	.5714
SPEAR 1.0000	.8995	.7308	.5593	.7060	.6923	.6566	.7115	.7280	.7418	.7418
KENDT 1.0000	.8590	.6923	.6026	.6410	.6154	.6026	.6538	.6538	.7280	.6795

PICTOGRAPH DER ERGEBNISSE NACH SENSIS

LAUF 1	2	3	4	5	6	7	8	9	10	11
10	10	10	10	10	10	10	10	10	10	10
11	11	6	7	8	13	13	13	13	13	13
13	13	8	6	7	7	12	12	12	12	12
5	5	7	8	13	6	8	11	11	11	11
1	12	13	13	6	8	7	8	8	8	8
8	1	11	11	11	11	6	7	7	9	9
6	9	2	4	12	12	11	6	9	7	7
2	8	4	12	4	4	4	9	6	5	5
9	6	12	9	9	9	9	4	5	6	6
7	2	1	2	5	2	5	5	4	4	4
4	7	5	5	2	5	2	2	2	2	2
12	4	9	1	1	1	1	1	1	1	1
3	3	3	3	3	3	3	3	3	3	3
GEEKR 1.0000	.7957	.5000	.4762	.5000	.5238	.5000	.5714	.5714	.5714	.5714
SPEAR 1.0000	.936?	.7363	.6731	.7060	.7088	.6703	.7225	.7363	.7473	.7473
KENDT 1.0000	.871?	.6795	.6026	.6410	.6282	.6154	.6667	.6667	.6923	.6923

4. DIE INHALTLICH-MATERIELLEN ASPEKTE DER UNTERSUCHUNG

Das im vorstehenden Kapitel beschriebene methodische Verfahren sollte hinsichtlich der Möglichkeiten und Grenzen seiner methodischen Verwendbarkeit und
seiner praktischen Aussagefähigkeit auf der materiellen Grundlage exemplarisch
ausgewählter europäischer Bezugsgebiete überprüft werden. Dazu wurden nach
bestimmten Kriterien Testgebiete in drei verschiedenen europäischen Staaten abgegrenzt, die sämtlich hinsichtlich ihrer Binnenstruktur als stark heterogen
zusammengesetzt beurteilt wurden. Da Sozialindikatoren in unserem Zusammenhang
Maßstäbe für die Erreichung raumspezifischer Entwicklungsziele darstellen sollen, konnte ihre zielorientierte Definition nur auf der Grundlage raumspezifischer Problemanalysen und in Kenntnis der uns verfügbaren raumspezifischen
Daten vorgenommen werden. Zu diesem Zwecke wurden alle drei Testgebiete bereist, wurden regionale und nationale Politiker, Regionalplaner, Verwaltungs-
beamte und auch der berühmte 'Mann auf der Straße' befragt, wurden die in der
Bundesrepublik nicht verfügbaren Daten gesammelt und Dokumente (Regionalprogramme, Problemanalysen usw.) beschafft.

Auf dieser Informationsgrundlage sollten für die einzelnen Testgebiete die
raumspezifischen Maßstäbe (Indikatoren) zur Analyse und Bewertung der regionalen Entwicklung, Versorgung und Leistung ermittelt werden. Ein Vergleich der
Ergebnisse dieser Analyse zwischen den Testgebieten würde dann, so die Erwar-
tung, zwar überwiegend gebietsspezifische, zwischen den Gebieten heterogene
Maßstäbe der regionalen Entwicklung ergeben. Die Entwicklungs- und Versorgungsbereiche, auf die sich diese unterschiedlichen Maßstäbe im regionalen Einzelfall beziehen, sollten aber weitgehend ähnlich sein.

Die aus den Entwicklungsprogrammen übernommenen bzw. problemorientiert erst
konstruierten Indikatoren sollten dann die verbal vor Ort vermittelten Problembeschreibungen der regionalen Repräsentanten präzisieren und quantifizieren.
Die gewichtigste Restriktion der Realisierung dieses Anspruches lag in dem
statistisch verfügbaren Datenmaterial. Ein Großteil der Daten war sogar in den
Staaten selbst nicht zentral verfügbar, sondern mußte erst bei den verschiedenen, 'ihre' Informationen selbständig erhebenden Ämtern in den verschiedenen Landesteilen gesammelt werden. Die nach Abschluß der Datensammlung zur
Verfügung stehenden Daten unterschieden sich sehr stark hinsichtlich ihres
Umfangs und Differenzierungsgrades zwischen den drei Testgebieten. Auf dieser
Datenbasis wurden die raumspezifischen Indikatoren konstruiert. Nun erwies
sich eine sinnvolle und zwischen den Testgebieten abgestimmte Konstruktion
weitgehend gebietsspezifischer (heterogener) Indikatoren nur dann als möglich, wenn dieser Tätigkeit ein einheitlicher Bezugsrahmen zugrundegelegt wird.

Dieser in § 3.2.1.2 methodisch begründete Bezugsrahmen hatte die Aufgabe,
die einzelnen, mit den Indikatoren gebietsspezifisch gemessenen Sachverhalte
auf einheitliche Bezugspunkte hin und in einen übergeordneten Zusammenhang zu
integrieren. Der der Indikatorenkonstruktion zugrundegelegte Bezugsrahmen
stellt eine Art Symbiose aus den für die einzelnen Testgebiete festgestellten
Systematiken von regionalen Zielbereichen und Ausstattungssektoren dar.

Diesem einheitlichen Bezugsrahmen der Indikatorenkonstruktion kommt aber zunächst nur heuristische Bedeutung zu. Der von ihm konstituierte Zusammenhang
ist noch nicht politisch-normativ vorgegeben oder theoretisch fundiert, sondern
rein logischer Natur. Damit ist gemeint, daß die raumspezifischen Indikatoren
nicht von vornherein im Hinblick auf ganz bestimmte, auf ihrer informativen
Basis zu fällende politische Entscheidungen hin definiert werden. Ihre Definition bzw. Zusammenstellung erfolgt vielmehr zunächst unter einer 'zweck-
freien' Perspektive, die sich am besten mit dem Begriff 'allgemeine Raumbeo-
bachtung' umschreiben läßt.

In diesem Sinne sollte auf der Basis der Problembeschreibungen sowie der verfügbaren Daten für jedes Testgebiet ein raumspezifischer Indikatorenkatalog
erstellt werden. Die Bezugspunkte der einzelnen Indikatoren werden möglichst
weitgehend einheitlich vorgegeben und gewährleisten so den logischen Zusammenhang. Diese Indikatorenkataloge bzw. die darin enthaltenen Informationen
lassen sich zentral abrufen, wenn die entsprechenden statistischen Informationen in einer Datenbank gespeichert (und laufend ergänzt) werden und die Indi-
katoren-Programme in einer entsprechenden Bibliothek zur Verfügung stehen.

Nun haben die Indikatoren im Zusammenhang dieser Untersuchung aber nicht nur
die Funktion, generell brauchbare Informationen in quantifizierter Form, unter
logischen Gesichtspunkten zusammengestellt, zu liefern. Sie sollen darüber
hinaus als politische Entscheidungshilfe dienen und auf einen konkreten politischen Entscheidungszweck hin ganz bestimmte Informationen in ganz bestimmter Weise zu 'Gesamtaussagen' verdichten. Dazu wird über den logischen Bezugsrahmen der Indikatorendefinition hinaus ein politisch-normativer Bezugsrahmen der Indikatorenselektion notwendig. Dieser gibt die auswahlleitenden
Kriterien für die 'entscheidungsrelevanten' Indikatoren vor (etwa in Form
von zu berücksichtigenden Zielbereichen, Aggregationsvorschriften und dgl.)
und ist aus dem supranationalen (z.B. gemeinschaftlichen) grundlegenden
Politik-Konzept herzuleiten. Das beschriebene Verfahren als Möglichkeit der Erstellung eines - die politischen Prioritätsentscheidungen 'rationalisierenden'
- Informationssystems supranationaler Regionalförderung wird auf der normativen Grundlage einer 'versorgungsorientierter' Politikkonzeption überprüft.
Innerhalb des Bezugsrahmens dieser Politikkonzeption wird, dieses materielle

Kapitel abschließend, ein entscheidungsrelevanter Indikatorenkatalog für
jedes Testgebiet erstellt. Dieser bildet dann letztendlich die materielle
Basis für die in § 5 dargestellten Berechnungsläufe zur Überprüfung des methodischen Verfahrens.

4.1 Die Erhebung der gebietsspezifischen Informationen

Die drei erwähnten Testgebiete aus verschiedenen europäischen Staaten wurden
so ausgewählt, daß sie sich jeweils zugleich aus - im nationalen Kontext -
'strukturschwachen Gebieten' (Entleerungsgebieten, unterentwickelten Teilräumen und dgl.) sowie 'strukturstarken Gebieten' (z.B. großstädtischen Agglome-
rationsräumen) zusammensetzen. Diese "Ähnlichkeit" zwischen den einzelnen
Testgebieten im Hinblick auf die Heterogenität ihrer Binnenstruktur sollte
eine entsprechend "ähnliche" Differenzierung der raumspezifischen Informationen nach weitgehend einheitlichen Problemkategorien ermöglichen.

4.1.1 Die Auswahl der Testgebiete und die Abgrenzung der Teilräume

Vor der Festlegung der konkreten Testgebiete waren die Staaten auszuwählen,
deren Teilgebiete Gegenstand der Analyse sein sollten. Ausschlaggebendes Kriterium für die Auswahl der entsprechenden Staaten im Sinne des Projektes war
deren relative (gemessen an globalen europäischen Struktur-Kennziffern) Pro-
blemstruktur. Grober Problemmaßstab sollte der Grad der Abweichung von europäischen Durchschnittswerten sein. Um solcherart unter globalen europäischen Gesichtspunkten ein möglichst breites Spektrum an regionalen "Entwick-
lungsbedürftigkeiten" einzubeziehen, sollte einmal ein (gemessen an 'europäischen' Standards) relativ problemloser, ein dem europäischen Schnitt entsprechender und ein relativ problematischer Staat an der Peripherie des Gemeinschaftsraumes ausgewählt werden. Aufgrund eines an diesen Kriterien orientierten Vergleichs der Mitgliedstaaten der Europäischen Gemeinschaften
wurden ausgewählt:
- als relativ "unproblematischer" Staat:
  Die Bundesrepublik Deutschland
- als relativ "durchschnittlicher" Staat:
  Frankreich
- als relativ "problematischer" Staat:
  Irland.

Bezüglich der Abgrenzung der eigentlichen Testgebiete innerhalb dieser drei
Staaten sollte einerseits zwischen den Raumeinheiten verschiedener Planungs-
träger und andererseits zwischen raumbezogenen Informationen über bestimmte
Strukturmerkmale unterschieden werden.

Als Planungsträger wird die öffentliche Verwaltung verstanden. Entsprechend den in § 1.2 angeführten Gesichtspunkten wurden bewußt vorgegebene politisch-institutionelle Raumeinheiten der Analyse zugrundegelegt und dem nationalen Verwaltungsaufbau entsprechend nach drei hierarchisch angeordneten räumlichen Ebenen unterschieden:
- teilräumliche Analyseeinheiten;
- regionale Programmeinheiten;
- überregionale Gebietseinheiten.

Als raumbezogene Informationen wurden zunächst Daten über die folgenden Merkmale der Abgrenzung der Testgebiete zugrundegelegt:
- geographische und topographische Merkmale;
- Bevölkerungsdichte und Siedlungsstruktur;
- Zentralität der Ausstattung mit Infrastruktur.

Die formal einheitlichen Abgrenzungskriterien waren auf dieser Informationsbasis wie folgt:
- eine Gesamtfläche der nationalen Testgebiete von rund 20.000 qkm;
- eine im Sinne von § 4.1 heterogene Binnenstruktur der Testgebiete;
- eine institutionell begründete Differenzierung innerhalb der Testgebiete zwischen Analyseräumen und übergeordneten Programmräumen.

4.1.2 Die analysierten Teilräume mit ihren spezifischen Entwicklungsproblemen

Es wurden die folgenden Teilräume bestimmt[1]:
Innerhalb der Bundesrepublik der nordöstliche Teil des Bundeslandes Bayern, nämlich die Regierungsbezirke Mittelfranken und Oberfranken; innerhalb Frankreichs je zwei Départements der Regionen Sud-Ouest und Méditerrannée im Südwesten Frankreichs; innerhalb der Republik Irland der südwestliche Teil der Insel, nämlich das Gebiet der Provinz Munster, ohne die Counties Waterford und Tipperary S.R..

Aufgrund der außerhalb dieser Gebiete verfügbaren globalen Informationen erschienen die ausgewählten Testgebiete binnenstrukturell als für das Untersuchungsziel genügend heterogen entwickelt. Jedes Testgebiet schien in sich alle möglichen Stufen der im nationalen Gesamtraum beobachtbaren Raumentwicklung zu vereinen. Insbesondere schienen die global mit dem Begriff 'ländliche Räume' umschriebenen Entwicklungsprobleme jeweils repräsentativ vertreten, während das (großräumige) Agglomerationsproblem bewußt unberücksichtigt blieb. Durch die Informationserhebung in den Testgebieten selber sollten nun raumspezifische Problembeschreibungen und Entwicklungsmaßstäbe aus der Sicht der Regionalplanung gewonnen sowie die entsprechenden statistischen Daten gesammelt werden.

[1] Zu den einzelnen Testgebieten siehe die entsprechenden folgenden Karten.

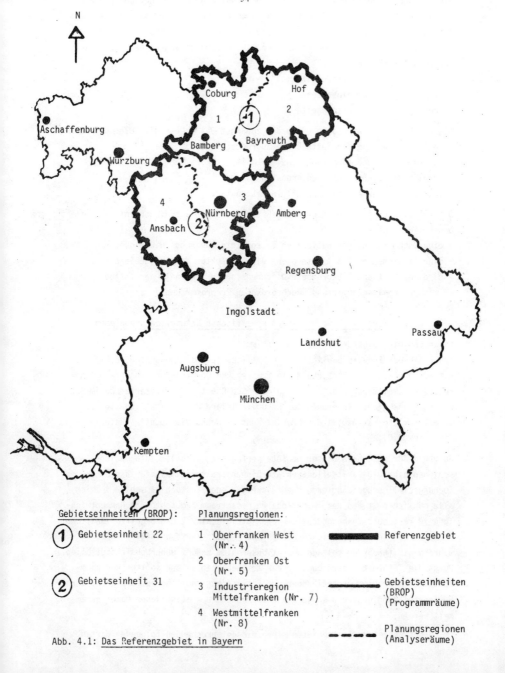

Abb. 4.1: Das Referenzgebiet in Bayern

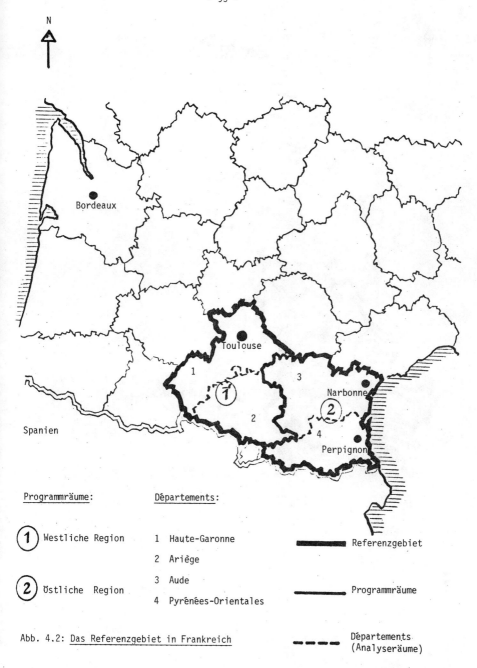

N

Bordeaux

Toulouse

1

③ 1

2

3

Narbonne

② 2

4

Perpignon

Spanien

Programmräume: Départements:

① Westliche Region   1 Haute-Garonne

                              2 Ariège

                              3 Aude

② Östliche Region   4 Pyrénées-Orientales

━━━━━ Referenzgebiet

──────── Programmräume

╍ ╍ ╍ Départements
          (Analyseräume)

Abb. 4.2: Das Referenzgebiet in Frankreich

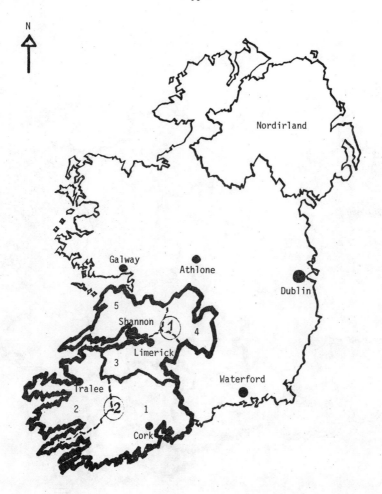

N

Nordirland

Galway
Athlone
Dublin
5
Shannon
1
4
Limerick
3
Waterford
Tralee
2
2
1
Cork

Planungsregionen: Counties:

(1) Westzentrum   1 Cork   ▬▬▬▬ Referenzgebiet

                           2 Kerry

                           3 Limerick

(2) Südwest   4 Tipperary N.R.   ▬▬▬ Planungsregionen
                                                      (Programmräume)
                           5 Clare

Abb. 4.3: Das Referenzgebiet in Irland   ▬ ▬ ▬ ▬ Counties
                                                          (Analyseräume)

Zu diesem Zwecke wurden alle drei Testgebiete nach vorheriger (schriftlicher) Kontaktaufnahme mit entsprechenden Repräsentanten (Regionalpolitikern und -planern, Ministerialbeamten und Wissenschaftlern) bereist. Durch Befragungen und Sammeln von Daten, Dokumenten, Plänen und dgl. vor Ort sollte die notwendige Informationsgrundlage für möglichst praxisnahe Testläufe mit konkreten Raumbezügen geschaffen werden.

In den folgenden Unterkapiteln wird nach einem kurzen Überblick über das gesamte Testgebiet eine nur stichwortartige Beschreibung[1] der räumlichen Probleme aus der Sicht der jeweiligen Regionalplanung vorgenommen.

4.1.2.1 Das bayerische Testgebiet

Das bayerische Testgebiet setzt sich, wie Tabelle 4.1 zeigt, aus zwei Gebietseinheiten des Bundesraumordnungsprogramms zusammen. Diese wiederum bestehen jeweils aus zwei bayerischen Planungsregionen (die Regionen 4 und 5 bzw. 7 und 8).

Das Testgebiet in Nordost-Bayern umfaßt weniger als 20.000 qkm. Rund die Hälfte gehört zum "Zonenrandgebiet", das als Fördergebiet des Bundes generell gefördert wird. Darüber hinaus wird ein weiterer Teil des Testgebietes im Rahmen der "Gemeinschaftsaufgabe regionale Wirtschaftsstruktur" gefördert. Die Förderung des Zonenrandgebietes ist in diese Gemeinschaftsaufgabe integriert. In seinem Zentrum liegt jedoch ein Raum, der keinem dieser Fördergebiete angehört. Die Binnenstruktur des bayerischen Testgebietes ist gekennzeichnet durch diesen 'attraktiven' Verdichtungsraum (Nürnberg-Fürth-Erlangen) einerseits und durch unmittelbar daran angrenzende Entleerungsgebiete (Mittelfranken und Oberpfalz) andererseits. Das wirtschaftliche Wachstum verstärkt die Zentralität des Verdichtungsraumes, während sich die Position der Randzonen des Testgebietes relativ verschlechtert.[2]

Die institutionelle Raumgliederung des Testgebietes erscheint den Bearbeitern nach der Verwaltungsreform in Bayern auch unter Gesichtspunkten der räumlichen Verflechtung plausibel und wurde ohne Änderung akzeptiert.

---

[1] Die Heterogenität der Problembeschreibung unter den befragten Repräsentanten der einzelnen Testgebiete wird in dieser - aus Platzgründen nur stichwortartig möglichen - Zusammenfassung der Gesprächsergebnisse nur teilweise zum Ausdruck gebracht. Die Ergebnisse liegen aber in Form umfangreicher 'Reiseberichte' vor.

[2] Vgl. Landesentwicklungsprogramm Bayern, Entwurf 1974, München, Teil C, S. 260-264.

Tabelle 4.1: Liste der ausgewählten (getesteten) Raumeinheiten

Testgebiet in	Ebene 1	Ebene 2	Ebene 3[1]
Bayern	Bamberg, S Coburg, S Bamberg, L Forchheim, L Kronach, L Lichtenfels, L	Region 4	Gebietseinheit 22
	Bayreuth, S. Hof, S Bayreuth, L Hof, L Kulmbach, L Wunsiedel, L Tirschenreuth, L	Region 5	
	Erlangen, S. Fürth, S Nürnberg, S Schwabach, S Erlangen, L Nürnberg, L Fürth, L Roth, L	Region 7	Gebietseinheit 31
	Ansbach, S Ansbach, L Neustadt, L Weißenburg, L	Region 8	
Frankreich	Toulouse Haute-G.(o.Toul.)	Haute-G. (m.Toulouse)	Gebiet Ost
	Ariege	Ariege	
	Aude	Aude	Gebiet West
	Pyr.-Or.	Pyr.Or.	
Irland	Cork City Cork County	Cork	Region SW
	Kerry	Kerry	
	Limerick City Limerick County	Limerick	Region MW
	Tipp. N.R. Clare	Tipp. N.R. Clare	

1) Die Raumeinheiten der Ebene 3 entsprechen für Bayern den entsprechenden Gebietseinheiten des Bundesraumordnungsprogramms und sind hier mit Regierungsbezirken identisch; die in Frankreich auf der Ebene 3 gebildeten Gebiete sind demgegenüber keine politisch-administrativen Raumeinheiten; in Irland sind die Raumeinheiten der Ebene 3 mit den eigentlichen Planungsregionen des Landes identisch.

Region 4

Diese Region liegt weitgehend im Zonenrandgebiet und ist im wesentlichen auf die Städte Bamberg und Coburg ausgerichtet. Ihre gegenwärtige Struktur insgesamt und ihre wirtschaftliche Leistungsfähigkeit wird seitens der Regionalplaner als günstig beurteilt, ihre Entwicklungstendenzen, die sich aus der Veränderung der Bevölkerungszahlen und der Arbeitsplätze ergeben, aber ungünstiger. So besteht eine Tendenz zur Überalterung der regionalen Bevölkerung, deren Hauptursache in der Abwanderung jüngerer Arbeitnehmer liegt. Diese ist begründet in der deutlichen Diskrepanz zwischen der (gehobenen) Qualifikationsstruktur der jungen Arbeitsbevölkerung und den (eher niedrigen) Qualifikationsansprüchen der bestehenden Arbeitsplätze, die große Teile der jungen Arbeitnehmer nach Abschluß ihrer Ausbildung zur Abwanderung bewegt. Dank der weitgehenden Rationalisierung der in der Region vertretenen Industrien werden seitens der befragten Regionalplaner die bestehenden Arbeitsplätze als eher sicher eingeschätzt. Der Industriebesatz der Region ist relativ hoch, der Tertiärbesatz liegt aber deutlich unter dem Landesdurchschnitt. Entsprechendes Gewicht wird in den Gesprächen auf die Entwicklung des Dienstleistungssektors gelegt. Die Versorgung im Bereich des Wohnungs- und Bildungswesens wird seitens der Regionalplaner als 'ausreichend' bewertet, als 'nicht ausreichend' im Gesundheitswesen (fehlende Betten in Akutkrankenhäusern und mangelnde ärztliche Versorgung) sowie im Sozialwesen (Defizit an Altenheimplätzen). Die Erschließung der Region im öffentlichen sowie im privaten Verkehrsbereich wird insgesamt als ausreichend beurteilt.

Priorität wird hinsichtlich des Entwicklungsbedarfs somit auf die Schaffung qualifizierter Arbeitsplätze mit Vorrang im Dienstleistungssektor gelegt.

Region 5

Die Region liegt vollständig im Zonenrandgebiet und enthält die Städte Bayreuth und Hof. Ihre heutige Situation wird in ihrer Gesamtheit seitens der Regionalplaner als ungünstig beurteilt. Dieses Urteil bezieht sich vor allem auf die traditionelle Wirtschaftsstruktur der Region mit ihren heutigen Strukturwandlungsproblemen, die sich ungünstig auf die Entwicklung der Lebens- und Arbeits-

bedingungen, die Siedlungsstruktur und das Arbeitsplatzangebot auswirken. So
verzeichnete die Region bereits zwischen 1961 und 1970 eine (beinahe) stag-
nierende Bevölkerungsentwicklung und die höchste Abwanderungszahl sowie den
relativ höchsten Anteil der über 64-Jährigen von allen bayerischen Planungsregionen. Durch Abwanderung jüngerer und qualifizierterer Arbeitnehmer besteht
nicht nur die Tendenz zur Überalterung, sondern auch die Gefahr einer sozialen
Erosion. Die Industrielöhne und -gehälter liegen, so wird seitens der befragten Regionalplaner betont, teilweise deutlich unter dem Bundesdurchschnitt,
obwohl die wirtschaftliche Leistungsfähigkeit der Region insgesamt (gemessen
etwa am BIP) als nicht so ungünstig eingeschätzt wird. Dabei ist sowohl die
Zahl der Erwerbstätigen insgesamt als auch der Beschäftigten im produzierenden
Gewerbe zwischen 1961 und 1970 deutlich gesunken. Beklagt wird die unzureichende Ausstattung der Region mit Arbeitsplätzen im Dienstleistungsbereich. Die
Versorgung im Wohnbereich (starke Überalterung der Bausubstanz), im Gesund-
heits- und Sozialwesen wird als unzureichend beurteilt. Insbesondere aber die
verkehrsmäßige Erschließung der Region sei, bedingt durch ihre extreme Rand-
lage, unzureichend.

Region 7

Die Region liegt zentral innerhalb des Testgebietes, ohne Anteil am Zonenrandgebiet. Sie ist im wesentlichen durch den großen Verdichtungsraum Nürnberg-
Fürth-Erlangen geprägt. Ihre Situation weist, gesamthaft betrachtet, bei allen
wesentlichen Strukturmerkmalen Werte auf, die über dem Landesdurchschnitt liegen. Sie verzeichnet hohe Wanderungsgewinne, die durch das gute Arbeitsplatzangebot bedingt sind. Erwerbsquote und Anteil der im Erwerbsleben stehenden
Altersgruppen liegen nach Feststellung der befragten Regionalplaner deutlich über
dem Landesdurchschnitt, ebenso das Einkommensniveau. Die wirtschaftliche Leistungsfähigkeit der Region wird bei hohem Industriebesatz und überproportionalen
Zuwachsraten des Dienstleistungsgewerbes seitens der Regionalplaner als insgesamt sehr günstig bezeichnet. Jedoch bewirkt der hohe Anteil der metallverar-
beitenden Industriezweige eine im Vergleich zu Bayern und dem Bundesgebiet
höhere Krisenanfälligkeit der regionalen Wirtschaft. Die Infrastrukturausstattung der Region wird insgesamt (mit Ausnahme des öffentlichen Nahverkehrs) als

ausreichend bewertet. Im Verdichtungsraum selber aber drohe die Gefahr einer "ungesunden Verdichtung", die regionalen Entwicklungstendenzen führten zu einer übermäßigen Belastung des Verdichtungsraums.

Region 8

Die Region mit ihrem städtischen Zentrum Ansbach liegt westlich des Verdichtungsraums Nürnberg, mit dem sie stark verflochten ist. Sie ist in ihrer Gesamtheit Fördergebiet der Gemeinschaftsaufgabe "Verbesserung der regionalen Wirtschaftsstruktur". Ihre Situation wird insgesamt als ungünstig beurteilt, was sich vor allem auf Siedlungswesen und Arbeitsplatzangebot bezog. Die Region weist die geringste Bevölkerungsdichte aller bayerischen Regionen auf und ist besonders stark abwanderungsgefährdet. Dies wurde mit dem regionalen Arbeitsplatzdefizit und dem relativ niedrigen Einkommensniveau erklärt, die beide zur Oberalterung der Region führen. Die Zahl der Arbeitsplätze wies zwischen 1961 und 1970 einen starken Rückgang auf, wobei die Region den höchsten Beschäftigungsanteil aller bayerischen Regionen im Primärsektor aufweist (1970 noch 31 Prozent). Hohe Bedeutung wird seitens der befragten Regionalplaner daher dem kontinuierlichen Ausbau des produzierenden Gewerbes, aber auch des arbeitsintensiven Dienstleistungsgewerbes bei einer Verbesserung der Arbeitsplatzqualität und einer besseren räumlichen Zuordnung der Arbeitsstätten zur Bevölkerung eingeräumt. Ein besonderes Problem stellt aber auch hier die unterdurchschnittliche Qualifikationsstruktur der bestehenden regionalen Arbeitsplätze dar. Neben der regionalen Wirtschaftsstruktur werden gleichzeitig auch die regionalen Lebensbedingungen seitens der Regionalplaner als besonders ungünstig beurteilt. So weist die Region im Durchschnitt den ältesten Wohnungsbestand aller bayerischen Planungsregionen auf, die ländlichen Gebiete sind mit Ärzten stark unterversorgt und die Krankenhausdichte liegt nach Angaben der Regionalplaner beträchtlich unter dem angestrebten Ziel. Verkehrsmäßig wird die Lage ebenfalls als unbefriedigend bewertet. Im Bildungs- und im Sozialwesen gilt die Versorgung als ausreichend. Die Entwicklungstendenzen der Region insgesamt werden als sehr ungünstig beurteilt.

4.1.2.2 Das französische Testgebiet

Das Testgebiet[1] setzt sich zusammen aus vier Départements, von denen die Départements Aude und Pyrênées-Orientales Teil der Planungsregion Languedoc und die Départements Ariège und Haute-Garonne Teil der Region Midi-Pyrênées sind. Gespräche konnten aber nur mit (Verwaltungs-)Repräsentanten der Règions geführt werden. Die erhaltenen Informationen beziehen sich vorwiegend auf die Regionen, die im Vergleich zu den bayerischen Planungsregionen beträchtlich größere räumliche Dimensionen aufweisen. Soweit möglich, sollen daher spezifische Aussagen über die die Untersuchung betreffenden Teilräume der Départements eingeflochten werden.

Das Testgebiet in Südwest-Frankreich umfaßt etwa 20.000 qkm. Ungefähr 1/3 dieses Gebietes erhält nationale Fördermittel. Da die Règions, zu denen jeweils zwei der Départements gehören, sich über diese hinaus noch aus weiteren Départements zusammensetzen, beschränkt sich im Falle Frankreichs die institutionell vorgegebene Raumgliederung auf die Départements, von denen je zwei zu "Gebieten", die keine politisch-administrative Raumeinheiten darstellen, zusammengefaßt wurden. Die Binnenstruktur des französischen Testgebietes ist durch einen attraktiven Verdichtungsraum (Toulouse/Haute-Garonne), einen stark abwanderungsgefährdeten Raum (Ariège und teilweise Pyrênées-Orientales) sowie einen dem französischen Durchschnitt außerhalb der Règion Parisienne entsprechenden Raum (Aude) gekennzeichnet.

Règion Languedoc-Roussillon

Zwei Drittel der Fläche des Départements Aude mit den Städten Carcassone und Narbonne werden national gefördert. Das Département Pyrênées-Orientales weist zwar einen weitaus größeren Anteil an Beschäftigten in der Landwirtschaft als das Département Aude auf. Aber nur das Zentrum Perpignan, das teilweise interregionale Attraktivitätsfunktionen erfüllt, erhält mit Umland nationale Fördermittel.

Beide Départements weisen Wanderungsverluste auf. Die Erwerbsquote wird, bedingt durch starke Überalterung vor allem der weiblichen Wohnbevölkerung, seitens der Regionalplaner als zu niedrig bewertet. Sie soll durch eine Erhöhung der Industriebeschäftigung und des Qualifikationsniveaus der Erwerbstätigen verbessert werden. Die regionale Bevölkerungsstruktur ist unausgewogen zwischen dem Gebirgsraum und ländlichen Gebieten einerseits, den Städten und deren Umland andererseits, sowie zwischen dem östlichen und dem westlichen Teil der Region. Die regionale Erwerbsquote ist eine der geringsten in Frankreich,

---

[1] Das französische Referenzgebiet wurde von Dipl.-Soz. Wolfgang Steinle bearbeitet.

die Arbeitslosigkeit liegt über dem französischen Durchschnitt. Ein besonderes Problem bildet die strukturelle Arbeitslosigkeit (bedingt durch den hohen Landwirtschaftsbesatz) sowie die Jugendarbeitslosigkeit. Die Arbeitsquote steigt aufgrund der rückläufigen Zahl landwirtschaftlicher Betriebe und der mangelnden Aufnahmekapazität des sekundären Sektors. Der Industrialisierung wird daher in der Regionalplanung Vorrang eingeräumt - auch, um das relativ niedrige regionale Lohnniveau zu erhöhen. Der Wohnungsstand wird als überaltert bewertet, der Anteil mit Wohnungen ohne Bad und Dusche sowie ohne Anschluß an eine öffentliche Kanalisation als zu hoch. Im Ausbildungswesen liegt die Region an vorletzter Stelle aller französischen Regionen, der Anteil der Erwachsenen ohne jeden Abschluß einer öffentlichen allgemeinen Ausbildung liegt über 50 Prozent. Das Ausstattungsniveau im Gesundheitswesen liegt dagegen über dem französischen Durchschnitt und gilt als ausreichend.

Région Midi-Pyrénées

Das Département Ariège ist eine landwirtschaftliche Problemregion mit sehr niedriger Bevölkerungsdichte. Dieses Gebiet ist sehr stark abwanderungsgefährdet und stark überaltert. So ist der Anteil der über 64-Jährigen doppelt so hoch wie im Landesdurchschnitt. Die strukturelle Arbeitslosigkeit ist ebenfalls sehr hoch. Die nationalen Fördermittel (Ariège erhält einen durchschnittlichen Fördersatz) haben nach Aussage der befragten Regionalplaner bisher jedoch noch nicht dazu geführt, daß aufgrund derselben neue industrielle Arbeitsplätze in Départements geschaffen wurden. Dies ist u.U. darauf zurückzuführen, daß das Département in unmittelbarer Nähe zum Wachstumspol Toulouse liegt. Das bringt einerseits Abwanderungen mit sich und andererseits wenig Neigung von Seiten der Industrie, sich im Département anzusiedeln. Das Département Haute-Garonne mit seinem (Industrie-)Zentrum Toulouse wird dagegen als in hohem Maße attraktiv eingeschätzt. Es weist Zuwanderungsgewinne und hinsichtlich Einkommensniveau und Industriebeschäftigte national überdurchschnittliche Werte auf. Die Agglomeration Toulouse erhält den höchsten nationalen Fördersatz, das restliche Département den durchschnittlichen Fördersatz. Es bestehen nach Angaben der Regionalplaner jedoch deutliche Ungleichgewichte in der Bevölkerungsverteilung zwischen Agglomeration und dem Umland, die als problematisch bewertet werden.

Bezogen auf die Région werden hauptsächlich drei Probleme genannt: 1. ein ungenügendes Arbeitsplatzangebot; 2. ein räumliches Ungleichgewicht der regionalen Wirtschaftsstruktur mit seiner Entleerungsgefahr für die Zonen schwacher Bevölkerungsdichte; 3. eine ungenügende Ausstattung mit Verkehrsverbindungen.

Daraus resultieren die drei grundlegenden Zielbereiche der Weiterbildung der Arbeitskräfte, der Umstrukturierung des ländlichen Raums sowie der Setzung von Anreizen zur wirtschaftlichen Entwicklung. Besonderes Gewicht wird auf den Ausbau der Straßenverbindungen gelegt sowie die Schaffung industrienaher Infrastruktur in den Zentren. Die Wohnungen gelten in allen Gebieten als veraltet und übervölkert, das Gesundheitswesen dagegen als gut ausgebaut.

4.1.2.3 Das irische Testgebiet

Das Testgebiet setzt sich zusammen aus den Planungsregionen (Programmräumen) Midwest und Southwest, wobei die Counties (Analyseräume) Clare, Limerick City, Limerick County und Tipperary N.R.[1] die Region Midwest bilden, County Kerry, Cork City und Cork County die Region Southwest. Das Testgebiet umfaßt insgesamt etwa 20.000 qkm, von denen weit mehr als die Hälfte zu dem Bereich gehören, der von der nationalen Förderungspolitik berücksichtigt wird. Außerhalb dieses Bereiches liegen die Städte Cork (die zweitgrößte Stadt des Landes) und Limerick (die drittgrößte Stadt).

Die Binnenstruktur des irischen Testgebietes ist einerseits gekennzeichnet durch mehrere Kerngebiete mit einem relativ starken Industriebesatz und entsprechenden Wanderungsgewinnen, andererseits durch weite industrieleere, weitgehend agrarisch ausgerichtete und entsprechend abwanderungsgefährdete Teilgebiete. Das wirtschaftliche Wachstum hat die Zentralität der Städte verstärkt, die Position der Randzonen aber, deren Entleerung beschleunigt wurde, verschlechtert. Die interne Raumgliederung, durch die Counties und offiziellen Planungsregionen institutionell vorgegeben, wurde aus Gründen der Daten-Verfügbarkeit ohne Änderung übernommen.

Region Midwest

Die Region bildet die nördliche Hälfte der im Südwest-Teil der Republik gelegenen Provinz Munster. Sie wurde als 'Planungsregion' gegenüber den Einflußgebieten der nächsten größeren Städte (Cork und Waterford) abgegrenzt und setzt sich aus mehreren kleineren Kerngebieten zusammen, zwischen denen sich industrieleere Räume erstrecken. Ihr urbaner Mittelpunkt, Limerick City, mit 58.000 Einwohnern die drittgrößte Stadt der Republik, litt bis in die jüngste Zeit unter wirtschaftlicher Stagnation. Deshalb kann von keinem attraktiven (Entwicklungs-)Zentrum der Region gesprochen werden. Der bis 1961 noch sehr

---

[1] North Riding

hohe Anteil an Berufstätigen, die in der Landwirtschaft beschäftigt waren,
ist zwischenzeitlich deutlich zurückgegangen. Dies wird seitens der befragten
Regionalplaner neben anderen Ursachen mit einem gewissen wirtschaftlichen Wachstum im Raum Limerick-Shannon erklärt. Dadurch hat sich jedoch die Position der
Randzonen relativ verschlechtert. Die gegenwärtige Struktur der Region insgesamt wird seitens der Regionalplaner daher als sehr ungünstig beurteilt, wobei sich dieses Urteil überwiegend auf das Arbeitsplatzdefizit bezieht. Immerhin sind die traditionell sehr hohen Wanderungsverluste in den letzten Jahren
rückläufig.

Region Southwest

Die Region bildet den südwestlichen Teil der Provinz Munster und wurde als
'Planungsregion' auf den regionalen Schwerpunkt Cork hin abgegrenzt. Cork City
ist mit 122.000 Einwohnern (1972) die zweitgrößte Stadt und neben Dublin einziger Raum der Republik Irland mit einer bedeutenden Industriekonzentration.
Zwei Drittel der Fläche von Cork County und County Kerry gehören zu dem Bereich, der von der nationalen Förderpolitik berücksichtigt wird. Hier sind die
Probleme ähnlich denen der Region Midwest. Sie sollen daher im folgenden ohne
Differenzierung zwischen den beiden Regionen so beschrieben werden, wie sie
seitens der befragten regionalen Repräsentanten zum Ausdruck gebracht wurden.

Die Abwanderung stellt das traditionell größte regionale Problem Irlands dar.
Sie ist eine Auswirkung der traditionell hohen (strukturellen) Arbeitslosigkeit. Hohe Arbeitslosigkeit und hohe Abwanderungsraten wiederum führen in beiden Regionen zum Verlust junger und aktiver Bevölkerungsteile. Dies kommt in
den Unterschieden der Altersstruktur zwischen den Städten und den ländlichen
Gebieten deutlich zum Ausdruck. Die Qualifikationsstruktur der Arbeitskräfte,
bis vor wenigen Jahren sehr niedrig, hat sich dank des Ausbaus des Schul-
systems deutlich verbessert. Sie weist damit jedoch eine wachsende Diskrepanz
zur relativ niedrigen Qualifikationsstruktur der (vorhandenen oder neu geschaf-
fenen) Arbeitsplätze auf. Von dieser Diskrepanz betroffen werden insbesondere
auch die weiblichen Berufstätigen, die (auf der Suche nach Arbeitsmöglichkeiten
im Dienstleistungsbereich) in die Städte abwandern, was zu einer stark un-
gleichgewichtigen Geschlechterrelation im ländlichen Raum führt. Es besteht
ein starkes Einkommensgefälle zwischen dem ländlichen Raum und den Städten
(insbesondere zu Dublin). Dem scheint jedoch seitens der Regionalplanung kein
allzu großes Gewicht beigemessen zu werden. Denn oberstes Ziel der irischen
Regionalpolitik ist die Schaffung möglichst vieler (industrieller) Arbeitsplätze, auf deren Qualität zwangsläufig weniger Gewicht gelegt werden kann.

Durch die Industrialisierung sollen die aus der Landwirtschaft freigesetzten
Arbeitskräfte, deren Anteil im europäischen Vergleich immer noch sehr hoch ist,
regional aufgefangen werden. Der Schwerpunkt des Infrastrukturausbaus liegt daher auch auf der industrienahen Infrastruktur. Während die Versorgung im Bereich des Bildungswesens, sowie des Gesundheitswesens als ausreichend bewertet
wird, bestehen Defizite im Wohnungswesen (überalterte Bausubstanz, Mangel an
Wohnraum) und im Verkehrswesen, dem angesichts der geringen Bevölkerungsdichte
besondere Bedeutung zukommt. Oberste Priorität der Regionalpolitik kommt aber,
wie immer wieder seitens der Repräsentanten betont wurde, in Irland der Industrialisierung zu, der alle weiteren (Versorgungs-)Ziele untergeordnet werden.

4.2 Die Konstruktion gebietsspezifisch aussagefähiger Indikatoren

Ursprünglich war vorgesehen, die Indikatoren für die einzelnen Testgebiete,
die den späteren exemplarischen Berechnungen zugrundegelegt werden sollten, unmittelbar orientiert an jeweiligen regionalen Entwicklungszielen zu konstruieren. Diese Ziele sollten sich, so die Hoffnung der Bearbeiter, aus den regionalen Entwicklungsplänen herleiten lassen. Angesichts der tatsächlichen
Abstraktionshöhe, Vagheit und Ambiguität der für die Testgebiete verfügbaren
Regionalprogramme ließ sich dieser methodische Anspruch jedoch faktisch nicht
einlösen. Dazu kam in den Gesprächen mit den interviewten politischen Repräsentanten und Planern in den einzelnen Regionen deutlich eine mangelnde Be-
reitschaft zu eindeutigen Zielaussagen zum Ausdruck. Die Indikatoren mußten
daher für jedes Testgebiet von den Bearbeitern selbständig konstruiert werden.
Besonders die Bewertungsleistungen, d.h. die Festlegung der Soll-Indikatoren
mit ihren Normwerten (Zielwerten, Schwellenwerten und Gestaltung der Bewertungsfunktionen) unterlag dabei der Subjektivität der Bearbeiter. Die Definition der Indikatoren als solcher dagegen wurde pragmatisch (und entsprechend
nachvollziehbar) vorgenommen. Es wurden nämlich (mit dem Anspruch, möglichst
umfassende gebietsspezifische Indikatorenkataloge zu erstellen) auf die Bezugspunkte[1] des eingangs erwähnten einheitlichen, heuristisch begründeten Bezugsrahmens hin gebietsweise die möglichen, d.h. von den Bearbeitern mit statistischen Daten abdeckbaren und zugleich sinnvoll erscheinenden Indikatoren
konstruiert. Die Konstruktion der Indikatoren als solcher war somit vorwiegend
an dem den Bearbeitern verfügbaren, gebietsspezifisch unterschiedlich umfangreichen Datenmaterial orientiert. Die verwendeten Daten mußten auch einen sinnvoll begründbaren Raumbezug aufweisen, der aber wiederum dann als gegeben

---

[1] Vgl. Abbildung 3.1.

angenommen wurde, wenn sie sich einem der vorgegebenen Bezugspunkte zuordnen ließen.

4.2.1 Die Konstruktion möglichst umfassender gebietsspezifischer Indikatorenkataloge

Die nationalen Raumordnungspläne und Regionalberichte bzw. Regionalprogramme der einzelnen Testgebiete wurden zunächst daraufhin untersucht, wieweit sich aus ihnen eine inhaltlich begründete Systematik von 'raumrelevanten' Zielbereichen herleiten ließ. Diese wurden als die (potentiellen) Bezugspunkte aussagefähiger Indikatoren in einem gebietsspezifischen Indikatorenkatalog angenommen. Die schließlich aber doch notwendigerweise einheitlich für alle 3 Testgebiete zu bestimmende Systematik von Zielbereichen als Bezugspunkte der vorzunehmenden Konstruktion gebietsspezifischer Indikatoren[1] sollte dann inhaltlich eine mögliche Symbiose der Untersuchungsergebnisse in den drei Testgebieten darstellen. Bei der Zuordnung von Indikatoren zu Zielbereichen stellen sich die Fragen nach der Relevanz einerseits, der Repräsentation andererseits. Erstere lautet: Ist ein bestimmter Zielbereich raumspezifisch relevant, d.h. sind die ihm zugeordneten Informationen für die regionale Situation aussagekräftig? Letztere lautet: Wieweit sind die für einen bestimmten Zielbereich verwendeten (statistisch abdeckbaren) Indikatoren in ihrer Gesamtheit repräsentativ für denselben, d.h. wieweit erlauben sie ein Gesamturteil über den betreffenden Zielbereich?

Die erste Frage soll durch den folgenden, wiederum aus Platzgründen nur sehr komprimiert möglichen Überblick über die gebietsspezifisch in Regionalberichten bzw. -programmen aufgeführten Zielbereiche der Regional- bzw. Raumordnungspolitik beantwortet werden. Die zweite Frage stellt sich erst nach der Konstruktion der (von der Datenbasis her) möglichen Indikatoren und ihrer Zuordnung zu den einzelnen Zielbereichen.

4.2.1.1 Die regionsspezifische Systematik des bayerischen Indikatorenkatalogs

Im föderalistischen Regierungssystem der Bundesrepublik Deutschland sind die Länder gemäß § 5 Abs. 4 des Bundesraumordnungsgesetzes verpflichtet, für ihr Gebiet übergeordnete und zusammenfassende Programme oder Pläne aufzustellen. Diese müssen die länderspezifischen Ziele der Raumordnung enthalten.

Das entsprechende Programm für das Bundesland Bayern - als Landesentwicklungsprogramm vom zuständigen Bayerischen Staatsministerium für Landesentwicklung und Umweltfragen ausgearbeitet und von der Staatsregierung als Rechtsverordnung beschlossen - nennt neben anderem die Bereiche, für die Ziele der Raumordnung und Landesplanung in fachlichen Programmen und Plänen aufgestellt werden können. Die eigentlichen Regionalpläne werden dann von den regionalen Planungsverbänden beschlossen. Die Regionalpläne sollen Aussagen über die anzustrebende Ordnung und Entwicklung der betreffenden Region in Form von Zielen der Raumordnung und Landesplanung treffen. Die Regionalpläne sollen gemäß Art. 17 des Bayerischen Landesplanungsgesetzes neben anderem Richtzahlen für die raumbedeutsamen Planungen und Maßnahmen der Bevölkerung und der Arbeitsplätze enthalten sowie Angaben über die Erschließung und Entwicklung der Region durch Einrichtungen des Verkehrs und der Versorgung, der Bildung und der Erholung sowie der sonstigen überörtlichen Daseinsvorsorge.

Ein vorrangiges Ziel der Raumordnungspolitik in Bayern ist der Abbau des zwischen Landesteilen bestehenden Gefälles der Lebens- und Arbeitsbedingungen, und zwar durch die gezielte Stärkung der schwächer entwickelten Gebiete. "Für die Beurteilung des Gefälles der Landesteile untereinander (aber) ist die Gesamtheit aller für die Lebens- und Arbeitsbedingungen maßgeblichen Bereiche heranzuziehen", ist eine "Vielzahl von raumbezogenen Indikatoren" zu verwenden.[1]

Das Landesentwicklungsprogramm unterscheidet zwischen drei Kategorien von Problemgebieten, die nach bestimmten Kriterien abgegrenzt werden:[2]
1. "zurückgebliebene Gebiete" nach Bevölkerungsdichte, Wanderungssaldo, Lohnniveau und Industriebesatz;
2. "zurückbleibende Gebiete" nach Wanderungssaldo, Altersstruktur und Beschäftigungsstruktur;
3. Zonenrandgebiet nach seiner geographischen Lage zur östlichen Staatsgrenze.

Diese Kriterien können aber schwerlich beanspruchen, die Gesamtheit aller für die Lebens- und Arbeitsbedingungen in Bayern als maßgeblich eingeschätzten Bereiche abzudecken. Fruchtbarer erscheint es deshalb, auf den allen Regionalberichten des Landes einheitlich vorgegebenen Rahmen zurückzugreifen, da diese Regionalberichte die Grundlage für die (noch zu erstellenden) Regionalpläne liefern sollen. Und diese Regionalpläne sollen die bereichsspezifischen Ziele enthalten, die dem Landesplanungs-Ziel der "Schaffung gleichwertiger Lebens- und Arbeitsbedingungen" sowie einer "ausgewogenen Wirtschafts- und Sozialstruktur" entsprechen. Der Rahmen der regional zu erstellenden Berichte (und wahrscheinlich auch der Programme) betrifft im einzelnen die Bereiche:
- Natürliche Umwelt
- Bevölkerung und Erwerbstätigkeit
  . Entwicklung und Bewegung der Bevölkerung
  . Stand und Verteilung der Bevölkerung

---

[1] Landesentwicklungsprogramm vom 26.8.1974, Teil A, S. 38 f.
[2] Vgl. Landesentwicklungsprogramm, a.a.O., Teil A, S. 51 ff.

. Altersaufbau

. Erwerbsstruktur

. Beschäftigungsstruktur

. Pendelwanderung

- Wirtschaft

. Land- und Forstwirtschaft

. Produzierendes Gewerbe

. Dienstleistungen

. Fremdenverkehr

. Wirtschaftliche Leistungsfähigkeit

- Versorgung

. Bildung und Kultur

. Sozial- und Gesundheitswesen

. Sport, Freizeit und Erholung

. Verkehrs- und Nachrichtenwesen

. Energie

. Trink-, Brauch- und Abwasser

. Abfallbeseitigung

. Luftreinhaltung

- Gestaltung der Umwelt und ihre Belastbarkeit

. Siedlungslandschaft

. Freie Landschaft

4.2.1.2 Die regionsspezifische Systematik des französischen Indikatorenkatalogs

Die Grundlage des aménagement du territoire im zentralistischen Regierungssystem Frankreichs ist der nationale "Plan", der in 5-Jahres-Abständen als Ergebnis der Zusammenarbeit nationaler und regionaler Instanzen erstellt wird. In einer vorbereitenden Phase erarbeiten die einzelnen Planungsregionen auf der Basis der allgemeinen Orientierungsrichtlinien der Regierungskommissionen einen "rapport régional d'orientation". Seine Funktion besteht darin, die grundlegenden Probleme der Region deutlich zu machen und den Kommissionen Informationen zur Verfügung zu stellen, die eine Bewertung der aktuellen Situation der Region ermöglichen. In einer zweiten Phase erstellen die Regionen die "esquisses régionales". Darin werden diejenigen Ziele der Regionen präzisiert, die mit den nationalen Zielvorstellungen der betreffenden Kommission kompatibel sind. In einem ersten Teil der "esquisses" wird der Rahmen der regionalen Entwicklung abgesteckt. In einem zweiten Teil werden finanzielle Aufwendungen für die einzelnen Infrastruktureinrichtungen bzw. Infrastrukturkategorien vorgeschlagen. Dabei wird unterschieden zwischen Ausstattungen erster (von nationalem Interesse), zweiter (von regionalem Interesse), dritter (von départementalem Inter-

esse) und vierter (von lokalem Interesse) Kategorie. Spezifisch für die Regionalpläne im zentralistischen Frankreich ist deren restriktive Strukturierung
durch nationale Instanzen, die einer eigenständigen Ausgestaltung und Schwerpunktsetzung durch die Regionen keinen Spielraum einräumt. Der Rahmen der Regional-
programme betrifft im einzelnen die Bereiche:
- schulische und berufliche Ausbildung und Erziehung (education et formation)
- Gesundheitswesen
- soziale, kulturelle und Verwaltungsausstattung
- Flächennutzung, natürliche Umwelt
- Entwicklung von Verdichtungsräumen
- Verkehrsverbindungen
- ökonomische Entwicklung.
Ausstattungen von übergeordneter Seite werden festgelegt für die Bereiche:
- Post- und Fernmeldewesen
- Wohnungswesen
- Forschung.

4.2.1.3 Die regionsspezifische Systematik des irischen Indikatorenkatalogs

Im zentralistischen Regierungssystem Irlands existiert weder ein nationales
Raumordnungsprogramm, noch ist überhaupt die Rechtsgrundlage dazu in Form eines
'Raumordnungsgesetzes' gegeben. Die Planung der Siedlungsstruktur, Erwerbsstruktur und (öffentlichen) Infrastruktur wird sachlich und räumlich weitgehend
isoliert voneinander durchgeführt. Für die Siedlungsstruktur (d.h. die Flächennutzung), die lokalen Straßen, Ver- und Entsorgung sowie den Bereich des
'Housing' ist die Verwaltung der Counties verantwortlich, die Kosten müssen
aber von der Regierung in Dublin bewilligt werden. Für die Schaffung von (industriellen) Erwerbsmöglichkeiten ist die weitgehend unabhängig operierende,
halböffentliche Industrial Development Authority (IDA) verantwortlich, für die
Infrastruktureinrichtungen aber die zentralstaatlichen Fachressorts. Eine effek-
tive Koordination zwischen diesen Instanzen findet bisher nicht statt. Dabei
wird seit Anfang der sechziger Jahre auch für die Republik Irland der politische Anspruch auf ein umfassendes Konzept integrierter physischer und ökonomi-
scher Planung erhoben. So hatte gemäß dem 'Local Government (Planning and
Development) Act' von 1963 jedes Gebiet der lokalen Ebene (Cities und Counties)
einen Entwicklungsplan aufzustellen, den sogenannten County Development Plan.
Zweck dieser Programme sollte laut der Regierungserklärung zur Regionalpolitik
von 1969 die Darstellung des Entwicklungspotentials eines jeden Counties sein,
wobei der Schwerpunkt der Darstellung auf jenen Faktoren liegen sollte, die
das jeweilige ökonomische Wachstum hinderten bzw. förderten. Zwecks Koordination dieser Pläne ist die Republik seit 1969 in neun Planungsregionen aufge-

teilt. Als regional koordinierende Instanzen fungieren die Regional Development Organisations, die Regionalberichte in Form additiver Zusammenfassungen der County Programme erstellen. Diese können von daher jedoch nicht die Bedeutung eigentlicher Regionalpläne erhalten. Denn die Regional Development Organisations verfügen über keine eigene Zielsetzungskompetenz. Und die County Programme beschränken sich auf die üblichen Sektoren der physischen Infrastruktur.

Die für den weitaus gewichtigsten Teil der irischen Regionalpolitik, die Industrialisierungspolitik, verantwortliche IDA erstellt in eigener Verantwortung regionalisierte 5-Jahres-Pläne, sogenannte Regional Industrial Plans, in denen aber lediglich Anzahl und Standort der geplanten (besser: gewünschten) industriellen Arbeitsplätze festgelegt werden. "The regional plans provide the guidelines for industrial development and establish a target profile for industrial job creation for the next five years." [1] In der Regierungserklärung zur irischen Regionalpolitik von 1969 werden die folgenden Zielbereiche dieser Politik aufgeführt:
- Erwerbsmöglichkeiten
- regionale Mobilität
- industrienahe Infrastruktur
- gesamtwirtschaftliches Wachstum.

Die besonders förderungsbedürftigen Gebiete Irlands werden anhand von Kriterien identifiziert, die sich auf folgende Bereiche beziehen:
- allgemeine Bevölkerungsentwicklung
- regionale Geschlechter-Relation
- Altersstruktur
- Erwerbsstruktur
- Arbeitslosigkeit.

Die haushaltsnahe Infrastruktur (mit Ausnahme des Bereichs 'Housing') scheint für die irische Regional- und Raumordnungspolitik eine eher untergeordnete Rolle zu spielen. Angesichts der traditionell hohen Arbeitslosigkeit und ihren unmittelbaren Folgeproblemen (Abwanderung, Überalterung) dominiert hier eindeutig die regionalwirtschaftliche Perspektive.

4.2.1.4 <u>Die gebietsspezifischen Indikatorenlisten innerhalb eines einheitlichen Bezugsrahmens</u>

Für die abgestimmte Konstruktion der gebietsspezifischen Indikatoren muß nunmehr

---

[1] Irish Industrial Development Authority, Regional industrial plans 1973-77, Preliminary statement, Dublin 1972, S. 17.

zunächst auf der Grundlage der oben beschriebenen Ergebnisse ein einheitlicher
Bezugsrahmen für heuristische Zwecke erstellt werden, der so weit gefaßt ist,
daß er alle gebeitsspezifischen Problembereiche und Bedarfskategorien ein-
schließt. Gleichzeitig aber dürfen die einzelnen Bezugspunkte nicht so allgemein
formuliert sein, daß sie keine (möglichst) eindeutige inhaltliche Abgrenzung
der zugehörigen Informationen mehr zulassen. Daher sollen durchaus auch Bezugspunkte aufgenommen werden, die nur ein einzelnes Gebiet als 'raumrelevant' betreffen. Diese Bezugspunkte wären dann eben nur mit Indikatoren des betreffenden Gebietes soweit wie statistisch möglich abzudecken. Formal soll sich der
einheitliche Bezugsrahmen aus bestimmten, in der regionalen Wirklichkeit einheitlich erfaßbaren Komponenten der Regionalstruktur und den diesen zugeordneten
(ganz überwiegend einheitlichen, z.t. aber auch heterogenen) Zielbereichen zusammensetzen. Da Komponenten sowie Zielbereiche (s. Abb. 3.1) selbst nicht unmittelbar gemessen werden können, sollen die Zielbereiche als Bezugspunkte der Indikatoren dann wiederum in einzelne, weitgehend nur gebietsspezifisch quantifizierbare Aspekte aufgespalten werden. Diese sollen dann durch die entsprechend
gebietsspezifischen Indikatoren gemessen werden. Die zu definierenden Indikatoren sollen sich somit auf solche quantifizierbaren Aspekte beziehen, die inhaltlich (möglichst) eindeutig einem bestimmten Zielbereich als ihrem entsprechenden "Oberbegriff" zuzuordnen sind.

Als zusammenfassendes Resultat der entsprechenden Auswertungsergebnisse für
Bayern, Frankreich und Irland lassen sich für die weitere Untersuchung die folgenden Elemente der (formalen) Indikatorenkonstruktion einheitlich für alle
drei Testgebiete definieren:
- die Bevölkerungsentwicklung und Altersstruktur
- die Siedlungsstruktur
- die Sozialstruktur
- die Arbeitsmarktstruktur
- die Infrastruktur.
Diesen Elementen sind ihre "funktionalen" Zielbereiche zugeordnet, deren In-
halte im einzelnen aus dem folgenden Schema (Abb. 4.4) ersichtlich werden.
Das Schema geht von einer Hierarchie raumordnungspolitischer Ziele aus, die
mit den demographischen, sozialen, ökonomischen und physischen Komponenten der
Regionalstruktur als den Elementen des Indikatorenkatalogs assoziiert sind.
Die inhaltliche Reichweite dieses Bezugsrahmens wird aber insofern bereits
durch die Daten-Restriktion eingeengt, als an sich gebietsspezifisch wichtige
Komponenten (wie z.B. Umweltbedingungen) und zugehörige Bereiche mangels regionalisierter Daten in den Testgebieten von vornherein ausgeklammert bleiben
(s. Abb. 4.4).

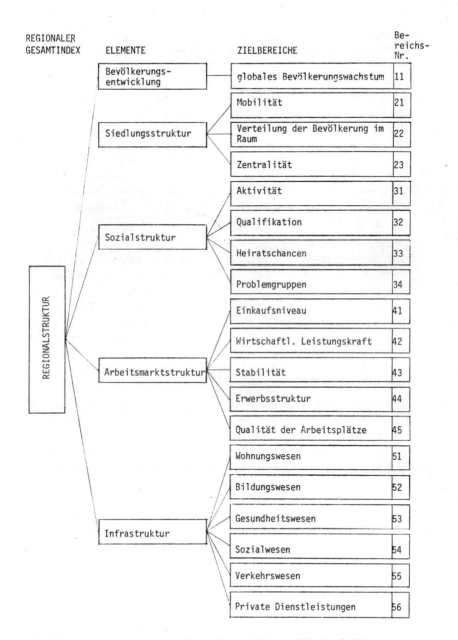

Abb. 4.4: <u>Einheitliches Bezugsschema der Definition gebietsspezifischer Indikatoren</u>

Gleichzeitig mit der Befragung der im Planungsbereich Tätigen auf ihre gebietsspezifischen Probleme hin wurden die (potentiell) problemrelevanten
Daten vor Ort gesammelt. Damit sollten jene später zu definierenden, die regionalen Problemperzeptionen "präzisierenden" und quantifizierenden Indikatoren statistisch abgedeckt werden. Die "Datensammlung" erwies sich z.T. als
sehr mühsame Sucharbeit. So ist die zwischen verschiedenen Ämtern in verschiedenen Landesteilen unkoordinierte Erhebung statistischer Daten insbesondere in
Irland ein Hindernis. Aber auch in Frankreich und Bayern treten Schwierigkeiten auf, die daraus resultieren, daß die für unterschiedliche Aufgabenbereiche
verantwortlichen Ämter an verschiedenen Orten über verschieden erhobene (potentiell) relevante Daten verfügen. Dies betrifft beispielsweise in Bayern die
Arbeitslosenstatistik, deren Zahlen - nach eigenen Arbeitsamtsbezirken erhoben - mit Kreisdaten nicht kompatibel sind.

Die gesammelten Daten sind aufbereitet, entsprechend der einheitlichen Systematik des oben dargestellten heuristischen Bezugsrahmens der Indikatorenkonstruktion gebietsspezifisch geordnet[1] und in einer Datenbank gespeichert.
Auf der Basis dieser gebietsspezifisch verfügbaren Daten und der gebietsspezifischen Problemperzeptionen wurden innerhalb des einheitlichen Bezugsrahmens
die statistisch abdeckbaren Indikatoren für die Zielbereiche definiert. Die
entsprechenden Indikatorenprogramme wurden in Form einer Indikatoren-Bibliothek
gespeichert, so daß unter Verwendung dieser Bibliothek und der Datenbank die
Ist-Werte jedes Indikators für alle Bezugsräume berechnet werden können und
daher jederzeit im Programmsystem zur Verfügung stehen.

Diese gebietsspezifisch möglichst umfassenden, entsprechend dem gebietsspezifisch
unterschiedlichen Datenangebot aber verschieden umfangreichen Indikatorenkataloge sind in den folgenden Tabellen (Tab. 4.2, 4.3 und 4.4) abgebildet. In diesen Katalogen fehlen die Bezugspunkte und damit die entsprechenden Indikatoren
zur Bevölkerungsentwicklung (mit Ausnahme der Wandersalden) sowie zur Siedlungsstruktur, obwohl entsprechende Daten verfügbar sind und entsprechende Indikatoren definiert werden können. Diese Indikatoren werden aber nicht, wie
die in den Tabellen aufgeführten Indikatoren, als Ziel- bzw. Problemindikatoren verwandt, sondern sie werden als sogenannte klassifizierende Indikatoren
der Raumtypisierung zugrundegelegt. Sie beziehen sich somit auf die Randbedingungen der der Region aus überregionalen Gesichtspunkten zugestandenen Ansprüche und Bedürfnisse, nicht auf diese Ansprüche und Bedürfnisse selber.
Diese Randbedingungen und die entsprechende Raumtypisierung sind Gegenstand
des folgenden Unterkapitels.

---

[1] Vgl. die systematisierte "Synopse der gebietsspezifisch verfügbaren Daten"
im Anhang.

Tab. 4.2: Die verfügbaren Regionalindikatoren für Bayern

Zielbereichs-Nr.	I N D I K A T O R	Indikatoren-Nr.
21	homogen: Wanderungsgewinne	1
31	homogen: Anteil Erwerbsfähiger	2
31	homogen: Spezifische Aktivitätsrate (Anzahl 20-44 J. auf 100 Einw. 64 J. u. älter)	3
31	Erwerbsquote	10
32	Anteil (%) EW mit mittlerer Reife als höchstem Schulabschluß an der Wohnbevölkerung	11
32	Anteil (%) EW mit Abitur als höchstem Schulabschluß an der Wohnbevölkerung	12
32	Anteil (%) EW mit Hochschulabschluß an der Wohnbevölkerung	13
32	Anteil (%) EW mit Berufsfach- oder Ingenieurschulabschluß an der Wohnbevölkerung	14
34	Anzahl EW insgesamt je Ausländer	15
34	Anzahl EW je Sozialhilfeempfänger	16
41	Lohn- und Gehaltssumme je Beschäftigtem in der Land- und Forstwirtschaft (1.000,--DM)	17
41	Lohn- und Gehaltssumme je Beschäftigtem im produzierenden Gewerbe (1.000.--DM)	18
41	Lohn- und Gehaltssumme je Beschäftigtem im privaten Dienstleistungsbereich (1.000,--DM)	19
42	BIP je Kopf der Wohnbevölkerung	20
43	homogen: Nicht-Arbeitslosenquote	4
44	homogen: Anteil Erwerbstätiger im 2. und 3. Sektor	5
45	Industriell Beschäftigte auf 1.000 EW	21
46	Anteil (%) der Facharbeiter an den Arbeitern insgesamt	22
51	homogen: Anzahl Wohnräume auf 100 EW	6
51	homogen: Anteil WE mit Bad oder Dusche	7
51	Anteil (%) der Wohneinheiten mit Bad, WC und Sammelheizung an allen Wohneinheiten	23

- Fortsetzung nächste Seite -

noch Tab. 4.2: Die verfügbaren Regionalindikatoren für Bayern

Zielbereichs- Nr.	INDIKATOR	Indikatoren- Nr.
52	Realschüler auf 100 EW im Alter 10-15 Jahre	24
52	Gymnasiasten auf 100 EW im Alter 10-18 Jahre	25
52	Berufsschüler auf 100 EW im Alter 15-18 Jahre	26
52	Anzahl Lehrer auf 1.000 Realschüler	27
52	Anzahl Lehrer auf 1.000 Gymnasiasten	28
52	Anzahl Lehrer auf 1.000 Berufsschüler	29
52	Anzahl Lehrer auf 1.000 Volksschüler	30
52	besetzte Lehrstellen im gewerblichen Bereich auf 100 EW im Alter 15-21 Jahre	31
52	besetzte Lehrstellen im kaufmännischen Bereich auf 100 EW im Alter 15-21 Jahre	32
53	homogen: Krankenbetten auf 1.000 EW	8
53	homogen: Praktische Ärzte auf 10.000 EW	9
53	Akutkrankenbetten auf 100 EW	33
54	Anzahl Kindergartenplätze auf 100 EW im Alter 3-5 J.	34
54	Anzahl Altenheimplätze auf 100 EW im Alter über 64 J.	35
54	Anzahl Freibäder auf 10.000 EW	36
54	Anzahl Hallenbäder auf 10.000 EW	37
54	Anzahl Sporthallen auf 10.000 EW	38
55	Anzahl km Bundesautobahn auf 1.000 qkm Fläche	39
55	Anzahl km Bundesstraße auf 1.000 qkm Fläche	40
55	Anzahl Pkw auf 1.000 EW	41
57	Anzahl Gästebetten auf 1.000 EW	42
57	Großhandelsumsatz auf 1.000 EW (1.000,--DM)	43
57	Einzelhandelsumsatz auf 1.000 EW (1.000,--DM)	44
57	im Handwerk Beschäftigte auf 1.000 EW	45
57	im privaten Dienstleistungsbereich Beschäftigte auf 1.000 EW	46
57	im öffentlichen Dienstleistungsbereich Beschäftigte auf 1.000 EW	47

Tab. 4.3: Die verfügbaren Regionalindikatoren für Frankreich

Zielbereichs-Nr.	I N D I K A T O R	Indikatoren-Nr.
21	homogen: Wanderungsgewinne	1
31	homogen: Anteil Erwerbsfähiger	2
31	homogen: spezifische Aktivitätsrate	3
31	Erwerbsquote	48
34	Anzahl EW je Ausländer	49
41	durchschnittlicher Jahreslohn der Männer (FFR)	50
41	durchschnittlicher Jahreslohn der Frauen (FFR)	51
43	homogen: Nicht-Arbeitslosenquote	4
44	homogen: Anteil Erwerbstätiger im 2. und 3. Sektor	5
46	Anteil (%) der qualitfizierten Arbeiter am allen Erwerbstätigen	52
46	Anteil (%) der Arbeiter mit spezialisierter Berufsausbildung an allen Erwerbstätigen	53
51	homogen: Anzahl Wohnräume auf 100 EW	6
51	homogen: Anteil WE mit Dusche oder Bad	7
52	Anteil Schüler/Studenten im Alter 15-19 J.	54
52	Anteil Schüler/Studenten im Alter 20-24 J. an den EW im Alter 20-24 J.	55
52	Besetzte Lehrstellen auf 100 EW im Alter 15-19 J.	56
52	homogen: Krankenhausbetten auf 1.000 EW	8
53	homogen: Praktische Ärzte auf 1.000 EW	9
55	Anzahl Hotelzimmer auf 1.000 EW	57
56	im privaten Dienstleistungsbereich Beschäftigte auf 1.000 EW	58
56	im öffentlichen Dienstleistungsbereich Beschäftigte auf 1.000 EW	59

Tab. 4.4: Die verfügbaren Regionalindikatoren für Irland

Zielbereichs-Nr.	I N D I K A T O R	Indikatoren-Nr.
21	homogen: Wanderungsgewinne	1
31	homogen: Anteil Erwerbsfähiger	2
31	homogen: spezifische Aktivitätsrate	3
32	Anzahl Sec.-school-leavers/100 EW	60
33	weibliche EW im Alter 30-49 J. auf 100 männliche EW im Alter 30-49 J.	61
33	weibliche EW auf 100 männliche EW in rural areas	62
41	Einkommen 1969 pro Kopf der Wohnbevölkerung 1971 (1.000 Pfund)	63
43	homogen: Nicht-Arbeitslosenquote	4
43	IDA-Ausgaben 1973-74 pro Kopf der Wohnbevölkerung 1971	64
44	homogen: Anteil Erwerbstätiger im 2. u. 3. Sektor	5
51	homogen: Wohnräume 100/EW	6
51	homogen: Anteil WE mit Bad oder Dusche	7
51	Anteil der nach 1940 erbauten Wohneinheiten (%)	65
52	Anteil (%) der Schüler in Sec.-School an den EW im Alter 12-19 J.	66
52	Anteil Lehrer auf 100 Schüler in Sec.-Schools	67
53	homogen: Krankenhausbetten/1.000 EW	8
53	homogen: Praktische Ärzte/1.000 EW	9
54	Personen in Altenpflegeeinrichtungen auf 10.000 EW im Alter über 65 J.	68
54	Freibäder/10.000 EW	69
54	Hallenbäder/1.000.000 EW	70
54	Bibliotheken/10.000 EW	71
55	Anzahl km Nat.Primary Roads auf 1.000 qkm Fläche	72
55	Anzahl km Nat.Secondary Roads auf 1.000 qkm Fläche	73
55	Anzahl km County Roads auf 1.000 qkm Fläche	74
55	Anzahl Pkw auf 1.000 EW	75

4.2.2 Die Definition normativer Indikatoren

Die in den Indikatorenlisten zusammengestellten Indikatoren sollen in ihrer Gesamtheit ein differenziertes Bild raumspezifischer Entwicklung, Ausstattung, Versorgung und Leistung vermitteln. Jeder einzelne Indikator hat dabei nur aspekthaften Charakter, bezieht sich nur auf einen isolierten Sachverhalt. Sobald diese Indikatoren aber nicht mehr nur reine Zustandsaussagen enthalten sollen, sondern gleichzeitig auch als Maßstab zur Aufdeckung von regionalen (Entwicklungs- und Versorgungs-)Defiziten dienen, kommt der Festlegung der "richtigen" Normwerte entscheidende Bedeutung zu. Erst die Bestimmung derartiger Normwerte (z.B. als Bedarfswerte oder Normversorgungsgrade), Voraussetzung des angestrebten Ist-Soll-Vergleichs, macht die Definition der normativen Indikatoren im Sinne raumspezifisch bewertender Zustandsaussagen möglich und damit die Verwendbarkeit der Indikatoren im Rahmen des in § 3.3 beschriebenen Verfahrens.

Die Normwerte der einzelnen Indikatoren beschränken sich aber im Sinne des Verfahrens nicht nur auf die (angestrebten bzw. der Bewertung zugrundegelegten) Ziel- bzw. Bedarfswerte. Sie schließen zugleich die Schwellenwerte der Bewertung - die realen (z.B. Versorgungs-)Werte, von denen erst überhaupt eine Zielerreichung größer 0 angenommen wird - sowie die Gestaltung der Bewertungsfunktionen - die relative Bewertung unterschiedlicher Zielerreichungsgrade - ein. Die Normwerte sollten in dieser Untersuchung zunächst in Anlehnung an bereits als quantifiziert vorgegebene regionale Entwicklungsziele festgelegt werden. Jedoch wird die Regionalplanung in keinem der Testgebiete diesem generellen methodischen Anspruch derart gerecht, daß einzelne oder gar eine Mehrzahl der gebietsspezifisch aufgelisteten Indikatoren mit 'empirisch abgeleiteten' Normwerten im oben beschriebenen Sinne bewertet werden können.

So sollen die im bayerischen Landesentwicklungsprogramm (LEP) gemäß Art. 4 Abs. 1 des Landesplanungsgesetzes aufgestellten"Ziele der Raumordnung und Landesplanung" zwar so konkret formuliert sein, daß z.B. ein Ermessensspielraum der durch dieselben gebundenen öffentlich-rechtlichen Planungsträger nicht mehr gegeben ist.[1] Seitens der befragten Regionalplaner wurde den Bearbeitern gegenüber jedoch Kritik an der mangelhaften Konkretisierung der landesplanerischen Ziele dieses Programms geäußert. Die erforderliche weitere Konkretisierung der Landespla-

---

[1] Mayer/Engelhardt/Heltig: Landesplanungsrecht in Bayern, München 1973, S.6 (Kommentar zu Art. 4).

4.2.2.1 Die exemplarische Festlegung von Normwerten

Wie oben bereits betont und begründet wurde, konnte der ursprüngliche Anspruch, die Normwerte empirisch abzuleiten, praktisch nicht realisiert werden. Angesichts der Tatsache, daß in den Raumordnungspolitiken der von uns ausgewählten Testgebiete quantifizierte Ziele

- entweder prinzipiell keine Bedeutung haben (Irland)
- oder prinzipiell zwar von Bedeutung sind, die Regionalplanung aber noch nicht den entsprechenden Stand erreicht hat (Bayern)
- oder prinzipiell von Bedeutung sind und auch formuliert sind, aber in der vorliegenden Form für die Untersuchung nicht verwendbar sind (Frankreich),

mußten die Normwerte für die einzelnen verfügbaren Indikatoren gleichsam stellvertretend für die Regionalpolitiker von den Bearbeitern festgelegt werden.

Die der Definition der normativen Indikatoren zugrunde gelegten Normwerte haben somit durchweg rein exemplarischen Charakter. Um dabei in einem "realistischen" Rahmen zu bleiben, sind diese Normwerte - trotz der in § 2 und 3 geäußerten grundsätzlichen Kritik an diesem Vorgehen - doch wieder in Anlehnung an errechnete Durchschnittswerte (verschiedener Art, u.a. auf nationaler Basis) bestimmt. Für die methodische Zielsetzung des Projekts ist dies jedoch ohne große Bedeutung, denn die Werte innerhalb des Testlaufprogramms werden variiert. Diese exemplarische Bestimmung der Normwerte bedeutet jedoch, daß die numerischen Ergebnisse der im Rahmen der Untersuchung durchgeführten Berechnungen kein objektives Bild vermitteln können. Denn eine "objektive" oder "wissenschaftlich fundierte" Setzung von Normwerten, über die per definitionem nur (politisch-)normativ entschieden werden kann, ist nicht möglich.

Entsprechend den methodologischen Ausführungen in § 3.2 bedeutet die Festlegung von Normwerten bei einer Reihe von Indikatoren (insbesondere im Infrastrukturbereich) jedoch, daß für diese "plausible" Normwerte nicht gleichsam räumlich abstrakt, sondern nur in Abhängigkeit vom Flächenumfang der konkreten räumlichen Bezugseinheit einerseits, von deren relativer Position und Funktion innerhalb ihres übergeordneten Gesamtraums andererseits bestimmt werden können. Denn beide Faktoren sind von entscheidender Bedeutung dafür, ob die normativen Indikatoren mit hinreichender Aussagefähigkeit und Genauigkeit den jeweiligen Zielerreichungsgrad angeben oder nicht.

Der Flächenumfang der Raumeinheiten ist politisch-institutionell vorgegeben und länderweise sehr unterschiedlich. Formal einheitlich wird aber für alle Testgebiete eine Einteilung in drei hierarchisch angeordnete räumliche Ebenen (eine Basisebene und zwei Aggregationsebenen) angenommen, die mit Ausnahme Frankreichs

nungsziele in Bayern zum Zwecke ihrer Vollziehbarkeit schließt daher notwendigerweise auch ihre Quantifizierung in Form von Normwerten (der Raumnutzung und raumbezogenen Versorgung) ein. Die Regionalpläne, in denen diese Landesplanungsziele regionalisiert werden, befinden sich aber erst in der Entwurfsphase.

Die Programmes régionaux de développement et d'équipement in Frankreich enthalten Angaben über sektorale Rahmenpolitiken und abgeleitete Investitionsprogramme der Regionen. Diese müssen wiederum möglichst präzise und quantifizierbare Ziele enthalten. Bezüglich des normativen Postulates regionsspezifischer Normwerte ist hier jedoch die (von Zielentscheidungen auf nationaler Ebene) weitgehend abhängige Position der Regionen zu berücksichtigen. Darüber hinaus wurde die Verwendbarkeit vorgegebener regionaler Ziele im Rahmen dieser Untersuchung für Frankreich eingeschränkt durch spezifische statistische Probleme im Hinblick auf die quantitative Erfassung von teilräumlichen Zielwerten. Diese ergaben sich daraus, daß sowohl die Sektoren, für die Zielwerte festgelegt werden, als auch die Datenbasis zur Messung der Zielerreichung in bestimmten Sektoren von Plan zu Plan - je nach den akuten Problemfeldern - verschieden definiert werden; weiterhin, daß Zielwerte für die Départements, die den in dieser Untersuchung durchgeführten Berechnungen als die Analyseräume der Ebene 1 zugrundegelegt werden, nicht verfügbar sind. Die Zielwerte werden nur für die - im Vergleich etwa zu den bayerischen Planungsregionen - allzu großräumig dimensionierten Régions formuliert. Eine vorläufige départementweise Zuweisung von regional verfügbaren Zielwerten erwies sich allein deshalb als schwierig, weil die Zielwerte ausschließlich in Budgetausgaben je Sektor der Planung angegeben zu werden pflegen und für den Fünf-Jahres-Zeitraum des Nationalplans gelten.

In der Republik Irland tendiert das Regierungs- und Verwaltungshandeln zu sehr pragmatisch getroffenen Entscheidungen, ohne auch nur die Ansätze einer Grundlegung durch generalisierbare Ziele, Programme oder Konzeptionen aufzuweisen.[1] Eine eigentliche Raumordnungspolitik gibt es in Irland nicht und dementsprechend auch kein Raumordnungsprogramm. "Regionalpläne" werden zwar durch die Industrial Development Authority (IDA) für einen Fünf-Jahres-Zeitraum erstellt. Die darin enthaltenen Zielwerte beschränken sich jedoch auf die Angabe der in diesem Zeitraum regional zu schaffenden industriellen Arbeitsplätze, und zwar in absoluten Zahlen. Die durch die Regional Development Organisations (RDO) erstellten "Regionalpläne" beschränken sich auf eine additive Zusammenstellung der zugehörigen County Plans. Die County Plans aber treffen Aussagen nur über physische Objekte, sie sind fast ausschließlich projektorientiert. Regionale Entwicklungsziele im Sinne des methodischen Anspruches dieser Untersuchung sind auch für Irland deshalb nicht verfügbar.

---

1) Vgl. J.D.O'Donnell: How Ireland is governed, Dublin 1974.

aber ebenfalls politisch vorgegeben ist. Für eine Verwendung der bestehenden
politischen Gliederung spricht über die in § 2.2 erwähnten politisch-administrativen Gesichtspunkte hinaus auch der statistische Gesichtspunkt, daß ein Teil
der benötigten Daten der amtlichen Statistik in keiner anderen regionalen Gliederung verfügbar ist bzw. aufbereitet werden kann. Daß dabei heterogene Teilgebiete z.T. statistisch so zusammengefaßt werden, "daß die tatsächlichen räumlichen Verhältnisse nicht wiedergegeben werden können"[1], muß dabei zwangsläufig
in Kauf genommen werden. Dieses oben bereits erwähnte sog. "Durchschnittspro-
blem" stellt sich jedoch bei jeder Gebietsabgrenzung.

Die (hierarchische) Zusammenfassung einer Reihe von Raumeinheiten der Basisebene (den sog. Analyseräumen) zu einer aggregierten Raumeinheit (dem sog. Programmraum) ist begründet in der räumlichen Größendimension spezifisch 'regionaler' Ausstattungen und Versorgungseinrichtungen. Eine (kleinräumig) homogene
Ausstattung jedes Analyseraums - von dessen tatsächlichen Raumdimensionen im
gebietsspezifischen Einzelfall wird bei dieser grundsätzlichen Argumentation
bewußt abstrahiert - etwa mit Infrastruktureinrichtungen ist aus zahlreichen,
vorwiegend ökonomischen Gründen nicht möglich. "Eine großräumige sozioökonomische
Analyse unter Einschluß der räumlichen Dimension muß deshalb notwendigerweise
diese Inhomogenitäten beachten und Regionen zum Ausgangspunkt haben, die entweder zumindest eine gewisse großräumige Homogenität aufweisen oder in denen bestimmte als wichtig für die Analyse angesehene sozioökonomische Beziehungen
stärker als zu den übrigen Orten bzw. Regionen des betrachteten Gebietes auftreten."[2]

Angesichts der Tatsache, daß auch die untersuchten Programmräume als 'Regionen'
institutionell vorgegeben waren,[3] konnten die genannten Gesichtspunkte nicht
unmittelbar entscheidend für die Bestimmung der regionalen Programmräume auf
der Basis der Analyseräume sein. Es wird im Hinblick auf die (exemplarische)
Festlegung regionaler Normwerte jedoch angenommen, daß die vorgegebenen Regionen
als "Funktionsräume" im Sinne der genannten sozioökonomischen Beziehungen zwischen ihren zugehörigen Analyseräumen abgegrenzt seien. Die Programmräume der
Aggregationsebene sind somit (so wird angenommen) sich in beträchtlichem Umfang
selbst genügende (wenn auch zwischen den einzelnen Testgebieten durchaus unter-

---

[1] H. Brede, G. Ossorio: Begriff und Abgrenzung der Region unter besonderer Berücksichtigung der Agglomerationsräume, München 1967, S. 11.

[2] R. Jochimsen, F. Ortmann, J.M. Reiche u.a.: Grundfragen einer zusammenfassenden Darstellung raumbedeutsamer Planungen und Maßnahmen, a.a.O., S. 32.

[3] mit der genannten Ausnahme für Frankreich

schiedlich große) "Regionen, innerhalb deren dann jeweils Probleme der lokalen
Spezialisierung, der inneren Komplementarität und des Binnenausgleichs zwischen
den Einzelstandorten im Blick auf die ganze Region ... als "Frunktionsraum"
geregelt werden."[1]

Nun werden jedoch Normwerte zum Zwecke der Indikatorenbewertung, d.h. der Definition von normativen Indikatoren, nicht nur für die regionale Ebene des Programmraums, sondern auch für den einzelnen zugehörigen Analyseraum auf der Basisebene bestimmt. Denn auch auf dieser Ebene sollten bereits Ausstattungs- und Ver-
sorgungssituationen als möglicherweise "defizitär" bewertet werden können. Die
Interpretation der regionalen Aggregationsebene als "Funktionsraum" hat daher
für die Festlegung der analyseräumlichen Normwerte eine doppelte Konsequenz.
Die der (Entwicklungsbedürftigkeits-)Bewertung zugrunde gelegten Normwerte
(Ziel- und Bedarfswerte) werden sich bei Indikatoren, die die Ausstattung mit
Versorgungseinrichtungen unterschiedlicher Zentralität quantifizieren, erstens
zwischen dem einzelnen Analyseraum und dem gesamten Programmraum grundsätzlich
unterscheiden müssen. Sie werden sich zweitens aus Gründen der interregionalen
Funktionsteilung (zwischen den einbezogenen Teilräumen) auch zwischen den Ana-
lyseräumen unterscheiden müssen. Voraussetzung für die Berücksichtigung der
zuletzt genannten Konsequenz ist eine 'funktionsadäquate' Klassifizierung der
Analyseräume. Diese soll eine raumtypenspezifisch differenzierte Bestimmung von
Normwerten für bestimmte, raumfunktionale Aspekte beschreibende Indikatoren
ermöglichen.

4.2.2.2 Die Unterscheidung raumtypspezifisch differenzierter Normwerte

Die oben bereits angedeutete Interpretation der (aggregierten) Programmregionen
als "Funktionsräume" geht von einem "Modell funktionaler Systemregionen" [2] aus.
Dieses Modell verbindet inhaltlich Überlegungen der Theorie der zentralen Orte
mit dem Wachstumszentrenkonzept. Aus der Verknüpfung beider Theorieansätze ergibt sich die Vorstellung, daß die unterschiedlichen Teilräume eines Programmraums zur Erfüllung unterschiedlicher Aufgaben unterschiedliche Potentiale aufweisen. Entsprechend der potentialabhängigen Arbeitsteilung zwischen den Teilräumen einer funktionalen Systemregion sind für bestimmte Indikatoren die Normwerte nur teilräumlich-funktionsspezifisch zu bestimmen. Welche Indikatoren
innerhalb welcher Zielbereiche dies konkret betrifft, ist abhängig von dem
zugrunde gelegten Konzept räumlicher Funktionsteilung, d.h. von den als "räumlich geteilt" angenommenen Funktionen.

---

[1] D. Bartels: Die Abgrenzung von Planungsregionen in der Bundesrepublik Deutsch-
land - eine Operationalisierungsaufgabe, in: Ausgeglichene Funktionsräume,
Grundlagen für eine Regionalpolitik des mittleren Weges. Veröffentlichungen
ARL, Forschungs- und Sitzungsberichte Bd. 94, Hannover 1975, s. 93.

[2] so D. Bartels: Die Abgrenzung ..., a.a.O., S. 93

Bei der in dieser Untersuchung vorgenommenen raumspezifischen Differenzierung
von Normwerten für einzelne Indikatoren wird grundsätzlich von den folgenden regionalen Modellvorstellungen ausgegangen. Unter ökonomischen Gesichtspunkten
wird prinzipiell angenommen, daß wirtschaftliche Entwicklung gewisse Untergren-
zen der Urbanität und des infrastrukturellen Versorgungsniveaus (Urbanitätser-
sparnisse) sowie des sektoralen Verbundes (Lokalisationsersparnisse) voraussetzt.[1]

Unter soziologischen Gesichtspunkten wird grundsätzlich angenommen, daß in
hochindustrialisierten Gesellschaften städtische Lebensbedingungen von der über-
wiegenden Mehrzahl der Bevölkerung angestrebt werden. Diese Annahme ist als
solche jedoch nur mit starken Vorbehalten auf sog. Übergangsgesellschaften, die
in unserer Untersuchung etwa durch das irische Testgebiet repräsentiert werden, übertragbar. Die Konsequenz aus dieser Annahme wiederum ist, daß regionale
Entwicklungsförderung nicht in der Förderung kleiner zentraler Orte bestehen
sollte, sondern in der Orientierung der in ländlichen Zonen lebenden Bevölkerungsteile auf vorrangig auszubauende Siedlungsschwerpunkte hin.

Vor dem Hintergrund dieser Gesichtspunkte wird eine gewisse regionale Konzentration des Versorgungsangebotes als notwendig akzeptiert. Diese sollte ein Ausmaß erreichen, das in der Lage ist, der regionalen Wirtschaftsentwicklung relevante Impulse zu geben. Die Implikationen derartiger Modellvorstellungen für
die Festlegung raumspezifischer Ziel- und Bedarfswerte im Rahmen dieser Untersuchung sind:
a) Wegen der Agglomerationsvorteile und Infrastrukturersparnisse bei einer gewissen Zentralisierung des Arbeitsplätze- und des Versorgungsangebotes wird
prinzipiell die Notwendigkeit des Vorhandenseins (mindestens) eines regionalen
Schwerpunktes oder Schwerpunktbereiches innerhalb jedes (regionalen) Programmraums angenommen. Dieser Schwerpunktbereich sollte sich als Teilraum mit der
(im regionalen Kontext) relativ stärksten Verdichtung von Bevölkerung und Arbeitsplätzen in Verbindung mit einer deutlichen Zentralisierung von Einrichtungen des regionalen Versorgungsbedarfs auszeichnen. Er wird als (regionaler)
"Verdichtungsraum" bezeichnet.

---

[1] Vgl. dazu D. Marx: Zur Konzeption ausgeglichener Funktionsräume, in: Aus-
geglichene Funktionsräume, Grundlagen für eine Regionalpolitik des mittleren
Weges, Veröffentlichungen ARL, Forschungs- und Sitzungsberichte Bd. 94,
Hannover 1975, S. 8.

b) In Ergänzung dieses "Verdichtungsraums" wird aus Gründen, die hier global nur als (mögliche) Verdichtungsnachteile bezeichnet werden sollen, die gleichzeitige Notwendigkeit einer gewissen dezentralen Verdichtung von Bevölkerung und Arbeitsplätzen in "Übergangsräumen" angenommen. Diese regionalen Teilräume sollen sich zugleich durch eine gewisse Konzentration von Einrichtungen des subregionalen Versorgungsbedarfs auf ihrem Territorium auszeichnen.

c) Die weiteren regionalen Teilräume werden dann als "Ländliche Räume" mit spezifischen Aufgaben innerhalb ihres (programm-räumlichen) Gesamtraums angenommen. Sie partizipieren an den im urbanen Zentrum der Region zentral konzentrierten regionalen Versorgungseinrichtungen sowie an den dezentral konzentrierten subregionalen Versorgungseinrichtungen. Sie haben darüber hinaus jedoch auch eigene, kleinräumiger relevante Versorgungsstandards zu erfüllen.

Um dieser räumlich-funktionalen Arbeitsteilung zwischen den einzelnen Teilräumen eines regionalen Programmraums im Sinne einer funktionalen Systemregion gerecht zu werden, wurde die Möglichkeit geschaffen, die Bedarfswerte der einzelnen Teilräume hinsichtlich bestimmter 'funktionsrelevanter' Indikatoren je Teilraum 'funktionsadäquat' zu differenzieren. Um nicht jeden einzelnen Analyseraum gesondert hinsichtlich seiner spezifischen Funktionen und Bedürfnisse innerhalb seines übergeordneten Programmraums untersuchen zu müssen, wird dabei auf das Hilfsmittel der räumlichen Klassifizierung zurückgegriffen. Die Komplexität raumspezifischer Normwerte im Ausmaß von 38 Analyseeinheiten der Basisebene wird damit in unserer Untersuchung auf diejenige raumtypenspezifischer Normwerte im Ausmaß von 3 Raumtypen reduziert. Bei diesen Raumtypen handelt es sich in Analogie zu den oben umrissenen Modellvorstellungen um den Typus des Verdichtungsraumes, des Übergangsraums und des Ländlichen Raums. Den jeweiligen Klassifikationskriterien kommt dabei entscheidende Bedeutung zu.

Nach der Art der Kriterien, mit deren Hilfe die Analyseräume auf ihre Zugehörigkeit zu einem bestimmten Raumtypus hin geprüft werden, wurden in § 3.2 zwischen homogenen "Strukturregionen" einerseits und "funktionalen Regionen" andererseits unterschieden. Für die Zwecke unserer Untersuchung bietet sich eine Verknüpfung beider Aspekte dahingehend an, daß versucht wird, strukturell-funktionale Raumtypen zu definieren. Analyseräume mit relativ gleichartiger räumlicher Struktur und relativ gleichartiger "Funktion" innerhalb ihres übergeordneten Programmraums werden dann für die Bestimmung ihrer spezifischen Bedarfswerte zu einem Raumtypus zusammengefaßt. Durch die Bestimmung der Zuordnungs- und Mindestgrößenkriterien sowie ihrer Schwellenwerte P_s[1] werden Aussagen über die Struktur der Programmräume vorweggenommen. Für die teilräumliche Funktionserfüllung

---

[1] vgl. Abbildung 3.3

müssen bestimmte strukturelle Voraussetzungen erfüllt sein. Die Wahl der relevanten Klassifikationskriterien und die Bestimmung der Schwellenwerte P_s sind normative Entscheidungen des Forschers bzw. des Politikers. Diese Entscheidungen sind bei einer rationalen Festlegung räumlicher Förderprioritäten integraler Bestandteil des Bewertungsprozesses. Denn für einen einzelnen Analyseraum wie für seinen übergeordneten Programmraum können sich erhebliche Auswirkungen auf ihre Förderchancen ergeben, je nachdem, ob an die gegebene Lage die Bewertungsmaßstäbe des Verdichtungsraums mit seinem oberzentralen Versorgungsbedarf, des Übergangsraums mit seinem mittelzentralen Versorgungsbedarf oder des Ländlichen Raums mit seinem unterzentralen Versorgungsbedarf angelegt werden.

Auf der Grundlage der oben beschriebenen Modellvorstellungen funktionaler Systemregionen und ihrer implizierten Zielsetzungen wird der analyseräumlichen Differenzierung indikatorenspezifischer Normwerte folgende axiomatische Raumtypologie unter Verwendung der in Verbindung damit erwähnten klassifizierenden Indikatoren zugrundegelegt:

a) Analyseräume werden als Verdichtungsräume klassifiziert unter Verwendung teilweise gebietsspezifischer Indikatoren aus den Bereichen Siedlungsstruktur (Bevölkerungsdichte, Anteil "(groß-)städtischer Bevölkerung" und Erwerbsstruktur (Anteil Erwerbstätige im 2. und im 3. Sektor). Für diese Indikatoren wurden gebietsspezifisch festgelegte untere Schwellenwerte bestimmt. Die einzelnen Ergebnisse der Indikatoren werden gewichtet und zu einer 'Gesamtentscheidung' linear kombiniert.

b) Analyseräume werden als Übergangsräume klassifiziert unter Verwendung zunächst der gleichen Indikatoren wie oben. Die unteren Schwellenwerte der Verdichtungsräume bilden die oberen Schwellenwerte der Übergangsräume. Sie werden durch untere Schwellenwerte ergänzt. Als zusätzliche Klassifikationskriterien treten überwiegend gebietsspezifische Indikatoren der Bereiche Bevölkerungsentwicklung (mit Schwerpunkt auf dem Wanderungssaldo) sowie Aktivitätspotential (Erwerbsquote und Altersstruktur im jeweiligen Zeitvergleich) mit jeweils gebietsspezifischen unteren Schwellenwerten hinzu. Die Ergebnisse je klassifizierendem Indikator werden ebenfalls gewichtet und zu einer 'Gesamtentscheidung' linear kombiniert.

c) Analyseräume werden als Ländliche Räume klassifiziert, wenn die gewichtete Zusammenfassung der Ergebnisse der unter Punkt b) aufgeführten klassifizierenden Indikatoren als 'Gesamtentscheidung' ihre Klassifizierung als Übergangsräume ausschließt.

Die Zuordnung der einzelnen Analyseräume zu den auf die beschriebene Weise abgegrenzten Raumtypen erfolgt dann, wie in § 3.3.3.4 ausgeführt, im Rahmen der Be-

rechnungen endogen innerhalb des Programmsystems durch das spezifische Programm
TYPIS. Die Klassifizierung der Analyseräume durch TYPIS erfolgt in drei Klassi-
fizierungsstufen mit jeweils spezifischen Kategorien von 'klassifizierenden'
Indikatoren. Jede Stufe berücksichtigt das Ergebnis der vorherigen Stufe und
weiterhin zusätzliche Indikatoren. Das Ergebnis der Stufe 3 (Tabelle 4.2) entspricht daher der "Gesamt-Typisierung". Durch Variation der für die Typenzuord-
nung je Indikator maßgebenden Schwellenwerte wurde die Sensitivität der Typisierungsergebnisse getestet. Insgesamt wurden, wie aus der Tabelle 4.2 ersichtlich, fünf Läufe[1] mit unterschiedlichen Schwellenwerten durchgeführt, um die
Empfindlichkeit der Ergebnisse zu testen. Die Schwellenwerte werden an dieser
Stelle nicht dokumentiert, sie weisen im einzelnen jedoch keine extremen Unterschiede zum Basislauf (Lauf 1) auf. Sie liegen durchweg noch in einem "plausibel
begründbaren" Bereich.

Die Tabelle zeigt, daß sich - insgesamt gesehen - nur geringfügige Änderungen
in der Klassifizierung der Analyseräume infolge einer Änderung der Schwellenwerte ergeben. Nur wenige Analyseräume weisen somit Werte im engeren Bereich
der Schwellenwerte auf, die keine 'eindeutige' Zuordnung zu einem Raumtyp zulassen. Das Programm TYPIS mit den Schwellenwerten des Laufes 1 produziert somit - auf der Grundlage der ausgewählten 'klassifizierenden' Indikatoren - relativ eindeutige (Typisierungs-)Ergebnisse.

Diese Typisierung nach Homogenitätskriterien wird jedoch gemäß dem oben erhobenen Anspruch durch eine exogen vorgenommene Zuordnung der einzelnen Analyseräume zu den drei Raumtypen unter funktionalen Gesichtspunkten ergänzt. Diese Zuordnung erfolgte arbiträr, aber immerhin aufgrund der im Laufe der Untersuchung
gewonnenen Kenntnisse über die einzelnen Teilräume und ihre Regionen.

Als nächster Schritt werden nun sämtliche in den jeweiligen Indikatorenkatalogen
aufgelisteten Indikatoren daraufhin untersucht, ob ihre Bewertungsmaßstäbe
(Normwerte) raumtypenspezifisch (strukturell-funktional) und damit zugleich zwi-
schen Analyseraum und Programmraum als unterschiedlichen räumlichen Ebenen zu
differenzieren seien oder nicht. Das Ergebnis ist in jedem Falle eine normative
Entscheidung, auch wenn sie teilweise 'plausibel begründbar' sein mag. Auf diese
Weise ergab sich inhaltlich-materiell das in § 3.3.4 technisch dargestellte
Klassifikationsschema der Indikatoren.

---

[1] Die Spalten L_1 bis L_5 in der Tabelle entsprechen den Typisierungsergebnis-
sen von fünf Läufen bzw. ihren Typisierungsänderungen gegenüber Lauf 1.

Tab. 4.5: Überblick über die Typisierungsergebnisse bei Variation der Schwellenwerte

Land	Region	Stufe 1					Stufe 2					Stufe 3					Regionsnamen
		L1	L2	L3	L4	L5	L1	L2	L3	L4	L5	L1	L2	L3	L4	L5	
1	1	V	UE				V	L				V	L				Bamberg S
1	2	V	UE				V	L				V	L				Coburg S
1	3	L					UE	L				UE	L	L			Bamberg L
1	4	UE	L				L			L		L					Coburg L
1	5	L			UE		UE			L		L					Forchheim
1	6	UE	L				L					L					Kronach
1	7	L			UE		V	L				V	L				Lichtenf. S
1	8	V	UE				V	L				V	L				Bayreuth S
1	9	V	UE				V	L				V	L				Hof S
1	10	L					L					L					Bayreuth L
1	11	UE	L				L					L					Hof L
1	12	L			UE		L					L					Kulmbach
1	13	UE					L					L					Wunsiedel
1	14	L					L					L					Tirschenr.
1	15	V	UE				V	UE				V	UE				Erlangen S
1	16	V	UE				V	L				V	L				Fürth S
1	17	V					V					V					Nürnberg S
1	18	UE			V	V	UE			V		UE		V			Schwabach S
1	19	UE	L				UE	L				UE	L				Erlangen L
1	20	UE	L				UE	L				UE	L				Nürnberg L
1	21	UE					UE					UE					Fürth L
1	22	L			UE		UE					UE					Roth
1	23	L					L					L					Ansbach S
1	24	L					L					L					Ansbach L
1	25	L					L					L					Neustadt/A
1	26	L					V					V					Weißenburg
2	1	L					UE					UE					Toulouse
2	2	L					L					L					Haute-G.o.T.
2	3	L					L					L					Ariège
2	4	L					L			UE		L					Aude
2	5	V					L		UE	UE		L		UE		UE	Pyr.-OR.
3	1	V					V					V					Cork City
3	2	L					L					L					Cork County
3	3	L					V					V					Kerry
3	4	V					V					V					Lim. City
3	5	L					L					L					Lim. County
3	6	L					L					L					Tipp. N.R.
3	7	L					L					L					Clare

Legende:

Land Nr. 1   Bayern
Land Nr. 2   Frankreich
Land Nr. 3   Irland

V   Verdichtungsraum
UE   Übergangsraum
L   Ländlicher Raum

$L_1 \ldots L_5$ Läufe 1, ..., 5

Bei Läufen 2 bis 5 sind nur Änderungen gegenüber dem Ergebnis von Lauf 1 eingetragen.

4.3 Durchgeführte Interdependenzanalysen

An verschiedenen Stellen der Verfahrensbeschreibung von § 3.3, insbesondere
bei der Diskussion der Aggregation, der Substituierbarkeit und Komplementarität von Indikatoren und bei der Beschreibung des angewandten Raumtypisierungs-
prozesses, in dem klassifizierende Indikatoren gewichtet und linear aggregiert
werden, wurde darauf hingewiesen, daß auf jeden Fall zumindest eine routine-
mäßige Interdependenzanalyse durchgeführt werden muß, bevor Indikatoren aggregiert oder Raumeinheiten mittels aggregierter Indikatoren typisiert werden
können. Dieses Kapitel stellt in knapper Form die Ergebnisse und Konsequenzen
dieser mehrmals erwähnten statistischen Analyse dar. Die Knappheit ist angebracht, weil diese Analysen unter der Verwendung standardisierter und allgemein
bekannter statistischer Verfahren durchgeführt wurden.

4.3.1 Die verfügbare Statistik

Die räumliche Aggregationsstufe der in § 5 dargestellten numerischen Arbeit ist
die Analyseebene Ebene 1. Auf dieser Ebene werden jedoch in Irland und Frankreich in der Untersuchung nur 7 bzw. 5 Raumeinheiten berücksichtigt und diese
haben nur 9 (homogene) Indikatoren gemeinsam. Von der Anzahl der Freiheitsgrade
her ist es daher nicht möglich, einzeln oder gemeinsam in Irland und Frankreich
Indikatoreninterdependenzen statistisch zu untersuchen. Die Anzahl der Regionen
verbietet auch für diese Länder eine die Raumtypisierung unterstützende Anwendung von Clusterverfahren - auch ist dies nicht notwendig, da in den gewählten
Referenzgebieten in Irland und Frankreich nur ein einziges Ergebnis der Typisierung zulässig ist, nämlich Toulouse, Cork City und Limerick City als
"Verdichtungsräume" und alle anderen Raumeinheiten als "Ländliche Räume". In
Bayern andererseits werden auf dieser Ebene 26 Stadt- und Landkreise berücksichtigt, für die eine Gesamtanzahl von 47 Indikatoren zur Verfügung steht -
wovon nicht alle als inhaltlich relevant für einen versorgungsorientierten Indikatorenkatalog beurteilt werden (vgl. die Indikatorenliste von Tab. 4.2
mit der hierarchisch aufgebauten Liste in § 4.4.2).

Die statistische Analyse wurde aus diesen Gründen nur für die Ebene 1 im Referenzgebiet in Bayern unternommen; eine Ausnahme bildet eine einfache Korrela-
tionsermittlung für die homogenen Indikatoren für alle drei Referenzgebiete von
insgesamt 38 Raumeinheiten auf Ebene 1.

4.3.2 Einfache Regressionsanalysen

Alle 47 Indikatoren für die Analyseebene 1 und zu dem spätesten verfügbaren
Zeitpunkt im Referenzgebiet in Bayern (Tab. 4.2) wurden zunächst miteinander
korreliert. Die Matrix der Ergebnisse (Bestimmtheitsmaße) zeigt auffallend ge-

ringe Abhängigkeit zwischen den Indikatoren. Die höchsten Bestimmtheitsmaße (für die Anzahl der Freiheitsgrade nicht korrigiert) sind in Tab. 4.6 einge-

Tab. 4.6: Höchste Bestimmtheitsmaße (B) für die bayerischen Indikatoren

Indikatorennr.	1	2	3	4	5	6	7	8
höchster B (%)	55	62	48	44	32	31	89	60
bei Korr. mit Ind.nr.	41	18	1	14	19	45	23	26
Anzahl B unter 30 % (max.Anz. = 46)	44	31	43	39	44	45	29	34

Indikatorennr.	9	10	11	12	13	14	15	16
höchster B (%)	89	26	77	92	92	78	53	48
bei Korr. mit Ind.nr.	31	8	9	13	12	23	2	11
Anzahl B unter 30 % (max.Anz. = 46)	27	46	22	33	28	28	38	36

Indikatorennr.	17	18	19	20	21	22	23	24
höchster B (%)	32	77	63	75	69	20	89	38
bei Korr. mit Ind.nr.	15	12	32	32	18	13	7	25
Anzahl B unter 30 % (max.Anz. = 46)	44	33	31	23	41	46	33	40

Indikatorennr.	25	26	27	28	29	30	31	32
höchster B (%)	86	90	21	24	16	22	90	87
bei Korr. mit Ind.nr.	9	31	40	21	33	4	26	31
Anzahl B unter 30 % (max.Anz. = 46)	27	31	46	46	46	46	28	29

Indikatorennr.	33	34	35	36	37	38	39	40
höchster B (%)	69	46	43	43	14	30	61	35
bei Korr. mit Ind.nr.	31	13	33	11	16	4	13	45
Anzahl B unter 30 % (max.Anz. = 46)	29	38	36	41	46	45	39	45

Indikatorennr.	41	42	43	44	45	46	47
höchster B (%)	55	19	57	27	70	69	69
bei Korr. mit Ind.nr.	1	38	11	19	31	47	46
Anzahl B unter 30 % (max.Anz. = 46)	42	46	34	46	30	33	36

tragen, bei der zu sehen ist, daß nur ca. die Hälfte der Indikatoren ein höchstes Bestimmtheitsmaß von über 50 % erreichen und daß sogar 20 der 47 Indikatoren lediglich in 6 oder weniger Fällen Bestimmtheitsmaße von über 0,3 aufweisen, wenn sie mit allen anderen korreliert werden. Die Gesamtmatrix der Bestimmtheitsmaße ist in der Tat dominiert von Zahlen unter 0,1.

Die "interessantesten" Indikatoren und ihre Bestimmtheitsmaße sind in Tab. 4.7 dokumentiert, und diese Indikatoren können vorläufig als die (gegenseitig) abhängigsten bezeichnet werden. Neun dieser 17 Indikatoren beziehen sich auf die Bereiche der Qualifikationsstruktur der Wohnbevölkerung, Bildung und Berufsbildung (s. Tab. 4.2), so daß eine sofortige Hypothese aufzustellen ist, daß diese Bereiche bei Verwendung aller Kennziffern mit abhängigen Indikatoren überbeschrieben werden. Aus diesem Grund und weil keine höheren nichtlinearen Abhängigkeiten festgestellt wurden, wurde im Zielbereich 44 (Arbeitsplatzqualität) einer "versorgungsorientierten" Regionalpolitik auf die Indikatoren 11 und 12 als zusätzlich nichtsaussagend verzichtet - s. § 4.4.2. Die anderen in Tab. 4.7 angesprochenen Zielbereiche sind meistens mit einem, höchstens mit zwei Indikatoren vertreten, so daß - umgekehrt - kein zwingender Grund für weitere abhängigkeitsbedingte Streichungen aus dem Indikatorenkatalog besteht.

Die im allgemeinen nachgewiesene Unabhängigkeit der bayerischen Indikatoren soll nochmals betont werden. Die auf Tab. 4.6 und 4.7 dargestellten Ergebnisse sind erstens für die Anzahl der Freiheitsgrade (nämlich 24 für eine lineare Anpassung) nicht korrigiert, wobei korrigierte Bestimmtheitsmaße von weniger als 0,08 gleich Null gesetzt werden, Werte von 0,50 als 0,46 erscheinen, sowie Werte von 0,90 zu 0,89 korrigiert werden. Nur Werte über 0,707 sind zweitens auf dem 5 %-Signifikanzniveau als größer 0,5 abgesichert. Drittens bringt die Verteilung der 26 Beobachtungen häufig ein überhöhtes Bestimmtheitsmaß hervor, da die Verdichtungsräume Nürnberg Stadt und Erlangen Stadt u.a. mit ihrer überregionalen Versorgungsfunktion abseits liegende Beobachtungen verursachen, die sich positiv auf das Ergebnis auswirken. Eine Nachprüfung bestimmter linear sowohl "gut" als auch "schlecht" korrelierter Indikatoren auf die Möglichkeit des Auftretens höherer Bestimmtheitsmaße bei nichtlinearen Anpassungsformen zeigte, daß bedeutende Verbesserungen mit einer einzigen Ausnahme (Indikator 21 mit Indikator 13 für Bayern) nicht zu erzielen waren (vgl. Tab. 4.8) - und diese Ausnahme war gerade einer der Fälle, in dem Erlangen Stadt eine weit abseitsliegende Beobachtung aufwies. Eine zusätzlich zu den Indikatoren 11 und 12 abhängigkeitsbedingte Streichung von Indikatoren ist aufgrund dieser Ergebnisse (auch) nicht zu begründen, so daß bei der Bildung eines Indikatorenkatalogs für eine "versorgungsorientierte" Regionalpolitik die von der Gesamtliste der verfügbaren Indikatoren (Tab. 4.2) zusätzlich zu den Nummern 11 und 12 gestrichenen Indikatoren - nämlich Nr. 1, 2, 3, 10, 15, 16, 20, 21 und 41 - wegen ausschließlich inhaltlicher

Tab. 4.7: <u>Ausgewählte Bestimmtheitsmaße bei einfacher linearer Korrelation der 47 bayerischen Indikatoren</u>[*]

Indikator-Nr.	7	9	11	12	13	14	19	20	23	24	25	26	31	32	33	46	47
7	1,0																
9	0,47	1,0															
11	0,64	0,77	1,0														
12	0,56	0,28	0,45	1,0													
13	0,62	0,47	0,61	0,91	1,0												
14	0,70	0,31	0,63	0,64	0,70	1,0											
19	0,35	0,60	0,58	0,19	0,25	0,21	1,0										
20	0,50	0,64	0,66	0,41	0,52	0,36	0,59	1,0									
23	0,89	0,26	0,50	0,72	0,68	0,79	0,19	0,38	1,0								
24	0,11	0,37	0,22	0,05	0,10	0,06	0,07	0,17	0,05	1,0							
25	0,41	0,86	0,74	0,30	0,52	0,36	0,44	0,56	0,24	0,38	1,0						
26	0,25	0,83	0,63	0,13	0,30	0,18	0,51	0,55	0,10	0,32	0,76	1,0					
31	0,33	0,89	0,70	0,22	0,40	0,24	0,63	0,66	0,16	0,30	0,77	0,90	1,0				
32	0,29	0,80	0,61	0,18	0,32	0,15	0,63	0,75	0,14	0,29	0,70	0,82	0,86	1,0			
33	0,30	0,67	0,49	0,37	0,51	0,23	0,47	0,54	0,22	0,31	0,55	0,65	0,69	0,65	1,0		
46	0,04	0,35	0,36	0,03	0,08	0,03	0,43	0,47	0,01	0,14	0,33	0,52	0,52	0,68	0,32	1,0	
47	0,01	0,25	0,31	0,09	0,18	0,07	0,19	0,30	0,00	0,09	0,30	0,45	0,42	0,40	0,34	0,69	1,0

[*] berechnet für die räumliche Ebene 1 zu dem spätesten verfügbaren Zeitpunkt (vgl. Tab. 4.2)

Tab. 4.8: Zusammenfassung der nichtlinearen Korrelationsanalysen

Referenz-Gebiet	unabhängige Variable [1] (Indikatornr.)	abhängige Variable (Indikatornr.)	Analyse-Gruppe [2]	lineare Anpassung B [3]	negativ oder positiv korreliert	"beste" nicht-lineare Anpassung B [3]	Anpassungs-nummer [4]
Bayern	1	2	A	0,0000	pos.	0,0000	-
B+F+I	1	2	A	0,0000	pos.	0,0962	6
B+F+I	1	3	A	0,0564	pos.	0,0926	7
Bayern	1	41	B	0,5136	pos.	0,5499	13
Bayern	4	14	B	0,3904	pos.	0,4165	11
Bayern	5	19	B	0,2675	pos.	0,4861	11
Bayern	18	21	B	0,6669	pos.	0,6538	2
Bayern	19	32	B	0,5994	pos.	0,7578	2
Bayern	20	32	B	0,7331	pos.	0,8492	8
Bayern	21	13	B	0,3338	pos.	0,6801	11
Bayern	37	45	C	0,0000	pos.	0,1116	2
Bayern	37	46	C	0,0361	neg.	0,0334	3
Bayern	16	10	C	0,0000	pos.	0,0098	3
Bayern	16	37	C	0,0726	pos.	0,0692	3
Bayern	9	25	D	0,8484	pos.	0,8695	6
Bayern	9	26	D	0,8123	pos.	0,8353	6
Bayern	9	31	D	0,8859	pos.	0,8906	6
Bayern	12	13	D	0,9085	pos.	0,9357	11
Bayern	26	31	D	0,8956	pos.	0,8988	14
Bayern	26	32	D	0,8062	pos.	0,8850	2
Bayern	31	32	D	0,8554	pos.	0,9043	4
Bayern	31	33	D	0,6693	pos.	0,6588	6

[1] Die Wahl, welche Variable als "abhängig" oder "unabhängig" betrachtet wird, erscheint hier manchmal inhaltlich umgekehrt; nicht zu vergessen ist aber, daß nachzuprüfen war, inwieweit eine nichtlineare Beziehung vorhanden war - d.h. die Analyse war eine Korrelations- und nicht eine Regressionsanalse.

Für die Fußnoten 2), 3) und 4) siehe die nächste Seite.

Überlegungen gestrichen worden sind (s. § 4.4, insb. § 4.4.2).

Ein Bereich der einfachen Abhängigkeitsanalyse bleibt immer noch unberücksichtigt, nämlich die Nachprüfung, inwieweit die raumtypklassifizierenden Indikatoren Abhängigkeiten aufweisen. Diese für die 26 bayerischen Analyseräume verwendeten Indikatoren sind:

Nr. 1. Bevölkerungsdichte (Einw./km^2)

Nr. 2. Prozentsatz der urbanen Bevölkerung (in Gemeinden von über 1000 Einw.)

Nr. 3. Anteil (Prozent) der nichtlandwirtschaftlichen Beschäftigung

Nr. 4. Bevölkerungszuwachs (pro 1000 Einw. und Jahr)

Nr. 5. Geburtenziffer (Lebendgeborene auf 1000 Einw. pro Jahr)

Nr. 6. Wanderungssaldo (pro 1000 Einw. und Jahr)

Nr. 7. Spezifische Aktivitätsratenänderung (1961-1970, s. Nr. 8.)

Nr. 8. Spezifische Aktivitätsrate (20 bis 44 Jährige im Verhältnis zu den über 64 Jährigen).

Nur zum Teil sind diese Indikatoren identisch mit den Regionalindikatoren von Tab. 4.2 - sie sind daher für die Beschreibung der statistischen Analyse wie oben durchnummeriert.

Fußnoten zu Tabelle 4.8

[2] Kodierte Gruppen: A = homogene Indikatoren unter sich
B = die Abhängigkeit anderer von möglichen "dominant" zu benennenden Indikatoren
C = Indikatoren, die linear "schlecht" korrelieren
D = Indikatoren, die linear "gut" korrelieren.

[3] Bestimmtheitsmaße korrigiert für die Anzahl der Freiheitsgrade.

[4] Angepaßt wurden die folgenden nichtlinearen Funktionen, wobei a, b, c, ... Regressionskoeffizienten sind:

Nr.	Anpassung
1.	$y = a + bx + cx^2$
2.	$y = a + bx + cx^2 + dx^3$
3.	$\ln y = a + bx$
4.	$\ln y = a + bx + cx^2$
5.	$y = a + b\ln x$
6.	$y = a + b\ln x + c(\ln x)^2$
7.	$\ln y = a + b\ln x$
8.	$\ln y = a + b\ln x + c(\ln x)^2$
9.	$y = a + bx^{-1}$
10.	$y = a + bx^{-1} + cx^{-2}$
11.	$y = a + be^{cx}$
12.	$y = a + bxe^{cx}$
13.	$y = a + bx^2 e^{cx}$
14.	$y = a + b(x + x^2)e^{cx}$

Tab. 4.9 stellt die Matrix der Bestimmtheitsmaße (für die Anzahl der Freiheitsgrade nicht korrigiert) bei einer linearen Korrelation dieser Indikatoren dar.
Es treten nur drei Werte auf, die auf eine Abhängigkeit hinweisen, und eine Nachprüfung der Korrelationen bei nichtlinearen Anpassungsformen (s. Fußnote 4) zu
Tab. 4.8) wies einheitlich nur geringfügig erhöhte Bestimmtheitsmaße auf, so
daß starke nichtlineare Beziehungen nicht vorhanden sind. Die drei "guten"
Bestimmtheitsmaße (für die Indikatoren 4 und 5 mit Nr. 8 und Nr. 6 mit Nr. 4)
stellen keine Überraschungen dar. Die erkannten Abhängigkeiten müssen bei der
Aggregation von Indikatoren innerhalb des Systemteils TYPIS (s. § 3.3.3.4 und
insbesondere § 4.2.2.2) berücksichtigt werden. Die Kenntnis dieser Abhängigkeiten
diente in der Tat dazu, bei der Raumtypisierung folgende Effekte zu vermeiden:
1. eine unbeabsichtigte Überbetonung dieser Indikatoren, wie es z.B. passieren
   kann, wenn sie alle in den Prozeß mit relativ niedriger Gewichtung einbezogen
   würden;
2. eine beabsichtigte aber zu hoch ausfallende Betonung dieser Indikatoren, wie
   es z.B. passieren kann, wenn zwei oder mehr derselben mit relativ hohen Gewichtungen versehen würden;
3. unbeabsichtigte Wechselwirkungen dieser Indikatoren durch ihre Einbeziehung
   in die verschiedenen Stufen des Typisierungsprozesses (s. § 4.2.2.2).

Tab. 4.9: Bestimmtheitsmaße der klassifizierenden Indikatoren

kl.Indik.nr.	1	2	3	4	5	6	7	8
1	1,0							
2	0,48	1,0						
3	0,32	0,12	1,0					
4	0,03	0,15	0,05	1,0				
5	0,21	0,25	0,17	0,41	1,0			
6	0,00	0,07	0,01	0,86	0,14	1,0		
7	0,10	0,17	0,03	0,04	0,19	0,00	1,0	
8	0,01	0,11	0,00	0,71	0,57	0,49	0,11	1,0

4.3.3 Mehrfachregressions-Analysen

Das Bestehen oder Nichtbestehen einfacher linearer oder nichtlinearer Beziehungen zwischen den Regionalindikatoren hat keinen Aussagewert bezüglich des Vorhandenseins multivariater Beziehungen. Da in dieser Untersuchung Indikatoren "multivariat" aggregiert werden (s. die meisten Systemläufe in § 5), ist eine multivariate Interdependenz-Untersuchung angebracht. Ähnlich wie in § 4.3.2 soll es das Ziel sein, Erkenntnisse über das Vorhandensein von Abhängigkeiten zu gewinnen, um sowohl gewisse Effekte der Ober- oder Unterbetonung, als auch unbeabsichtigte Wechselwirkungen anderer Art bei einer Aggregation von gewichteten Indikatoren zu vermeiden. Die durchgeführte multivariate statistische Analyse beschränkte sich auf die Anwendung von Mehrfachregressions-Verfahren und der Clusteranalyse. Eine zu dem in § 3.3 entwickelten Bewertungsverfahren konkurrierende Faktorenanalyse, die ebenfalls angewandt werden könnte, um "Förderungsbedürftigkeit" zu definieren (dies wäre nur für die von der Statistik einheitlich abgedeckten bayerischen Analyseräume möglich), wurde nicht unternommen - mit der Anzahl der homogen verfügbaren und homogen definierten Indikatoren im europäischen Rahmen kann sie nicht angewandt werden. In diesem Unterkapitel wird die unternommene lineare Mehrfachregressions-Arbeit beschrieben, die beispielhaft nur für Bayern durchgeführt wurde.

Eine vollständige multivariate Interdependenzanalyse - darunter wird hier verstanden: die Beziehung aller verfügbaren Indikatoren zu allen anderen, auch in Kombination - war im Rahmen dieser Untersuchung weder inhaltlich sinnvoll noch zeitlich möglich. Es wurde entschieden, beispielhaft den Versuch zu unternehmen, die Tindemanns-Indikatoren zu "modellieren", d.h. aufgrund von einer (begrenzten) Anzahl der Nicht-Tindemanns-Indikatoren diese so gut wie möglich zu erklären. Die Bedeutung so ermittelter Abhängigkeiten für die Verfahren des Informationssystems - allgemeiner für die Aggregation gesellschaftlicher Indikatoren - sollte damit geklärt werden. Zu diesem Zweck wurden die zu erklärenden Indikatoren mit den Nummern 1, 4 und 20 (Wanderungssaldo, Nicht-Arbeitslosenquote und BIP pro Kopf der Bevölkerung) bestimmt und als erklärende Indikatoren der Rest. Da es daher zunächst 44 erklärende Variable bei 26 Beobachtungen (Regionen) gab, mußte zuerst mit vielen Teilmodellen "experimentiert" werden, um überhaupt ein Gefühl zu bekommen, welche Indikatoren bzw. Indikatoren-Kombinationen die meiste Erklärung bringen. Dieser z.T. intuitive Vorgang sollte die bestmögliche Erklärung durch jeweils fünf Indikatoren für jeden zu modellierenden Indikator hervorbringen. Die Optimalität der Ergebnisse kann daher - weil z.T. intuitiv vorgegangen wurde - nicht garantiert werden. Die erzeugten Modelle sind aber zweifellos für ihre Anzahl von Variablen annähernd optimal.

Die Ergebnisse sind auf Tabelle 4.10 zu sehen, bei der die Bestimmtheitsmaße der Modelle für die zu erklärenden Tindemanns-Indikatoren und die entsprechenden

Resultate von deren Anwendung für die jeweils anderen Tindemanns-Indikatoren
dokumentiert sind. Die Bestimmtheitsmaße außerhalb der Hauptdiagonale beziehen

Tab. 4.10: Bestimmtheitsmaße (B) der Mehrfachregressions-Modelle für die
Tindemanns-Indikatoren im bayerischen Referenzgebiet

Modell für		den Indikator			
erklärter Indikator	B	Nr. 1	Nr. 4	Nr. 20	erklärende Indikatoren Nr.
Nr. 1		0,802	0,322	0,516	3, 15*, 21*, 25, 29*
Nr. 4		0,488	0,729	0,672	7, 11*, 38*, 40*, 43
Nr. 20		0,674	0,683	0,879	7, 14*, 39, 45, 46

*mit negativem Koeffizienten

sich daher auf eine neu durchgeführte Regression eines Indikators mit den
'optimal' erklärenden Indikatoren des Modells eines anderen.

Alle Bestimmtheitsmaße stammen von linearen Mehrfachregressionen mit 5 unabhängigen Variablen und 26 Beobachtungen - sie sind für die Anzahl der Freiheitsgrade
(nur 20) nicht korrigiert. Auch bei der Berechnung wurde eine "freie" Wahl erklä-
render Indikatoren erlaubt, d.h. jeder zum Bestimmtheitsmaß beitragende Indikator bekam eine Chance zur Einbeziehung ins Modell, unabhängig davon, ob der jeweilige Koeffizient auf irgendeinem Signifikanzniveau positiv bzw. negativ abgesichert war und ob seine Einbeziehung ins Modell inhaltlich zu vertreten war.
Es wurde, mit anderen Worten, mit den verfügbaren Indikatoren ein reines Zahlen-
spiel durchgeführt, das aber dazu dienen soll, die Schwierigkeiten der Umsetzung
von auf diese oder eine ähnliche Art (z.B. mit einer inhaltlich begründeten Auswahl und mit Absicherung der Koeffizienten) gewonnenen Informationen in die praxis-
orientierte Anwendung gesellschaftlicher Indikatoren zu illustrieren.

In der Tat dienen die Ergebnisse dem Illustrationszweck sehr gut. Der Wanderungssaldo (Indikator 1) ist zu 80 % mit der Altersstruktur (spezifischer Aktivitätsrate), der Anzahl der Einwohner pro Ausländer (negativ), der Anzahl der industriellen Beschäftigten auf 1000 Einwohner (negativ), dem Anteil der Gymnasiasten
an der Bevölkerung im Alter von 10 bis 18 Jahren und mit der Anzahl der Lehrer
auf 1000 Berufsschüler (negativ) mehr oder weniger inhaltlich sinnvoll erklärt.
Andererseits ist die 73 %-ige Erklärung der Nicht-Arbeitslosenquote (Indikator 4)
durch den Anteil der Wohneinheiten mit Bad oder Dusche, den Anteil der Einwohner
mit mittlerer Reife als höchsten Schulabschluß (negativ), die Anzahl von Sport-
hallen auf 10.000 Einwohner (negativ), die Kilometerzahl von Bundesstraßen, bezogen auf die Fläche (negativ) und durch den Großhandelsumsatz auf 1000 Einwohner
weder inhaltlich von der Auswahl der Indikatoren zu vertreten, noch sind die

in zwei Fällen auftretenden negativen Korrelationen einfach zu verstehen. Die Erklärung für das BIP pro Kopf (Indikator 20) mit einem Niveau von 88 % durch den Anteil der Wohneinheiten mit Bad oder Dusche, den Anteil der Einwohner mit Hochschulabschluß (negativ), die Kilometerzahl der Bundesautobahn, bezogen auf die Fläche, die im Handwerk Beschäftigten auf 1000 Einwohner und durch die im privaten Dienstleistungsbereich Beschäftigten auf 1000 Einwohner hat einen Stellenwert etwa zwischen den zwei vorherigen Erklärungen. Signifikant ist hier - und insbesondere bei den erreichten hohen Erklärungsgraden -,daß sinnvolle (d.h. inhaltlich durchaus verständliche) negative Beiträge der erklärenden Indikatoren aufgewiesen werden, trotz der Tatsache, daß alle Indikatoren, sowohl die zu Erklärenden als auch die Erklärenden, so konstruiert werden, daß steigende Werte des Indikators die Förderbedürftigkeit senken (den "Entwicklungsstand" erhöhen), wie z.B. bei dem Indikator "Nicht-Arbeitslosenquote" (Nr. 4). Daß Arbeitnehmer mit einem Hochschulabschluß tendenziell in nicht-industriellen Gebieten wohnen - und daher in Gebieten mit einem relativ niedrigen BIP pro Kopf - kann dabei keine Berücksichtigung finden. Solche möglichen Wechselwirkungen sind aber durch multivariate Analysen zu entdecken.

Mit diesem Beispiel erhebt sich sofort wiederum die Frage der Abgrenzung der Analyseräume und (wichtiger) auch die der Umsetzung solcher Ergebnisse in den pragmatischen Entscheidungsbereich. Im § 3.3 wurden negative Betonungen (Gewichtungen) von Indikatoren nicht in Betracht gezogen, was auch "pragmatisch" ist: kein Entscheidungsträger könnte z.B. behaupten, daß eine akademisch hochqualifizierte Einwohnerschaft für die Bedürftigkeit der Region spricht.[1] Dieser Indikator kann nicht negativ gewichtet (betont) werden - ist er daher nutzlos? Der Ausschuß eines solchen Indikators könnte bereits bei dem Aufbau des Indikatorenkatalogs eine konkrete Konsequenz multivariater Analysen sein, wenn mit gesellschaftlichen Indikatoren auf politischer Ebene gearbeitet wird. Umgekehrt bringt eine multivariate Analyse Kenntnisse über die wirklich unabhängigen Indikatoren - auch in Kombination -, die als Bestätigung ähnlicher Kenntnisse aus der einfachen Korrelationsanalyse dienen können..

Was wären aber die Konsequenzen, wenn so eine negative Verbindung z.B. bei den durchgeführten Mehrfachregressionen nicht vorkommt, d.h. wenn alle Koeffizienten positiv sind? In diesem Fall gewinnt man die Kenntnis, daß eine bestimmte Betonung gewisser Indikatoren zu x % einen anderen Indikator vertritt, gleich-

---

[1] Bei dieser Argumentation wird ohne weitere Diskussion angenommen, daß das BIP pro Einwohner (Indikator 20) eine sinnvolle regionale Kennziffer darstellt. Ob es das ist oder nicht, ist unwichtig für die Argumentationsrichtung, da es in den in Tab. 4.10 dargestellten Ergebnissen noch andere, aber verwickeltere Beispiele ähnlicher Art gibt.

zeitig aber auch, daß eine andere Gewichtung noch einen Indikator zu y % vertritt (s. Tab. 4.10). Ist unter diesen Umständen eine exogen vorgegebene Gewichtung von zu aggregierenden Indikatoren (wie in § 3.3 vorgeschlagen und in § 5
angewandt) überhaupt für ihre "wahre" Bedeutung zu analysieren? Von den Entscheidungsträgern auf pragmatisch-politischem Niveau bestimmt nicht. Das ist der hier
kurz vorgeführte und knapp illustrierte Grund, warum das flexibel zu gestaltende
Informationssystem von § 3.3 als Lernprozeß-Lösung für die Aggregation einzelner
zielorientierter (normativer) gesellschaftlicher Indikatoren hinsichtlich der
Konsequenzen der Aggregation (für die Förderbedürftigkeit) vorgeschlagen wird.
Dabei wird die faktorenanalytische Lösung zum Gewichtungs- und Aggregationspro-
blem a priori als politisch nicht akzeptabel abgelehnt.

Die durchgeführten multiplen Regressionsanalysen hatten in dieser Untersuchung
über den Nachweis der oben erläuterten Schwierigkeiten hinaus keine Konsequenzen
für die Wahl von "dominanten" Indikatoren, die Auswahl für den Indikatorenkatalog
oder für die in § 5 angewandten Gewichtungschemen.

4.3.4 Clusteranalysen

Für das verfügbare Indikatorenmaterial für das Referenzgebiet in Bayern wurden
auch Clusteranalysen durchgeführt. Es wurde versucht, Indikatoren nach einem
Parallelitätskriterium und Regionen (Analyseräume auf Ebene 1) nach einem eukli-
dischen Entfernungskriterium zu "clustern". Die Analysen sollten folgendes ergeben -
für die Indikatoren:
1. eine Bestätigung oder Ablehnung der Ähnlichkeit der beschreibenden Indikatoren
   in einem einzigen Zielbereich bzw. Politikelement,
2. eine Gruppierung von Indikatoren (als "ähnlich" aussagend) aus zwei oder
   mehreren Zielbereichen;
und für die Regionen:
1. eine Bestätigung oder Ablehnung der Raumtypisierungs-Ergebnisse,
2. die Möglichkeit der Bildung eines weiteren Raumtyps durch die Teilung der
   durch TYPIS festgelegten Gruppierungen.
Die Ergebnisse der Analyse[1] der 47 Indikatoren waren von dem exogen vorzugeben-
den Wert, bei dessen Unterschreitung in einem Cluster die Clusterbildung abbricht, sehr stark abhängig. Entweder wurden viele kleine Clustern von gut korrelierenden Indikatoren gebildet oder im Umfang größere Clustern von - zumindest

---

[1] durchgeführt nach einem Verfahren ähnlich dem beschriebenen in: H.-F. Eckey und
P. Klemmer: Die Clusteranalyse und ihre Anwendungsmöglichkeiten im Rahmen der
Regionalforschung, in: Methoden der empirischen Regionalforschung (2. Teil),
Forschungs- und Sitzungsberichte der Akademie für Raumforschung und Landespla-
nung, Band 105, Hannover 1975, S. 145 ff.

im Hinblick auf die Untersuchungsziele - Indikatoren, die zu den verschiedensten Zielbereichen gehörten. Zusätzlich war auch festzustellen, daß die Clusterbildung sehr abhängig von der Auswahl und Anzahl der berücksichtigten Indikato-
ren war, da die Elemente sogar des ersten Clusters durch die Entziehung einiger
allgemein schlecht korrelierender Indikatoren manipuliert werden konnte. Am
"stabilsten" erschienen die verschiedenen Ergebnisse, die sich durch eine Analyse
der "besser korrelierenden" Indikatoren von Tab. 4.7 ergaben. In diesem Rahmen
wurde eine klare Trennung zwischen den Indikatoren der Wohnungsqualität und
Qualifikationsstruktur der Wohnbevölkerung einerseits und denen der Berufs- und
Schulbildung, Beschäftigungsstruktur und des Gesundheitswesens andererseits er-
zielt. Im Zusammenhang mit der Manipulierbarkeit des Prozesses aber waren die
Bearbeiter nicht bereit, aus diesen Ergebnissen Konsequenzen für das Weiterführen
der Gesamtuntersuchung zu ziehen und die Clusteranalyse-Versuche bezüglich der
Indikatoren wurden nicht weitergeführt.

Die Clusterversuche für die bayerischen Ananlyseräume ergaben Resultate, deren
Qualität weit besser war. Einem partitionierenden Cluster-Algorithmus nach[1]
wurden die mit den 47 verfügbaren Indikatoren beschriebenen bayerischen Stadt-
und Landkreise einer vorbestimmten Anzahl von Clustern zugeordnet. Bei drei
Clustern zeigte sich eine fast 100 %-ige Übereinstimmung mit den Ergebnissen der
vom Systemteil TYPIS erzeugten Aufteilung der 26 Regionen in drei Raumtypen. Die
durch TYPIS auf Tab. 5.12 dargestellte Raumtypisierung wurde in den drei Clustern
exakt widergespiegelt, mit der einzigen Ausnahme, daß der Übergangsraum Nr. 18
Schwabach zu den Verdichtungsräumen gezählt wurde. Bei einer vorgegebenen Anzahl von vier Clustern setzte sich als einzige Änderung der Stadtkreis Erlangen
von den anderen Verdichtungsräumen in einem eigenen Cluster ab. Bis zu einer
Partitionierung in 15 Cluster blieb Erlangen Stadt in einem Cluster für sich allein,
wobei seine Sonderstellung schon bei den einfachen Regressionsanalysen (§ 4.3.2)
erwähnt wurde. Bei einer vorgegebenen Anzahl von sechs Clustern blieben die in
Tab. 5.12 dargestellten von TYPIS als Übergangsräume klassifizierten Gebiete
zwar alle noch zusammen - und Erlangen Stadt in einem alleinigen Cluster -,aber
die Gruppen der Verdichtungs- und Ländlichen Räume trennten sich jeweils in
zwei Cluster. Es setzten sich Fürth Stadt und Nürnberg Stadt zusammen mit dem
von TYPIS als Übergangsraum eng mit Nürnberg verflochtenen Landkreis Schwabach
in einem getrennten Cluster ab. Die Ländlichen Räume wurden in zwei Gruppen
(Forchheim, Bayreuth Land, Tirschenreuth und Ansbach Land bzw. Coburg Land,
Kronach, Lichtenfels, Hof Land, Kulmbach, Wunsiedel, Neustadt/A und Weissenburg)
getrennt.

Erstens bestätigen diese Ergebnisse ohne Zweifel die durch TYPIS erzeugten drei

---

[1] Helmut Späth: Clusteranalyse-Algorithmen zur Objektklassifizierung und Daten-
reduktion, München und Wien 1977, S. 35 ff., insbes. S. 74 ff.

Raumtypen, zweitens sprechen sie dafür, daß das Ballungsgebiet Nürnberg,
Erlangen, Fürth als Sondergebiet bei der Raumtypisierung gehandhabt werden soll,
und drittens gibt es eine Andeutung, daß die durch TYPIS als Ländliche Räume klassifizierten Kreise in zwei Kategorien aufgeteilt werden könnten. Zusätzlich
scheint der Landkreis Schwabach eine (aus der Verflechtung mit dem Ballungsgebiet Nürnberg resultierende) Sonderstellung zu haben. Die wichtigsten Schlußfolgerungen aller dieser Ergebnisse sind, daß eine Raumtypisierung für die Anwendung gesellschaftlicher Indikatoren im Rahmen einer Regional-(Raumordnungs-)Poli-
tik notwendig erscheint, und daß die Abgrenzung der Analyseräume und daher auch
der (räumlichen) Programmeinheiten eine entscheidende Rolle spielen dürfte -
wie auch in § 5 gezeigt wird. Diese eigentlich nicht überraschenden Erkenntnisse werden durch die durchgeführten Analysen sowohl durch die Clusteranalyse,
als auch die numerische Arbeit von § 5 eindeutig untermauert.

Als Konsequenz dieser Ergebnisse für die Gesamtuntersuchung standen die Alter-
nativen zur Wahl, ob fünf oder drei Raumtypen angewendet werden sollen. Es ist
wohl bekannt, daß die Ballungsgebiete in Europa Sonderprobleme aufwerfen, die
aber in dieser Untersuchung (so war es die Absicht) ausgeklammert werden sollten.
Eine Aufteilung der durch TYPIS typisierten Ländlichen Räume erschien den Bearbeitern als ein durch Sondereigenschaften geprägter Vorgang (die "Splitter-
gruppe" ist aus - oberflächlich betrachtet - sehr heterogenen ländlichen Raumeinheiten zusammengesetzt), dessen zugrundeliegende Kriterien schwierig zu definieren wären. Andererseits unterstützte die eindeutige Bestätigung der von
TYPIS bestimmten Aufteilung der Analyseräume in drei Raumtypen (mit der Ausnahme von Schwabach und möglicherweise Erlangen Stadt) die endgültige Entscheidung, die sich infolge TYPIS ergebende Raumtypisierung nicht zu ändern. Daher
ist unter dem Vorbehalt und in Kenntnis der Ergebnisse der Clusteranalyse für
die Raumeinheiten die numerische Untersuchung von § 5 durchgeführt worden.

4.3.5 Statistische Auswertung und das Informationssystem

Das entwickelte Informationssystem kann durch programmtechnische Ergänzungen
sehr leicht die hier in § 4.3 beschriebenen statistischen Auswertungen übernehmen.
Der Systemteil ISTWERT (§ 3.3.2) liefert als Ergebnis die Vektoren, die in diesem Unterkapitel § 4.3 als Datenbasis gedient haben. Der Systemteil EVALIS liefert in ähnlicher Form die Bewertungen derselben. Statistische Analysen der (absoluten) Indikatoren-Werte bzw. der normativen Indikatoren wären daher (vielleicht
unter Anwendung schon vorhandener Software, wie z.B. der Bibliothek SPSS[1]) im
Rahmen des hier entworfenen Informationssystems ohne Schwierigkeiten durchzuführen.

---

[1] Statistical Packet for the Social Sciences

4.4 Die konzeptorientierte Selektion bestimmter Indikatoren als Förderkriterien

Die Auswahl derjenigen Indikatoren aus den umfassenden gebietsspezifischen Indikatorenkatalogen, die als die (maßgebenden) Förderkriterien einer Regionalförderung zugrundegelegt werden sollen, ist im Hinblick auf eine langfristig
orientierte Regionalpolitik inhaltlich auf der Grundlage einer hinreichend präzisen Gesamtkonzeption dieser Regionalförderung zu begründen. Die ausgewählten
Indikatoren sind dann die Bestandteile der Informationsbasis, auf deren Grundlage die räumlichen Förderprioritäten, d.h. die Vorranggebiete der Regionalförderung bestimmt werden. Da die Indikatoren gebietsspezifisch sein können (und
nach Möglichkeit sogar sein sollen), können nur die Bezugspunkte ("concerns"),
auf die hin diese Indikatoren ausgewählt werden, einheitlich sein. Diese auswahlleitenden Bezugspunkte sind somit orientiert an der grundlegenden Förderkonzeption der jeweiligen Regionalpolitik, sie sollen als homogene Rahmenbedingungen
ihren Anspruch nach aus der regionalpolitischen Gesamtkonzeption der fördernden
Einheit abzuleiten sein. Diese Gesamtkonzeption wiederum ergibt sich aus den
Zielsetzungen und sektoralen Präferenzen der Regionalförderung. Den inhaltlichen
Überlegungen - und der Indikatorenauswahl in Zusammenstellung in § 5, in dem die
Aussagefähigkeit und Verwendbarkeit des entwickelten methodischen Verfahrens getestet wird - liegt eine "versorgungsorientierte Konzeption" der Regionalpolitik
zugrunde. Diese Konzeption zielt auf eine räumlich möglichst gleichmäßige und
gleichwertige Versorgung der Bevölkerung mit Gütern und Leistungen. "Das Versorgungsziel ... leitet seine Legitimation aus dem Gerechtigkeitspostulat ab und
ist als Verteilungsziel zu kennzeichnen."[1] Das Gerechtigkeitspostulat zielt in
diesem Zusammenhang auf den Abbau räumlich ungleichwertiger Lebensbedingungen,
oder positiv auf die Herstellung gleichwertiger Lebensbedingungen. "Diese Gleichwertigkeit (muß) an objektiven Kriterien meßbar werden."[2] Diese Kriterien sollten nach Ernst in Indikatoren für einen objektiven Mindeststandard der Infrastruktur, der Siedlungsstruktur und der natürlichen Lebensbedingungen bestehen. Denn
diese machten im wesentlichen die räumlichen Lebensbedingungen aus.

Wesentlich für die Operationalisierung der regionalpolitischen Zielsetzung
"Schaffung interregional gleichwertiger Lebensbedingungen" ist die Präzisierung
dieses Versorgungsziels im Sinne der schrittweisen Konkretisierung des Begriffs
"Gleichwertigkeit" bis hin zu den gebietsspezifisch relevanten Indikatoren.

[1] Storbeck/Lücke: Die gesellschaftspolitische Relevanz regionalpolitischer
Ziele, in: Ausgeglichene Funktionsräume ..., a.a.O., S. 19-62, hier S. 29.

[2] W. Ernst: Gleichwertige Lebensbedingungen - Aufgabe der Raumordnung? in:
Ernst u.a., Beiträge zum Konzept der ausgeglichenen Funktionsräume, Materialien SWR Bd. 15, Münster 1977, S. 18.

Schrittweise erfolgt diese Konkretisierung insofern, als die präzisierenden Komponenten dieser Zielsetzung in sich wieder durch (einheitliche und teilweise bereits gebietsspezifische) Zielbereiche präzisiert werden. Diese Zielbereiche sind die maßgebenden Bezugspunkte für die gebietsspezifische Indikatorenauswahl.

4.4.1 Einheitlich vorzugebende Bezugspunkte der Indikatorenauswahl für eine versorgungsorientierte Regionalförderung

Dem Versorgungsziel und seiner Präzisierung als Oberziel 'versorgungsorientierter Regionalpolitik' lassen sich folgende drei Zielkomponenten zuordnen:[1]

1. ein ausreichendes Angebot an Erwerbsmöglichkeiten (Arbeitsplatz- und Lohnwert);
2. eine ausreichende Versorgung mit nicht transportierbaren öffentlichen und privaten Dienstleistungen (Infrastruktur);
3. ein ausreichender Wohn- und Freizeitwert.

Diesen Zielkomponenten lassen sich wiederum folgende Zielbereiche als Bezugspunkte der Indikatorenauswahl zuordnen:

1. dem Lohn- und Arbeitsplatzwert
   1.1 ausreichendes Angebot an Arbeitsplätzen
       = quantitative Vollbeschäftigung
   1.2 ausreichendes Einkommensniveau bzw. ausreichende Entlohnung
   1.3 ausreichende Qualität der Arbeitsplätze
       = qualitative Struktur des Arbeitskräfteangebots
2. der Infrastrukturausstattung
   2.1 ausreichende Bildungsversorgung
   2.2 ausreichende Versorgung mit Leistungen des Gesundheitswesens
   2.3 ausreichende Versorgung mit Leistungen des Sozialwesens
   2.4 ausreichende Verkehrserschließung
   2.5 ausreichende Versorgung mit sonstigen öffentlichen Dienstleistungen
   2.6 ausreichende Versorgung mit sonstigen privaten Dienstleistungen
3. dem Wohn- und Freizeitwert
   3.1 ausreichende quantitative und qualitative Versorgung mit Wohnraum
   3.2 ausreichende Versorgung mit Sport- und sonstigen Freizeiteinrichtungen.

Auf diese Zielkomponenten und ihre jeweiligen Zielbereiche hin sind die gebietsspezifischen Indikatoren aus der Liste der verfügbaren Indikatoren als entscheidungsrelevant auszuwählen. Der wichtige Bereich der "Umweltqualität" kann nicht berücksichtigt werden, weil entsprechende statistische Informationen für

---

[1] Vgl. zum folgenden auch D. Marx: Die Schaffung ausgeglichener Funktionsräume als Strategie für Raumordnung und Landesplanung (1977), a.a.O., S. 63-71.

kein Referenzgebiet verfügbar sind. Diesem Bereich wären Informationen wie die Zahl der an die Kläranlagen angeschlossenen Einwohner, die Waldfläche pro Einwohner und dgl. zuzuordnen.

Als § 4.4.2 sind im folgenden die verfügbaren versorgungsrelevanten Indikatoren der drei Referenzgebiete in einer Synopse zusammengestellt. Auf der Grundlage dieses Indikatorenkatalogs werden die im folgenden § 5 beschriebenen Testberechnungen im Hinblick auf die methodische und inhaltliche Überprüfung des in § 3 entwickelten Bewertungs-Verfahrens durchgeführt.

4.4.2 Indikatorensynopse der versorgungsorientierten Regionalpolitik (aus der verfügbaren Statistik)

Element	Nr.	Zielbereich	Nr.	Bayern Indikatoren	Nr.	Frankreich Indikatoren	Nr.	Irland Indikatoren	Nr.
Lohn- und Arbeitsplatzwert	1	Arbeitsplatzangebot	43	Nicht-Arbeitslosenquote	4	Nicht-Arbeitslosenquote	4	Nicht-Arbeitslosenquote	4
		Einkommensniveau	41	Lohn/Besch. Landw.	17	Jahreslohn Männer	50	Einkommen/Einw.	63
				Lohn/Besch. Industrie	18	Jahreslohn Frauen	51		
				Lohn/Besch. priv. Dienstleistungen	19				
		Arbeitsplatzqualität	44	Anteil Erwerbstätiger im 2. u. 3. Sektor	5	Anteil Erwerbstätiger im 2. u. 3. Sektor	5	Anteil Erwerbstätiger im 2. u. 3. Sektor	5
				Anteil Facharbeiter an Arbeitern insges.	22	Anteil qualifizierter Arbeiter an allen Erwerbstätigen	52	IDA-Ausgaben/Einw.	64
				Anteil Einw. mit Hochschulabschluß	13	Anteil Arbeiter mit spezialisierter Berufsausbildung	53		
				Anteil Einw. mit Berufsfach- und Ing.-schulabschluß	14				
Infrastrukturausstattung	2	Bildungswesen	52	Realschüler auf 100 Einw. im Alter 10-15 J.	24	Anteil Schüler/Studenten im Alter 15-19 J.	54	Anteil Schüler in Sec. Schools an den Einw. 12-19 J.	66
				Gymnasiasten auf 100 Einw. im Alter 10-18 J.	25	Anteil Schüler/Studenten im Alter 20-24 J.	55	Anzahl Lehrer auf 100 Schüler in Sec.Schools	67
				Berufsschüler auf 100 Einw. im Alter 15-18 J.	26	Besetzte Lehrstellen auf 100 Einw. im Alter 15-18 J.	56		

noch <u>Indikatorensynopse</u> der versorgungsorientierten Regionalpolitik (aus der verfügbaren Statistik)

Element	Nr.	Zielbereich	Nr.	Bayern Indikatoren	Nr.	Frankreich Indikatoren	Nr.	Irland Indikatoren	Nr.
noch Infrastruk- turausstattung	2	noch Bildungs- wesen	52	Anzahl Lehrer auf 1000 Realschüler	27				
				Anzahl Lehrer auf 1000 Gymnasiasten	28				
				Anzahl Lehrer auf 1000 Berufsschüler	29				
				Anzahl Lehrer auf 1000 Volksschüler	30				
				gewerbliche Lehr- stellen auf 100 Einw. 15-21 J.	31				
				kaufm. Lehrstel- len auf 100 Einw. 15-21 J.	32				
		Gesundheitswesen	53	Krankenhausbetten/ 1000 Einw.	8	Krankenhausbetten/ 1000 Einw.	8	Krankenhausbetten/ 1000 Einw.	8
				Prakt. Ärzte/ 10.000 Einw.	9	Prakt. Ärzte/ 10.000 Einw.	9	Prakt. Ärzte/ 10.000 Einw.	9
				Akutkrankenhaus- betten 1000 Einw.	33				
		Sozialwesen	54	Kindergartenplätze /100 E. 3-5 J.	34				
				Altenheimplätze/ 100 E. älter 64 J.	35			Pers. in Alten- pflegeeinrichtun- gen/10.000 Einw. älter 64 J.	68
		Verkehrser- schließung	55	Anzahl km Autobahn auf 1000 qkm Fläche	39			Anzahl km. Nat. Primary Roads auf 1000 qkm Fläche	72

noch <u>Indikatorensynopse</u> der versorgungsorientierten Regionalpolitik (aus der verfügbaren Statistik)

Element	Nr.	Zielbereich	Nr.	Bayern Indikatoren	Nr.	Frankreich Indikatoren	Nr.	Irland Indikatoren	Nr.
noch Infrastruktur-ausstattung	2	noch Verkehrs-erschließung	55	Anzahl km Bundes-straße auf 1000 qkm Fläche	40			Anzahl km Nat. Secondary Roads auf 1000 qkm Fl.	73
								Anzahl km Coun-try Roads auf 1000 qkm Fläche	74
		Sonst. öff. Dienstl.	56	im öff. Dienst-leist.ber. Besch. auf 1000 E.	47	im öff.Dienst-leist.ber.Besch. auf 1000 E.	59	Anzahl Bibliothe-ken auf 10.000 Einw.	71
		Sonst. private Dienstleistungen	57	Gästebetten auf 1000 E.	42	Anzahl Hotelzim-mer auf 1000 E.	57		
				Großhandelsum-satz auf 1000 E.	43	im priv.Dienstl. ber.Besch. auf 1000 E.	58		
				Einzelhandelsum-satz auf 1000 E.	44				
				im Handwerk Besch. auf 1000 Einw.	45				
				im priv.Dienstl. ber.Besch. auf 1000 E.	46				
Wohn- und Frei-zeitwert	3	Wohnraum	51	Anzahl Wohnräume auf 100 Einw.	6	Anzahl Wohnräume auf 100 Einw.	6	Anzahl Wohnräume auf 100 Einw.	6
				Anteil Wohneinhei-ten mit Bad od. Dusche	7	Anteil Wohneinhei-ten mit Bad od. Dusche	7	Anteil Wohneinhei-ten mit Bad od. Dusche	7
				Anteil Wohneinhei-ten zusätzlich mit ZH	23			Anteil der nach 1940 erbauten Wohneinheiten	65

noch Indikatorensynopse der versorgungsorientierten Regionalpolitik (aus der verfügbaren Statistik)

Element	Nr.	Zielbereich	Nr.	Bayern Indikatoren	Nr.	Frankreich Indikatoren	Nr.	Irland Indikatoren	Nr.
noch Wohn- und Freizeitwert	3	Freizeitein- richtungen	58	Anzahl Freibäder auf 1000 Einw.	36			Anzahl Freibäder auf 10.000 Einw.	69
				Anzahl Hallenbä- der auf 10.000 E.	37			Anzahl Hallenbä- der auf 10.000 E.	70
				Anzahl Sporthal- len auf 10.000 E.	38				

5. DIE FORMALEN BERECHNUNGS-ASPEKTE DER UNTERSUCHUNG: SYSTEMBEZOGENE KRITERIEN
DER KONZIPIERUNG UND AUSWERTUNG VON TEST-BERECHNUNGEN UND IHRE FORMALEN ER-
GEBNISSE

Auf der formal-methodischen sowie programm-technischen Grundlage von § 3 und
der inhaltlich materiellen Grundlage von § 4 wurde versucht, die im § 2 ausge-
führte Problemstellung der Untersuchung numerisch anzugehen. Diese Problemstellung bezieht sich, kurz zusammengefaßt, auf die grundsätzliche Frage, wieweit
für die Regionalpolitik eine - gegenüber der Verwendung supranational einheitlicher Förderkriterien - "bessere" weil differenziertere Informationsbasis für
die Bestimmung räumlicher Förderprioritäten unter Verwendung raumspezifischer
Sozialindikatoren bereitgestellt werden kann. Dabei soll methodisch, wiederum
kurz zusammengefaßt, so vorgegangen werden, daß die durch normative Indikatoren
in der beschriebenen Weise quantitativ zum Ausdruck gebrachten regionalen Zielerreichungen - als zunächst immer nur aspekthafte Einzelaussagen - zu regionalen Gesamtaussagen verdichtet werden, d.h. daß die entsprechenden gebietsspezifischen Einzelindikatoren zu einem oder mehreren interregional vergleichbaren
Gesamtindikatoren oder Indizes aggregiert werden. Die methodologischen und methodischen Probleme dieser Aggregation sind in § 3.1, § 3.2 und § 3.3 ausführlich behandelt worden. Aus Gründen der Übersichtlichkeit bleiben diese Probleme
in den folgenden 'numerischen' Kapiteln daher weitgehend unberücksichtigt. Grundlegend für dieses Kapitel 5. sind die folgenden Fragen:

1. Welche Informationsbereiche (Zielbereiche und zugehörigen Teilziele) bzw. Indikatoren sollen unter den strategischen Gesichtspunkten der regionalen Förderkonzeption als 'entscheidungsrelevant' gelten? Mit welchen Indikatoren
   wird welche räumliche Ebene "gültig" oder "hinreichend präzise" beschrieben?

Dies ist methodisch die bereits angesprochene Frage nach den Auswirkungen unterschiedlich zusammengesetzter und unterschiedlich umfassender Indikatorsätze auf
die Gesamtbeurteilung.

2. Welche Beziehung besteht zwischen den Zielbereichen und den im regionalen
   Einzelfall statistisch verfügbaren Indikatoren ?

Die verfügbaren Indikatoren werden einerseits erfahrungsgemäß nur einige Aspekte
der Zielbereiche ausdrücken und auch dies nur in interregional sehr ungleichem
Umfang. Andererseits sollten Indikatoren idealerweise nur dann zu einem Zielbereich
als "Oberbegriff" zusammengefaßt werden, wenn sie inhaltlich möglichst eindeutig
einem sektoralen Oberbegriff zugeordnet werden können.

Die den "Oberbegriffen" entsprechenden Gesamtindikatoren oder Indizes sollen die
Bewertung des Teilraums auf aggregiertem Niveau ermöglichen. Als (ihrem Anspruch
nach) interregional vergleichbare 'Bewertungsindizes' sollen sie die eigentliche

informative Basis für die Bestimmung der regionalen Förderprioritäten bilden. Die Prioritätensetzung ist dabei grundsätzlich auf zwei unterschiedliche Arten möglich, und zwar durch die Bestimmung einer Rangposition der Regionen nach dem Gesamtindex oder durch die Festlegung eines bestimmten Indexwertes als Schwellenwert der (vorrangigen) Förderungsbedürftigkeit.

Wenn in den folgenden Unterkapiteln von "den Ergebnissen" oder "dem Gesamtergebnis" gesprochen wird, dann zielt diese Aussage überwiegend auf die Rangposition von Regionen als Förderkriterium. Das Gesamtergebnis (aller eingeschlossenen Teil-Berechnungen) ist dann die Ordinalskalierung aller berücksichtigten Regionen gemäß ihrer (relativen) Förderungsbedürftigkeit. Der numerische Teil der Untersuchung hat dabei die 'Stabilität' der regionalen Ordinalskalen insgesamt bei unterschiedlichen exogenen Vorgaben für die einzelnen Läufe zum Untersuchungsgegenstand. Es soll durch die "Berechnung" vor regionalen Rangfolgen auf der Grundlage unterschiedlicher Parameter und teilweise unterschiedlicher politisch-normativer Vorentscheidungen überprüft werden, wie sensibel die "Berechnungs-Ergebnisse" z.B. auf unterschiedliche verwendete Indikatoren, unterschiedliche Gewichtungen, Aggregationsvorschriften usw. reagieren.

Dieses Kapitel hat von daher die Aufgabe, die Leitfragen zu beschreiben, auf die hin die numerische Untersuchung der praktischen Aussagefähigkeit und politischen Verwendbarkeit raumspezifischer Indikatoren konzipiert wird sowie die entsprechenden Auswertungs-Ergebnisse darzustellen und zu bewerten. Als konzeptionellen Rahmen für die methodisch-numerischen Operationen wird - aufgrund des umfangreichen Indikatorenangebotes - die 'Versorgungsorientierte Regionalpolitik' bzw. das dieser zugeordnete Indikatorenschema ausgewählt (diese Auswahl wurde in § 4.4 begründet).

Die Absicht liegt also nicht etwa darin, "stabile Gesamtergebnisse" bei verschieden konzipierten Läufen zu produzieren, um damit die Anwendbarkeit dieses Verfahrens für den regionalpolitischen Entscheidungsprozeß zu dokumentieren. Es sollen vielmehr die unterschiedlichen (unterschiedlich begründbaren) Läufe gleichsam im Nachhinein daraufhin untersucht werden, ob und in welchem Rahmen (der exogenen Vorgaben) die Berechnungen ähnliche Rangfolgen aufweisen. Daraus sollen dann die entsprechenden Schlüsse gezogen werden.

Der Annahme "stabiler Ergebnisse" könnte einerseits inhaltlich die Vermutung zugrunde liegen, daß "regionale Entwicklungsbedürftigkeit" (aufgrund von Unterversorgung, Ausstattungs- und Leistungsdefiziten) sich - wenn überhaupt, dann - in allen Zielbereichen in etwa gleichzeitig und in gleichem Maße zeigt, so daß die betreffende Region bei Berücksichtigung jedes einzelnen Elementes oder Zielbereiches des Indikatorenkataloges und unabhängig von Gewichtungsunterschieden als 'Vorranggebiet' deklarierbar wäre. Andererseits könnte die Annahme ohne enge

Korrelation zwischen (quantifizierten) Elementen, Zielbereichen sowie einzelnen Indikatoren auch gelten, wenn zusätzlich eingeführt werden kann, daß nur politisch begründbare Zusammenstellungen von Indikatoren mit begründbaren relativen Betonungen (Gewichtungen) für die Beschreibung der Entwicklungsbedürftigkeit benutzt werden. Unter letzteren Bedingungen könnte es passieren, daß numerische Verschiebungen der regionalen Bewertungsindizes (und daher der Rangfolgepositionen der Regionen) doch noch zu bewirken wären, daß aber die Gruppe der (als Ergebnisse) zu fördernden Gebiete in ihrer gesamten Zusammenstellung konstant (stabil) festzulegen ist.

Untersucht werden soll, wieweit sich diese Annahmen bestätigen lassen und wieweit sie umgekehrt auch auf "hinreichend entwickelte" (ausreichend ausgestattete) Regionen als stets "nicht-förderungsbedürftige" Gebiete zutrifft. So läßt sich beispielsweise untersuchen, wieweit sich die unter Verwendung nur der sog. Tindemanns-Indikatoren (Einkommens-, Wanderungs- und Arbeitslosigkeit-Indikatoren)[1] berechneten Ergebnisse signifikant unterscheiden von Ergebnissen, die aus der Verwendung weiterer 'relevanter' Indikatoren über diese hinaus resultieren.

Die gestellten Fragen sind in den folgenden Unterkapiteln systematisch behandelt und wo möglich auch numerisch untersucht.

5.1 Die unterschiedlichen Abgrenzungskriterien für die Vorranggebiete

Die zunächst ausschließlich ins Auge gefaßte und der Auswertung der numerischen Ergebnisse zugrundegelegte Möglichkeit der Abgrenzung der Vorranggebiete von den Nicht-Vorranggebieten der Regionalförderung besteht in der Berechnung von Rangfolgen der berücksichtigten Regionen und der Festlegung einer Rangposition als Schwellenwert. Der (relative) Wert der regionalen Bewertungsindizes entscheidet dann über die Rangfolge der Regionen. Wird der Schwellenwert beispielsweise als Rangposition 10 festgelegt, so bedeutet dies, daß die unter den ersten zehn Rangpositionen aufgeführten Regionen als 'Vorranggebiete' eingestuft werden, und zwar unabhängig von der Größenordnung ihrer Bewertungsindizes.

Damit ist ein Nachteil dieses Abgrenzungskriteriums bereits angesprochen. Ein in § 3.3.5.1 schon angesprochener weiterer besteht darin, daß kleine Änderungen der regionalen Index-Werte bereits große Änderungen der regionalen Rangfolge bewirken können, so daß eine Beurteilung der Ergebnisse auf dieser Grundlage pro-

---

[1] Vgl. die Europäische Union - Bericht von Leo Tindemanns an den Europäischen Rat, Bulletin der Europäischen Gemeinschaften, Beilage 1/76. Diese Indikatoren sind im Rahmen der Interdependenzanalyse (§ 4.3) speziell durch Regressionsmodelle untersucht worden.

blematisch sein kann. Von diesen Argumenten her erscheint es plausibel, alternativ den absoluten regionalen Bewertungsindex (anstelle des relativen innerhalb
der Rangfolge) als Beurteilungskriterium der Förderungsbedürftigkeit zu berücksichtigen. Dies würde bedeuten, daß - bei bewußter Offenhaltung der (potentiellen)
Anzahl von Vorranggebieten - durch die Festlegung eines oberen Schwellenwertes
der Bewertungsindizes alle Regionen mit einem Index von beispielsweise kleiner
als 50 (der Maximalwert ist 100) als 'Vorranggebiete' der Regionalförderung eingestuft werden.

Wenn sich jedoch herausstellen sollte, daß auch die absoluten Bewertungsindizes
auf die Verwendung unterschiedlicher Indikatoren und auf die unterschiedliche Gewichtung gleicher Indikatoren ebenfalls sehr empfindlich reagieren, so würden
auch die absoluten Bewertungsindizes als einziges Abgrenzungskriterium der Vorranggebiete gleichfalls ein problematisches Förderkriterium liefern. Zusätzlich
zu diesem methodischen Problem der Sensitivität der Ergebnisse besteht ein mate-
rielles Problem dieses Förderkriteriums darin, daß die verfügbaren Regionalför-
dermittel sicherlich begrenzt sind. Da eine disperse Verteilung knapper Mittel
auf möglicherweise doch zahlreiche Regionen mit einem unterhalb des Schwellenwertes liegenden Bewertungsindex eine geringe Förderwirkung zeigen wird, würde auch
bei diesem Abgrenzungskriterium nur bis zu einem bestimmten Rangplatz wirksam gefördert werden können. Das Förderkriterium wäre dann beispielsweise: alle Regionen mit einem Bewertungsindex kleiner als 40, maximal aber nur 20 Regionen werden gefördert. Jedoch würde sich damit erneut das Problem der Regionenauswahl
stellen.

5.2 Leitfragen der numerischen Untersuchung

5.2.1 Systematisch erklärbare Auswirkungen von Input-Variationen

Jedes Entscheidungsmodell, das sich mit komplexen Zusammenhängen beschäftigt, enthält in der Regel eine ganze Reihe normativer, exogener Angaben, Parameter oder
sogar Teilentscheidungen, die als Modell-Inputs das Entscheidungsergebnis beeinflussen. Ziel desjenigen, der Entscheidungsmodelle oder -systeme konstruiert,
kann es sein, seine Methoden so anzuwenden, daß die Modellergebnisse auf inhaltlich unbedeutende Variationen solcher exogener Parameter "unempfindlich" reagieren. Tritt dann jedoch das Gegenteil ein, muß der Modellkonstrukteur sein Pro-
dukt als empfindlich (sensitiv) bezeichnen, seine Ergebnisse, die eine Synthese
seines Systems und des vorliegenden Problems sind, als "unstabil". Um die Auswirkungen "unbedeutender" Input-Variationen auf "empfindliche" Ergebnisse überprüfen zu können, wurden die Begriffe "Sensitivität" (des Informationssystems)
und "Stabilität" (der Ergebnisse) in die Untersuchung eingeführt. Das Ziel die-

ses die einzelnen Leitfragen einleitenden Kapitel ist es, diese Begriffe im Hinblick auf ihre Relevanz für die nachfolgenden Kapitel, insbesondere für die möglichen Schlußfolgerungen der ganzen Arbeit, tiefer zu diskutieren und formal zu definieren.

Das in dieser Untersuchung konstruierte Informationssystem der Regionalförderung enthält sehr viele exogen festzulegende Parameter bzw. im voraus zu treffende Entscheidungen wie z.B. die Konstruktion und Selektion der berücksichtigten Indikatoren, der entsprechenden Zielwerte, Gewichtungen, der Form der Aggregation usw., so daß die Fragestellung der Stabilität der Ergebnisse bei Änderung dieser Parameter von daher als gerechtfertigt erscheint. Zunächst soll diese Diskussion auf die Art des "Ergebnisses" in Form von Rangfolgen der betrachteten Regionen beschränkt werden. Ergebnisse in diesem Sinne wären dann als "hochstabil" zu bezeichnen, wenn die Rangfolge der Regionen unter Benutzung eines breiten Spektrums der exogenen Auswahl-, Gewichtungs- und Aggregationsvorgaben unverändert bliebe; als "unstabil" dann, wenn durch eine minimale Veränderung der Vorgaben, z.B. durch eine Gewichtungsverschiebung von 1 % zwischen Indikatoren, völlig andere Regionen als vorrangig entwicklungsbedürftig zu bezeichnen wären, z.B. hauptsächlich bayerische statt hauptsächlich irischer. Entsprechend würde man das Informationssystem (in Verbindung mit der Problemstellung) als "insensitiv" bzw. "sensitiv" bezeichnen.

Die Bedeutung der zwei Begriffe ist offensichtlich, denn die Anwendbarkeit des Informationssystems hängt von seiner Empfindlichkeit und von der Stabilität der Ergebnisse ab. Kein politisches Gremium auf europäischer Ebene könnte die Benennung bayerischer statt irischer Regionen zu Fördergebieten aufgrund einer einprozentigen Verschiebung der Gewichte, die sehr wahrscheinlich innerhalb des Irrtumsbereiches der eingegebenen Informationen liegen würde, verantworten. Ein Informationssystem (im Sinne dieser Untersuchung) gilt daher nur dann als anwendbar, wenn stetige und im Rahmen des politischen Handelns der Größe nach diskutierbare Änderungen der exogenen Komponenten des Systems zu stetig angedeuteten Änderungen der Entscheidung (z.B. die Frage, welche Gebiete gefördert werden sollen) führen.

Eine allgemeine mathematische Formulierung ist möglich:

Kommt eine Entscheidung S (P) aufgrund des exogenen festgelegten Parameter- bzw. Vorentscheidungsvektors $P = [p_1, p_2, ..., p_n]$ zustande und $|A| = ||a_1, a_2, ..., a_n||$ ist die maximale Größe einer "unbedeutenden" Änderung in P, dann ist S(P) "stabil", wenn

$$\exists |\delta P| > |A| \quad ||S(P + \delta P) - S(P)| < \epsilon$$

wobei ϵ als mindestdiskutierbare Entscheidungsänderung auch vorzugeben ist. D.h. die Ergebnisse können nur als stabil bezeichnet werden, wenn Parameteränderungen außerhalb eines offenbar unbedeutenden Bereichs nur zu stetigen Entscheidungsänderungen führen.

Für das in dieser Arbeit beispielhaft aufgebaute Informationssystem zur Bestimmung der relativen Entwicklungsbedürftigkeit im supranationalen Rahmen dürfte wegen der vorkommenden ausgeprägten Heterogenität innerhalb der und zwischen den berücksichtigten Staaten und der Notwendigkeit, auf der politischen Entscheidungs-ebene erhebliche Zieldivergenzen zu vereinbaren, die Größe $|A|$ ein Ausmaß haben, das weit über der inhaltlich minimal definierbaren Entscheidungsänderung liegt. Dies könnte dazu führen, daß diese inhaltlich minimale Entscheidungsänderung - nämlich etwa eine Umkehrung des Ergebnisses derart, daß Region X gefördert wird und nicht die Region Y (andere Definitionen sind auch möglich) - a priori großzügiger definiert werden muß.

Für die nachfolgenden Kapitel hat die obige Diskussion ihre Relevanz, da versucht wird, Rahmenbedingungen zu erarbeiten, innerhalb welcher das Informationssystem seine Anwendbarkeit finden kann. Die inhaltliche Festlegung von auf politischer Ebene diskutierbaren exogenen Inputvariationen (A) und die Entscheidungsänderung (ε), welche diese bewirken, werden numerisch untersucht und diskutiert.

Den einzelnen Fragestellungen ist dabei eines gemeinsam: Es sollen allgemeingültige Ergebnisse gefunden werden. Die Notwendigkeit allgemeingültiger Ergebnisse resultiert aus dem erwähnten Ziel, allgemeingültige Rahmenbedingungen für die Aussagefähigkeit und Anwendbarkeit des Informationssystems als regionalpolitische Entscheidungshilfe zu finden, d.h. für die Hervorbringung von als "berechtigt" nachvollziehbaren Ergebnissen. Wenn diese Rahmenbedingungen nicht allgemein gültig sind, bedeutet dies, daß sich die Beteiligten bei jedem Entscheidungsvorgang auf der informativen Basis des Systems zunächst erst auf die einzuhaltenden Rahmenbedingungen der Informationserhebung, -bewertung und -verarbeitung einigen müssen. Mangels anderer Kriterien werden sie dies aber erst ex-post, also am jeweiligen Ergebnis gemessen, tun können. Damit ist jedesmal erneut ein Bargaining-Prozeß verbunden, dessen Ergebnis erfahrungsgemäß nicht von der Sache her, sondern 'politisch' begründet ist. Und dafür ist ein Informationssystem wie das hier entwickelte und untersuchte als zugrundeliegende Basis der zu fällenden Entscheidungen wohl weitgehend überflüssig - es sei denn, seine Ergebnisse dienen dem Zweck, die inhaltlichen Punkte für die notwendige politische Einigung festzustellen (und daher nachträglich eine reine Alibi-Funktion zu erhalten).

Für die numerische Untersuchung wird grundsätzlich von folgenden Überlegungen ausgegangen:
Die Berücksichtigung von Heterogenität im Sinne gebietsspezifischer Indikatoren ist unumgänglich, wenn man nicht nur globale Informationen (wie sie z.B. durch das BIP repräsentiert werden) als entscheidungsrelevant zugrundelegen will, sondern darüber hinaus differenziertere und gebietsspezifisch gehaltvolle Informationen,

die insbesondere auch regionalen Besonderheiten gerecht werden. Mit dieser Absicht muß aber für die einzelnen Regionen die Möglichkeit, rein zweckrational, d.h. ausschließlich orientiert am Kalkül maximaler Förderchancen ihre spezifischen Indikatoren auszuwählen und zu bewerten bzw. die berücksichtigten Indikatoren zu gewichten, eingeschränkt werden. Wie weitreichend derartige methodisch begründete Einschränkungen (im Sinne regionale Freiheitsräume restringierender Rahmenbedingungen) sein müssen, könnte untersucht werden, indem anhand von Testläufen für bekannte Gebiete die Variationsbreite der Inputs ausgelotet wird, innerhalb deren die Ergebnisse einerseits "plausibel" und andererseits relativ "stabil" sind. Das zentrale Problem liegt in den Maßstäben, die zur Beurteilung von Ergebnissen als "plausibel" oder "begründet" angelegt werden können. Einerseits ist der mit der Anwendung des Informationssystems verbundene Aufwand nur dann zu rechtfertigen, wenn nicht von vornherein bekannt ist, welche Ergebnisse sinnvoll bzw. "politisch akzeptabel" sind - denn dann erübrigt sich dieser Aufwand bei der Entscheidungsvorbereitung. Andererseits sind die Ergebnisse von exogenen Parametern abhängig die qua Entscheidung gesetzt werden und daher wiederum nur an politischen Maßstäben gemessen werden können. Auch die Ergebnisse des Systems sind damit aber keinesfalls "aus sich selber heraus" oder "methodisch" begründet. Sie sind vielmehr bezüglich ihrer "Oberzeugungskraft" an dem System exogenen Maßstäben zu messen, die in sich ebenfalls normativ sind. Ein solcher Maßstab könnte sein, die "normative Kraft des Faktischen" anerkennend, alle im nationalen Kontext ausgewiesenen Fördergebiete als nach allgemeinem politischen Konsens in jedem Falle auch supranational förderungsbedürftig anzunehmen. In diesem Fall ließen sich die Ergebnisse des Systems daraufhin beurteilen, wieweit sie alle nationalen Fördergebiete (die als solche ex ante deklarierbar sind) tatsächlich vorrangig als förderungsbedürftig berücksichtigen. Problematisch bei diesem Vorgehen (das im Übrigen der gegenwärtigen Praxis bei der Mittelverteilung des "Europäischen Regionalfonds" entspricht) ist jedoch, daß es die Heterogenität der nationalen Bewertungsmaßstäbe für die Förderungsbedürftigkeit von Regionen unberücksichtigt läßt und zwischen den Fördergebieten unterschiedlicher Staaten keinen Vergleich im Sinne des 'Mehr oder Weniger' zuläßt.

Eine andere Möglichkeit ist daher, die Rahmenbedingungen normativ vorzugeben, innerhalb dieses Rahmens System-Läufe zu produzieren und die Ergebnisse, die als "richtig" zu akzeptieren sind (sobald die Eingabedaten akzeptiert wurden), hinsichtlich ihrer inhaltlichen Nachvollziehbarkeit zu hinterfragen. In dieser Richtung zielten bereits die Ausführungen in § 4.4, wo die einheitlichen Rahmenbedingungen als Teil und Resultat der vorgegebenen Gesamtkonzeption der Regionalförderung interpretiert wurden. Doch sind diese Rahmenbedingungen als politisch-konzeptionelle durch formal-methodische Operationen im einzelnen kaum begründbar.

Dieser Aspekt wird aber im Hinblick auf den Versuch, das entwickelte Verfahren zunächst soweit wie möglich formal-methodisch auf seine Verwendbarkeit hin über- prüfen zu wollen, bewußt zurückgestellt. Das Vorgehen besteht daher in der Suche nach Auswirkungen auf die Ergebnisse, die sich (nachvollziehbar und damit kontrol- lierbar) auf ganz bestimmte Änderungen ganz bestimmter normativer Vorhaben (Para- meter oder Teilentscheidungen) zurückführen lassen und zielt auf die Beantwortung der Frage, wieweit diese Auswirkungen einer bestimmten, systematisch begründeten Gesetzmäßigkeit folgen. Denn dieses ist, wie oben ausgeführt, die Bedingung dafür, daß die Ergebnisse nachvollziehbar sind und verallgemeinert werden können, kurz: daß das Verfahren als informative Entscheidungshilfe verwendbar ist.

Das Vorhandensein einer solchen Gesetzmäßigkeit wird daher hypothetisch unterstellt. Diese soll beispielsweise darin zum Ausdruck kommen, daß die Rangfolge aller Regio- nen desselben Landes, desselben Raumtyps oder einer sonstwie sinnvoll abgegrenzten Gruppe ähnliche, d.h. in Richtung und Stärke vergleichbare Veränderungen infolge sinnvoller Inputvariation aufweisen.

Die Berechnungen und die Auswertungen ihrer Ergebnisse sollen darüberhinaus aber auch erfolgen, um zu untersuchen, wie weit sich die Variation verschiedener ganz bestimmter Vorgaben und Parameter jeweils verschieden stark auf die Ergebnis- se auswirken. Bezüglich welcher Inputs die Sensivität des Systems getestet werden soll, wird im folgenden näher ausgeführt.

5.2.2 Die Beschränkung auf homogene Indikatoren mit europäisch einheitlichen vs. länderspezifischen Bewertungssätzen

Als europäisch einheitlicher Bewertungssatz wird ein Mittelwert für alle europä- ischen Regionen eingesetzt. Die länderspezifischen Bewertungssätze entsprechen da- gegen weitgehend den nationalen Durchschnittswerten. Werden anstelle europäisch einheitlicher Bewertungssätze länderspezifische Bewertungssätze berücksichtigt, so wird (zunächst erwartungsgemäß) ein Teil der Länder bevorzugt, ein anderer Teil benachteiligt. Die entsprechenden Leitfragen sind:

Wieweit läßt sich die Hypothese bestätigen, daß generell bei länderspezifischen Be- wertungssätzen die weniger weit "entwickelten" Länder benachteiligt werden?

Wieweit zeigt die Verwendung des einen oder anderen Bewertungssatzes im eben ge- nannten Sinne systematische und zu verallgemeinernde Wirkungen und wie stark wirkt sich die Änderung der Bewertungssätze auf das Gesamtergebnis aus?

5.2.3 Die zusätzliche Berücksichtigung heterogener Indikatoren in länderweise un- terschiedlicher Anzahl

In diesem Kapitel stellen sich zwei zusammenhängende Leitfragen:

Wieweit wird das Ergebnis dadurch beeinflußt, daß einmal nur homogene und ein anderes Mal homogene und heterogene Indikatoren berücksichtigt werden?

Dies beinhaltet gleichzeitig die weitergehende Frage nach dem Einfluß, den ganz generell die Berücksichtigung einer größeren Anzahl von Indikatoren auf das Ergebnis hat. Die Wirkung der einzelnen von (relativ gesehen) zahlreichen Änderungen kann aber kaum isoliert beurteilt werden, da Änderungen sich gegenseitig beeinflussen. Wieweit ist es jedoch ein prinzipieller Unterschied, ob ein neu hinzugekommener Indikator homogen oder heterogen ist?

Grundsätzlich wird man davon ausgehen können, daß eine Region umso genauer - weil umfassender - bewertet werden kann, je mehr unterschiedliche Indikatoren für diese Region verfügbar sind und berücksichtigt werden. Die notwendige Verwendung heterogener Indikatoren wurde ja damit begründet, nur bei Zulassung auch heterogener Indikatoren länderspezifische Besonderheiten jeder Region beim interregionalen Vergleich angemessen berücksichtigen zu können. Es soll daher anhand von Testläufen in denen das Verhalten ausgewählter Regionen untersucht wird, das System gewissermaßen "geeicht" werden, d.h. eine Gesetzmäßigkeit gefunden werden, von der eine Aussage über die Qualität der Ergebnisse bei einer bestimmten Anzahl von heterogenen Indikatoren abgeleitet werden kann.

Auch hier besteht somit die Hoffnung, daß Ergebnisse gefunden werden können, die sich für alle denkbaren Läufe verallgemeinern lassen. Da der "objektive" Entwicklungsstand einer Region nicht bekannt ist und desgleichen nicht die im einzelnen "brennendsten" Probleme derselben, läßt sich auch nicht beurteilen, welche Indikatoren in welcher Anzahl im regionalen Einzelfall zur "adäquaten" Beurteilung notwendig sind. Die Kriterien dessen, was im regionalen Einzelfall als "adäquate" Beurteilung zu gelten hat, sind zwischen potentiell gefördertem Teilraum und förderndem Gesamtraum möglicherweise sehr unterschiedlich. So ist anzunehmen, daß die Region, deren Interesse der Erhalt von Fördermitteln ist, sich vorrangig mit solchen Indikatoren "adäquat" beurteilt sieht, die einen regional relativ niedrigen Zielerreichungsgrad aufweisen. Im Extremfall würde jedes Land nur einen beliebigen Indikator benennen, aufgrund dessen dann die Mittel verteilt würden. Der Gesamtraum wird demgegenüber zwangsläufig andere Kriterien anlegen müssen, da er keine Inflation an Fördergebieten akzeptieren kann. Er wird daher zwangsläufig Rahmenbedingungen setzen müssen, und zwar mit dem Ziel, die "tatsächlich bedürftigsten" Regionen herauszufiltern. Doch wieweit sind diese Rahmenbedingungen nur politisch-konzeptionell zu begründen und wieweit sind sie auch formal-methodisch zu begründen derart, daß bei ganz bestimmten Rahmenbedingungen hinsichtlich der gebietsspezifischen Auswahl 'entscheidungsrelevanter' Indikatoren z.B. die Anzahl der "entwicklungsbedürftigsten" Regionen reduziert werden kann (d.h. die Anzahl der Regionen unter einem bestimmten Schwellenwert des Bewertungsindizes)?

An diesem Punkt wird aber erneut das bereits angesprochene zentrale Problem der numerischen Überprüfung der Anwendbarkeit des Informationssystems deutlich. Dies besteht in der Tatsache, daß die Richtigkeit des Inputs mangels "objektiver" Auswertungskriterien (methodisch) nicht anhand des Outputs überprüft werden kann.

5.2.4 Die Berücksichtigung unterschiedlicher Indikatorengewichte

Die Überlegungen zu den möglichen Auswirkungen der regionsspezifischen,d.h. regional frei disponibler Gewichtung der zu aggregierenden Indikatoren auf das Ergebnis schließen sich insofern inhaltlich an § 5.2.3 an, als die Berücksichtigung eines weiteren Indikators bei der Berechnung mit einer Gewichtung desselben ungleich Null gleichzusetzen ist. Wenn bereits Schwierigkeiten dabei zu erwarten sind, die im regionalen Einzelfall "adäquate" Anzahl von Indikatoren zu finden, so gilt dies umso mehr für die "adäquate" Gewichtung der Indikatoren. Es ließe sich schließlich argumentieren: Solange über die generell "richtige" Anzahl und Auswahl der Indikatoren kein systematisch begründetes Wissen vorliegt, läßt sich über die Auswirkung von unterschiedlichen Gewichtungen keine Aussage treffen. Denn sonst wird der "Feineinstellung" eine von der "Grobeinstellung" des Systems unabhängige Bedeutung beigemessen.

Die erwähnte Problematik der unterschiedlichen Interessenperspektiven von (potentiell gefördertem) Teilraum und (förderndem) Gesamtraum gilt gleicherweise auch für die Gewichtung. Die gesamträumlich (europäisch) gesetzten Rahmenbedingungen werden daher auch Restriktionen hinsichtlich der Gewichtung beinhalten müssen - beispielsweise zwecks Verhinderung der extrem hohen Gewichtung regionsspezifischer Problemindikatoren ausschließlich zum Zweck der Erhöhung der eigenen Förderchancen. Die entsprechende Leitfrage lautet:

Wieweit lassen sich methodisch begründete Aussagen über die notwendige Reichweite dieser regionale Freiheitsräume einschränkenden Rahmenbedingungen hinsichtlich der Indikatorengewichtung treffen?

5.2.5 Die Berücksichtigung teilräumlich unterschiedlicher Zielwerte je Indikator infolge unterschiedlicher Raumtypisierung

Die Leitfrage, die sich auf die Auswirkungen unterschiedlicher Ziel- und Bedarfswerte bei der Definition der normativen Indikatoren für einen Analyseraum auf das Gesamtergebnis bezieht, ähnelt stark der Frage, die im § 5.2.2 in Zusammenhang mit länderspezifischen Bewertungssätzen gestellt wird. Dort werden die verschiedenen Zielwerte der Analyseräume durch ihre Zugehörigkeit zu einem bestimmten Land begründet (d.h. ihr Zielwert war beispielsweise an der durchschnittlichen Ausstattung ihres Staates orientiert). Demgegenüber werden jetzt - in Anlehnung an die inhaltliche Begründung von § 4.2 - unterschiedliche Bedarfswerte der Analyseräume hin-

sichtlich ihrer Ausstattung und Versorgung mit ihrer spezifischen Position innerhalb ihres übergeordneten Gesamtraums begründet. Wie in § 4.2 erwähnt, kann die Zuordnung eines spezifischen Analyseraums zu einem spezifischen Raumtypus, (wodurch
der raumspezifische Bedarfswert als der "angemessene" zugrundegelegt wird) auf unterschiedliche Weise erfolgen. Und zwar läßt sich die Zuordnung einmal automatisch
vornehmen, d.h. endogen im Informationssystem durch Verwendung des Systemteils
TYPIS (§ 3.3.3.4) mit seinem sog. klassifizierenden Indikatoren sowie den entsprechenden Schwellenwerten. Eine andere Möglichkeit der Klassifizierung der Analyseräume besteht in ihrer exogenen Zuweisung zu Raumtypen (und damit der Zugrundelegung entsprechender Bedarfswerte) auf der Grundlage raumfunktionaler Entwicklungsziele bzw. bestehender Entwicklungspläne. Die raumtypenspezifische Differenzierung
von Ziel- und Bedarfswerten, kommt aber nur bei ganz bestimmten 'funktionsabhängi-
gen' Indikatoren zum Tragen. Diese Indikatoren sind gemäß der Indikatorenklassifi-
zierung in § 3.3.3.2 dem Indikatorentypus 2 (im Fall homogener Indikatoren) und dem
Indikatorentypus 4 (im Fall gebietsspezifischer Indikatoren) zugeordnet. Die Typisierung hat für diese Indikatoren z.B. dann, wenn sie Ausstattungen unterschiedlicher Zentralität messen, die Konsequenz, daß ihre Zielerreichung bei gleichem Ist-
Wert im Fall des "Ländlichen Raums" (aufgrund niedriger Bedarfswerte) höher
ist als im Fall des Übergangsraums (der einen höheren Bedarfswert aufweist).
In der Regel wird ein Lauf Indikatoren der erwähnten Indikatorentypen 2 und 4, aber
zugleich auch der Typen 1 und 3 enthalten. Bei letzteren bleibt definitionsgemäß
die Raumtypisierung ohne Einfluß auf ihre Bewertung.Es ist zu erwarten, daß die
Klassifizierung einer Region sich daher umso stärker auswirkt, je stärker Indikatoren der Typen 2 oder 4 berücksichtigt werden.

5.2.6 Die Berücksichtigung unterschiedlicher Aggregationsvorschriften

Wie in § 3.3 beschrieben wird, soll für bestimmte als "dominant" erklärte Indikatoren die Möglichkeit der Substituierbarkeit dahingehend eingeschränkt werden, daß
sie, falls sie im regionalen Einzelfall einen bestimmten Wert unterschreiten, den
gesamten Bewertungsindex dieser Region herabsetzen. In Abhängigkeit von der Zielerreichung des dominanten Indikators bzw. der dominanten Indikatoren wird der zuvor
berechnete Bewertungsindex somit akzeptiert oder abgemindert. Das Ausmaß dieses Ver-
ringerungseffektes hängt dabei von dem Wert ab, um den der Zielerreichungsgrad des
dominanten Indikators den Schwellenwert unterschreitet. Ein niedriger Wert dieses
dominanten Indikators erhöht damit die Förderchancen der entsprechenden Region.
Dem liegt inhaltlich die Überlegung zugrunde, daß eine relativ hohe Zielerreichung,
durch den regionalen Bewertungsindex bei voller Substituierbarkeit aller Indikatoren
zum Ausdruck gebracht, für viele Regionen dann ohne Aussagekraft ist, wenn diese Regionen für bestimmte 'nicht-substituierbare' Indikatoren einen Mindeststandard nicht
erreichen. Mit der Bestimmung solcher nur unter bestimmten Bedingungen substituier-

barer Indikatoren als dominante Indikatoren legt man fest, daß vordringlich die Regionen zu fördern sind, in denen diese Indikatoren jeweils einen bestimmten Schwellenwert nicht erreichen. Der ursprünglich und ohne Ausschluß von Substitutionseffekten berechnete Bewertungsindex entscheidet dann erst in zweiter Linie über die Förderungsbedürftigkeit.

Die Auswirkungen dieser Form der Indikatoren-Dominanz auf die Ergebnisse sind daraufhin zu überprüfen, ob die Erklärung eines Indikators zum dominanten Indikator die ursprüngliche Rangordnung so stark verändert, daß das Ergebnis letztlich nur noch vom dominanten Indikator abhängt. Dann würde es ja genügen, gleich nur den einen Indikator zu betrachten. Die Auswahl der übrigen Indikatoren würde relativ bedeutungslos. Gewichtungsänderungen derselben hätten dann ebenfalls recht wenig Einfluß. Welchen Anteil am Ergebnis (dem endgültigen Bewertungsindex als Funktion des vorläufigen Bewertungsindexes und der Zielerreichung des dominanten Indikators) die beiden Elemente haben, ist von Fall zu Fall verschieden und läßt sich für jeden regionalen Einzelfall nachprüfen. Dies wäre allerdings sehr aufwendig. Es soll statt dessen versucht werden, allgemeiner feststellbare Tendenzen zu beschreiben.

5.3 Die Auswertungsergebnisse in Bezug auf die Leitfragen

Die in § 5.2 ausgeführten Leitfragen sollen soweit wie möglich auf der numerischen Grundlage entsprechend problemorientiert konzipierter Läufe des Informationssystems beantwortet werden. Die in den Fragestellungen angesprochenen Auswirkungen von Inputvariationen auf das Gesamtergebnis beziehen sich auf die regionalen Rangfolgen, die sich durch bestimmte regionale Bewertungsindizes ergeben. Die Rangskalen sind dabei (was man sich bei der folgenden Auswertung zu vergegenwärtigen hat) so angeordnet, daß die "bedürftigsten" Regionen nicht am Fuße der Skala erscheinen, sondern an der Spitze. Diese Regionen weisen die (relativ) kleinsten Bewertungsindizes auf, während die Regionen mit den größten Bewertungsindizes die letzten Rangpositionen einnehmen, d.h. am wenigsten "förderungsbedürftig" sind und hier am Fuße der Skala erscheinen. Die Regionen sind somit komparativ umso "entwickelter", je tiefer auf der Rangskala sie stehen, umso "unterentwickelter" und damit "förderungsbedürftiger", je höher auf der Rangskala sie erscheinen. Im Sinne der Erhöhung ihrer Förderchancen liegt es somit im Interesse einer Region, ihren Bewertungsindex möglichst niedrig zu halten und damit möglichst an der Spitze der Rang-Bewertungs-Skala zu liegen.

Das erste Kriterium für die Feststellung und Messung der Wirkungen von Inputvariationen ergibt sich aus dem reinen Vergleich der Rangfolgen. Es wird untersucht, wie stark sich zwei Rangfolgen voneinander unterscheiden, wobei die in § 3.3.5.3 beschriebenen Vergleichsindikatoren GEEKR, KENDT und SPEAR unterschiedliche statistische Maße für die Veränderung der Rangfolgen darstellen.

Was diese bestimmten Vergleichsindizes jedoch nicht aussagen können, ist, in welchem Bereich der Rangfolge und auf welche Art die gemessene Veränderung zustande gekommen ist. Resultiert sie beispielsweise aus einer Steigung des Bewertungsindexes der Region A oder einem Sinken des Bewertungsindexes der Region B? Ändern sich wenige Bewertungsindizes stark oder viele Bewertungsindizes nur wenig? Auch eine Gesamtschau aller drei Vergleichsindizes kann diese Frage nicht beantworten. Von daher bilden diese drei statistischen Größen ein bei bestimmten Fragestellungen problematisches inhaltlich bezogenes Maß für die Sensitivität des Systems bei Variation verschiedener Input-Größen. Durch die Anwendung graphischer Hilfen (wie z.B. des sog. Pictographs von § 3.3.5) lassen sich spezifische inhaltliche Änderungen von Rangfolgen übersichtlicher nachvollziehen. Auch wäre es möglich (numerische) Maße zu entwickeln, die spezifische (Teil-)Fragestellungen (z.B. der Lage der irischen Ländlichen Räume in der Rangfolge) zufriedenstellender beantworten. Spezifische europäische Fragestellungen dieser Art könnten jedoch innerhalb des Projektrahmens (mit seinen exemplarisch ausgewählten Testgebieten und nur zu einem gewissen Grad erhobenen aktuellen Statistiken) nicht bzw. nur sehr willkürlich gestellt werden.

Die methodische Alternative hätte vielmehr darin bestanden, für jeden einzelnen der sehr zahlreichen Läufe das Verhalten jedes einzelnen der 38 Analyseräume gesondert nachzuvollziehen und dann im Gesamtzusammenhang aller Analyseräume zu beurteilen. Es liegt auf der Hand, daß dieser Weg nicht gangbar war. Dagegen sprachen nicht nur Zeitgründe, sondern vor allem, daß aus einer solchen Detailanalyse kein zusätzlicher methodischer Erkenntnisgewinn im Sinne generalisierbarer Aussagen erwartet werden konnte.

In der folgenden Auswertung wird vereinzelt jedoch auf das Verhalten einzelner, ausgewählter Analyseräume abgestellt, um bezüglich dieser Räume auch inhaltlich begründbare Aussagen treffen zu können.

Begrifflich wird im folgenden zwischen 'Laufkomplexen' und 'Läufen' unterschieden. Wie in § 3.3.5 beschrieben, konstituiert eine Summe von Läufen einen Laufkomplex.

5.3.1 Die Auswirkung europäisch einheitlicher vs. länderspezifischer Bewertung auf der Grundlage homogener Indikatoren

Die Frage, ob der Bewertung homogener Indikatoren, die sich auf einheitlich definierte regionale Anteilswerte beziehen, supranational einheitliche (europäische) oder länderspezifische Bewertungssätze (Normwerte) zugrundegelegt werden sollen und ob die Aggregation dieser Indikatoren aufgrund einheitlicher oder länderspezifischer Gewichtungen vorzunehmen ist bzw. welches im regionalen Einzelfall die Auswirkungen einer Entscheidung für die eine oder die andere Möglichkeit sind, soll uns in diesem Teil der numerischen Untersuchung beschäftigen. Die Fragestellung be-

schränkt sich somit auf die für alle Testgebiete als einheitlich definiert angenommenen Indikatoren. Da die große Mehrheit der in dieser Untersuchung berücksichtigten Indikatoren jedoch länderspezifisch definiert, also heterogen ist, kommt
dieser Frage hier nicht die gleiche 'politische' Bedeutung zu, die sie etwa im Hinblick auf die gegenwärtigen, europäisch einheitlichen Förderkriterien der gemeinschaftlichen Regionalpolitik hat. Jedoch ist diese Frage durchaus auch von grund-
sätzlicher Bedeutung für die supranationale Aussagefähigkeit normativer Indikatoren
und ihre Verwendbarkeit als regionalpolitische Entscheidungshilfe.

Es wurden zunächst zwei Laufkomplexe des Informationssystems mit jeweils nur einem
Lauf unter Verwendung der homogenen Indikatoren Nr. 1 (Wanderungssaldo), Nr. 2 (Erwerbsfähigenanteil), Nr. 3 (spezifische Aktivitätsrate[1]), Nr. 4 (Arbeitslosenquote) und Nr. 5 (Agrarquote[2]) durchgeführt (vgl. zu den Indikatoren im einzelnen
§ 4.2). Diese Indikatoren wurden untereinander ungleich gewichtet; diese Gewichtung war aber für alle Testgebiete identisch. Im Laufkomplex 1 wurden dabei länderspezifische Bewertungssätze, im Laufkomplex 2 wurden die europäisch einheitlichen Bewertungssätze (einheitlich differenziert nach Raumtypen und Raumebenen) verwandt.

Um über die einheitlichen bzw. länderspezifischen Bewertungssätze hinaus auch den
Einfluß von einheitlichen bzw. länderspezifischen Gewichtsänderungen zu untersuchen, wurde ein Laufkomplex 3 mit den gleichen homogenen Indikatoren unter Verwendung länderspezifischer Bewertungssätze für die Indikatoren 1 bis 4 und dem europäisch einheitlichen Bewertungssatz für den Indikator 5 bei gleicher Gewichtung durchgeführt. In den einzelnen Läufen des Laufkomplexes 3 wurde, ausgehend von totaler
Gewichtungs-Homogenität (alle Indikatoren einheitlich mit 1 gewichtet), Heterogenität der Gewichtung sukzessive so eingeführt, daß jedes Testgebiet einen Indikator
stärker gewichten durfte, bis schließlich im Lauf 9 jedes Testgebiet seine spezifisch "optimale" Gewichtung gefunden hatte. Optimal war die Gewichtung für ein
Testgebiet dann, wenn die Indikatoren mit der relativ (bezogen auf die Anzahl der
die einzelnen Testgebiete konstituierenden Regionen) geringsten Zielerreichung
deutlich am höchsten gewichtet wurden.

Um aber auch den Einfluß der Indikatorenauswahl als solcher unabhängig von den jeweiligen Bewertungssätzen und Indikatorengewichten zu untersuchen, wurde schließlich in diesem Zusammenhang noch ein Laufkomplex 4 mit den homogenen Indikatoren
Nr. 5 (Wohnraumdichte), Nr. 7 (Anteil Wohneinheiten mit Bad), Nr. 8 (Krankenhaus-

---

[1] Anzahl 20-39jähriger auf 100 Personen im Alter von 60 Jahren und älter
[2] Anteil der landwirtschaftlich Beschäftigten an allen Beschäftigten in einer
Region

bettendichte) und Nr. 9 (Arztdichte) durchgeführt. Mit diesen Indikatoren wurde
innerhalb des Laufkomplexes Nr. 4 ein Lauf durchgeführt, der, unter Verwendung europäischer Bewertungssätze, die berücksichtigten Indikatoren untereinander ungleich
gewichtete. Die Gewichtung war für die einzelnen Testgebiete jedoch identisch.

Eine zunächst nur grobe vergleichende Auswertung der Ergebnisse von Laufkomplex 1
und 2, die in den Tabelle 5.1 und 5.2 einander gegenübergestellt sind, zeigt: Bei
Verwendung länderspezifischer Bewertungssätze liegen die Bewertungsindizes zwischen
18 und 93 Punkten, bei Verwendung europäisch einheitlicher Bewertungssätze zwischen
14 und 97 Punkten, sind also nur minimal breiter gestreut. Eine Heterogenität der
Bewertung, d.h. die Übernahme länderspezifischer (jeweils dem nationalen Durchschnitt in etwa entsprechender) Normwerten hat somit zwar eine nivellierende Wirkung, die aber nur geringfügig ist.

Bei einer vertieften Auswertung dieser Tabellen zeigt sich, daß durch die Verwendung von europäisch einheitlichen Bewertungssätzen die Bewertungsindizes der bayerischen und der französischen Analyseräume im Vergleich deutlich ansteigen, während
die Bewertungssätze der irischen Analyseräume sinken. Auch mit länderspezifischen
Bewertungssätzen stehen die irischen Analyseräume im oberen Teil der Rangfolge,
d.h. sie haben die (relativ) niedrigsten Zielerreichungsgrade. Mit den länderspezifischen Bewertungssätzen liegen die irischen Analyseräume zwischen der 1. und
der 23. Rangfolgeposition, mit den europäischen Bewertungssätzen liegen sie zwischen der 1. und der 13. Position in der Rangfolge.

Wie die Tabelle 5.3 zeigt, trifft die Beobachtung, daß die irischen Analyseräume
mit länderspezifischen Bewertungssätzen für homogene Indikatoren die höheren (und
daher die ungünstigeren) Zielerreichungen aufweisen, für die homogenen Indikatoren Nr. 2 (Erwerbsfähigenanteil), Nr. 4 (Arbeitslosenquote), Nr. 5 (Agrarquote) und Nr. 9 (Arztdichte) zu. Bei den homogenen Indikatoren Nr. 1 (Wanderungssaldo), Nr. 3 (spezifische Aktivitätsrate) und Nr. 8 (Krankenhausbettendichte) wären
dagegen länderspezifische Bewertungssätze für die irischen Förderchancen günstiger.

Umgekehrt haben die bayerischen Analyseräume überwiegend bei den homogenen Indikatoren Nr. 1 und teilweise 3 mit europäischen Bewertungssätzen und bei den homogenen Indikatoren Nr. 2, (3), 4, 5, 6, 8 und 9 mit länderspezifischen Bewertungssätzen die niedrigere Zielerreichung, d.h. die höheren Förderchancen.

Insgesamt läßt sich daher feststellen, daß die Wirkung der Wahl europäisch einheitlicher oder länderspezifischer Bewertungssätze entscheidend von der Auswahl der berücksichtigten homogenen Indikatoren abhängt.

Wie die Tabellen 5.1 und 5.2 zeigen, wirkt sich eine Veränderung der Bewertungssätze in der beschriebenen Art erwartungsgemäß auch nicht auf alle Analyseräume

Tab. 5.1: Ergebnisse von Laufkomplex 1 - § 5.3.1

RANGFOLGE ALLER REGIONEN MIT LAENDER-BEWERTUNG DER HOMOGEN
DEFINIERTEN INDIKATOREN[1]

RANGFOLGE	EINHEIT	REGIONSNAME	BEWERTUNGSINDEX
1	34	KERRY	18.0
2	35	LIM.CITY	31.7
3	14	TIRSCHENR.	33.0
4	36	LIM.C'NTY	36.6
5	26	WEISSENB'G	51.9
6	11	HOF L	54.7
7	13	WUNSIEDEL	55.8
8	12	KULMBACH	56.3
9	1	BAMBERG S	56.4
10	38	CLARE	57.2
11	4	COBURG L	57.8
12	25	NEUSTADT/A	58.4
13	6	KRONACH	58.5
14	37	TIPP.N.R.	61.2
15	10	BAYREUTH L	64.5
16	7	LICHTENF'S	64.6
17	24	ANSBACH L	67.8
18	32	CORK CITY	68.5
19	9	HOF S	70.6
20	28	HAUTEG.O.T	70.7
21	2	COBURG S	71.0
22	17	NUERNB'G S	71.9
23	33	CORK C'NTY	72.3
24	22	ROTH	73.2
25	29	ARIEGE	73.6
26	5	FORCHHEIM	73.7
27	31	PYR.-OR.	76.4
28	23	ANSBACH S	77.0
29	8	BAYREUTH S	77.2
30	16	FUERTH S	77.2
31	30	AUDE	77.5
32	27	BAMBERG L	79.0
33	3	TOULOUSE	82.7
34	18	SCHWABACH	83.0
35	15	ERLANGEN S	86.4
36	19	ERLANGEN L	87.6
37	21	FUERTH L	92.7
38	20	NUERNB'G L	92.9

[1] Berücksichtigt wurden die homogenen Indikatoren Nr. 1 bis 5 (vgl. Tab. 4.2 bis 4.4), denen je Testgebiet länderspezifische Bewertungssätze zugrundegelegt wurden.

Tab. 5.2: <u>Ergebnisse von Laufkomplex 2 - § 5.3.1</u>

RANGFOLGE ALLER REGIONEN MIT EUROPAEISCHER BEWERTUNG DER HOMOGEN
DEFINIERTEN INDIKATOREN[1]

RANGFOLGE	EINHEIT	REGIONSNAME	BEWERTUNGSINDEX
1	34	KERRY	14.1
2	35	LIM.CITY	22.1
3	36	LIM. C'NTY	26.5
4	14	TIRSCHENR.	45.7
5	38	CLARE	48.9
6	37	TIPP. N.R.	52.8
7	1	BAMBERG S	60.4
8	11	HOF L	61.0
9	13	WUNSIEDEL	61.2
10	32	CORK CITY	61.5
11	26	WEISSENB'G	63.3
12	12	KULMBACH	65.0
13	33	CORK C'NTY	65.9
14	6	KRONACH	65.9
15	4	COBURG L	65.9
16	25	NEUSTADT/A	67.1
17	9	HOF S	69.9
18	2	COBURG S	71.3
19	7	LICHTENF'S	73.6
20	17	NUERNB'G S	74.7
21	10	BAYREUTH L	75.0
22	24	ANSBACH L	77.9
23	22	ROTH	77.9
24	16	FUERTH S	78.0
25	28	HAUTEG.O.T	78.4
26	8	BAYREUTH S	81.3
27	23	ANSBACH S	82.0
28	30	AUDE	82.9
29	29	ARIEGE	83.0
30	3	BAMBERG L	84.2
31	5	FORCHHEIM	84.5
32	31	PYR.-OR.	86.0
33	18	SCHWABACH	87.5
34	19	ERLANGEN L	91.1
35	21	FUERTH L	96.3
36	20	NUERNB'G L	96.5
37	15	ERLANGEN S	96.9
38	27	TOULOUSE	96.9

---

[1] Berücksichtigt wurden die homogenen Indikatoren Nr. 1 bis 5 (vgl. Tab. 4.2
bis 4.4), denen für alle Testgebiete europäisch einheitliche Bewertungssätze
zugrundegelegt wurden.

Tab. 5.3: Auswirkungen der Verwendung europäischer vs. länderspezifischer Bewertungssätze (Durchschnittswerte) für die homogenen Indikatoren 1 bis 9
auf das allgemeine Niveau der normativen Indikatoren für die drei Testgebiete[1])

E = Europäische Bewertungssätze   L = länderspezifische Bewertungssätze

Indikatoren-Nr.	Bayern	Frankreich	Irland
1	$E < L$[2)]	$E = L$	$E > L$
2	$E > L$	$E > L$	$E < L$
3	Städte: $E < L$	Toulouse: $E > L$	$E > L$
	Landkreise: $E > L$	$E < L$	
4	$E > L$	$E > L$	$E < L$
5	$E > L$ (mit gewissen Aus- nahmen)	$E < L$	$E < L$
6	$E > L$	$E = L$	$E = L$
7	$E = L$	$E = L$	$E = L$
8	$E > L$ (mit Ausnahme der Großstädte)	$E > L$	$E > L$
9	$E > L$	$E > L$	$E < L$

eines Landes tendenziell gleich aus, vielmehr treten auch zwischen den Analyseräumen eines Landes Vertauschungen der Rangpositionen auf. Das liegt daran, daß Indikatoren mit unterschiedlichen räumlichen Problembezügen und mit von daher zwangsläufig unterschiedlichen Wirkungen für die einzelnen unterschiedlich strukturier-
ten Analyseräume verwendet werden. So begünstigt beispielsweise der homogene Indikator Nr. 5 (Agrarquote) mit länderspezifischem Bewertungssatz für das bayerische
Testgebiet alle Analyseräume mit Ausnahme von Bamberg Stadt und den Landkreisen
Roth, Nürnberg, Fürth und Erlangen. Wie eingangs bereits bemerkt, wirkt sich jedoch in einem von der Indikatorenzahl her umfangreicheren Lauf, der außer wenigen
homogen definierten Indikatoren noch eine große Anzahl heterogener (gebietsspezifischer) Indikatoren enthält, eine Änderung des Bewertungssatzes auf das Gesamtergebnis ohnehin nur sehr beschränkt aus.

---

[1])In dieser Tabelle sind für jeden einzelnen homogenen Indikator die Auswirkungen
der Verwendung europäischer bzw. länderspezifischer Bewertungssätze auf die drei
Testgebiete zusammengestellt. Die Frage ist jeweils: welcher Indikatorenwert
liegt für die Mehrheit der Regionen eines Testgebietes im Fall der entsprechenden
Normwerte gebietsspezifisch höher? Da je höher der Soll-Wert als der "gültige"
Bewertungsmaßstab im Einzelfall liegt, desto günstiger ist dies für die Förderchancen der betreffenden Region, da bei gleichem Ist-Wert die jeweilige Zielerreichung umso niedriger ist.

[2])Beispiel für den Indikator Nr.X $E > L \gtrdot I_{x(E)} > I_{x(L)}$
und $E < L \gtrdot I_{x(E)} < I_{x(L)}$

Die im Laufkomplex 3 erfolgte sukzessive Einführung von Heterogenität der Gewichtung zwischen den Testgebieten bzgl. der homogen zwischen den Gebieten berücksichtigten Indikatoren bewirkt im Fall dieses Laufkomplexes mit seinen spezifischen Indikatoren, wie die Tabellen 5.4 bis 5.8 zeigen, in erster Linie, daß die Bewertungsindizes von Lauf zu Lauf generell weiter absinken. Sie bewegen sich in Lauf 5 zwischen 28,4 und 93,9 und in Lauf 9 zwischen 6,3 und 96,8. Die Gewichtungsänderungen wurden dabei für jedes einzelne Testgebiet so vorgenommen, daß für möglichst viele der Analyseräume die Förderchancen erhöht wurden (d.h. die Indikatoren mit der relativ ungünstigsten Zielerreichung wurden am stärksten gewichtet, um dadurch die Bewertungsindizes der relativ schwächsten Analyseräume noch niedriger werden zu lassen). Dies geht aber teilweise "zu Lasten" der relativ besser gestellten Analyseräume. Auch auf Gewichtungsänderungen reagieren somit nicht alle Analyseräume eines Landes gleich.

Durch die Gewichtungsänderung erhöhte sich die Zahl der Analyseräume mit beispielsweise einem Bewertungsindex kleiner/gleich 50 von 6 im Lauf 5 auf 18 im Lauf 7 und blieb dann mit Schwankungen von ±1 bei dieser Anzahl. Das bedeutet, daß mehr als diese Anzahl der Analyseräume auch durch extreme Gewichtungen nicht unter diesem (beispielhaft gewählten) Schwellenwert zu drücken waren. Hier stellte sich eine gewisse "Stabilität" der Ergebnisse im Hinblick auf das Förderkriterium Index-Schwellenwert ein.

Diese gewisse Stabilität war auch hinsichtlich des Förderkriteriums Rangplatz-Schwellenwert zu beobachten: Es traten nur geringe Vertauschungen der Rangplätze auf, und wenn, dann vorwiegend zwischen Analyseräumen verschiedener Länder. Unter den bayerischen Analyseräumen sind die Obergangsräume überwiegend im unteren Teil der Rangfolge vertreten, die Verdichtungsräume im mittleren Teil. Die Rangfolgen werden angeführt von den (z.T. als eigentliche Problemräume bekannten) Ländlichen Räumen.

Die Ergebnisse des Laufkomplexes 4, der die homogenen Ausstattungs-Indikatoren Nr. 6 (Wohnraumdichte), Nr. 7 (Anteil Wohneinheiten mit Bad), Nr. 8 (Krankenhausbettendichte und Nr. 9 (Arztdichte) berücksichtigt, belegen, wie Tab. 5.9 zeigt, erneut die Aussage, daß die Rangfolge ganz entscheidend auch von der Auswahl der berücksichtigten Indikatoren abhängt. Denn anders als bei den Laufkomplexen 1 bis 3 mit den dort verwendeten Indikatoren ergibt sich auf der Grundlage der in diesem Laufkomplex verwendeten Indikatoren jetzt die folgende Rangfolge: Die irischen ländlichen Analyseräume liegen gedrängt an der Spitze, die bayerischen Stadtkreise ebenso konzentriert am Ende, wobei insbesondere letzteres Ergebnis in dieser Form bei keinem der vorherigen Laufkomplexe auftrat.

Tab. 5.4: Ergebnisse von Laufkomplex 3, Lauf 5 - § 5.3.1

RANGFOLGE ALLER REGIONEN IM LAUF 5

RANGFOLGE	EINHEIT	REGIONSNAME	BEWERTUNGSINDEX
1	34	KERRY	28.4
2	35	LIM.CITY	43.2
3	36	LIM.C'NTY	45.6
4	37	TIPP.N.R.	49.5
5	25	NEUSTADT/A	49.9
6	38	CLARE	49.9
7	14	TIRSCHENR.	51.1
8	26	WEISSENB'G	55.5
9	11	HOF L	58.4
10	13	WUNSIEDEL	59.1
11	24	ANSBACH L	60.1
12	1	BAMBERG S	60.1
13	29	ARIEGE	60.2
14	28	HAUTEG.O.T	61.5
15	12	KULMBACH	62.2
16	33	CORK CITY	62.3
17	6	KRONACH	65.3
18	30	AUDE	65.6
19	32	CORK CITY	66.8
20	4	COBURG L	67.8
21	31	PYR.-OR.	68.1
22	10	BAYREUTH L	68.7
23	9	HOF S	72.4
24	7	LICHTENF'S	73.8
25	17	NUERNB'G S	73.8
26	2	COBURG S	73.9
27	18	SCHWABACH	76.1
28	23	ANSBACH S	76.1
29	16	FUERTH S	78.1
30	22	ROTH	78.1
31	5	FORCHHEIM	81.7
32	8	BAYREUTH S	81.9
33	15	ERLANGEN S	82.8
34	19	ERLANGEN L	83.3
35	3	BAMBERG L	87.0
36	27	TOULOUSE	89.3
37	21	FUERTH L	93.7
38	20	NUERNB'G L	93.9

------ Trennungslinie B_r = 50,0

Gewichtungserläuterung auf Tabelle 5.8

Tab. 5.5: <u>Ergebnisse von Laufkomplex 3, Lauf 6 - § 5.3.1</u>

RANGFOLGE ALLER REGIONEN IM LAUF 6

RANGFOLGE	EINHEIT	REGIONSNAME	BEWERTUNGSINDEX
1	34	KERRY	23.7
2	36	LIM.C'NTY	38.0
3	37	TIPP.N.R.	41.3
4	38	CLARE	41.6
5	14	TIRSCHENR.	42.6
6	25	NEUSTADT/A	46.3
7	11	HOF L	48.7
8	13	WUNSIEDEL	49.3
9	29	ARIEGE	50.9
10	1	BAMBERG S	51.5
11	33	CORK C'NTY	52.7
12	35	LIM.CITY	52.7
13	26	WEISSENB'G	53.1
14	6	KRONACH	54.5
15	31	PYR.-OR.	56.7
16	12	KULMBACH	56.8
17	4	COBURG L	57.9
18	30	AUDE	58.7
19	28	HAUTEG.O.T	59.4
20	17	NUERNB'G S	61.5
21	24	ANSBACH L	63.2
22	10	BAYREUTH L	69.2
23	7	LICHTENF'S	70.3
24	16	FUERTH S	70.3
25	32	CORK CITY	72.3
26	9	HOF S	74.0
27	23	ANSBACH S	75.3
28	2	COBURG S	78.2
29	18	SCHWABACH	80.1
30	22	ROTH	81.7
31	5	FORCHHEIM	84.7
32	8	BAYREUTH S	84.9
33	15	ERLANGEN S	85.7
34	19	ERLANGEN L	86.0
35	27	TOULOUSE	87.1
36	3	BAMBERG L	89.2
37	21	FUERTH L	94.8
38	20	NUERNB'G L	94.9

------ Trennungslinie B_r = 50,0

Gewichtungserläuterung auf Tab. 5.8

Tab. 5.6: Ergebnisse von Laufkomplex 3, Lauf 7 - § 5.3.1

RANGFOLGE ALLER REGIONEN IM LAUF 7

RANGFOLGE	EINHEIT	REGIONSNAME	BEWERTUNGSINDEX
1	34	KERRY	15.8
2	36	LIM. C'NTY	25.3
3	37	TIPP.N.R.	27.7
4	38	CLARE	27.7
5	14	TIRSCHENR.	28.4
6	11	HOF L	32.4
7	13	WUNSIEDEL	32.9
8	29	ARIEGE	35.4
9	6	KRONACH	36.3
10	33	CORK C'NTY	36.6
11	1	BAMBERG S	37.0
12	31	PYR.-OR.	37.8
13	25	NEUSTADT/A	40.3
14	17	NUERNB'G S	41.0
15	4	COBURG L	41.5
16	30	AUDE	47.1
17	12	KULMBACH	47.7
18	26	WEISSENB'G	49.0
19	28	HAUTEG.O.T	55.0
20	16	FUERTH S	57.5
21	7	LICHTENF'S	64.6
22	24	ANSBACH L	68.4
23	35	LIM.CITY	68.5
24	10	BAYREUTH L	70.1
25	23	ANSBACH S	74.1
26	9	HOF S	76.7
27	32	CORK CITY	81.5
28	27	TOULOUSE	83.4
29	2	COBURG S	85.5
30	18	SCHWABACH	86.7
31	22	ROTH	87.8
32	5	FORCHHEIM	89.8
33	8	BAYREUTH S	90.0
34	15	ERLANGEN S	90.5
35	19	ERLANGEN L	90.7
36	3	BAMBERG L	92.8
37	21	FUERTH L	96.5
38	20	NUERNB'G L	96.6

------ Trennungslinie B_r = 50,0

Gewichtungserläuterung auf Tab. 5.8

Tab. 5.7: <u>Ergebnisse von Laufkomplex 3, Lauf 8 - § 5.3.1</u>

RANGFOLGE ALLER REGIONEN IM LAUF 8

RANGFOLGE	EINHEIT	REGIONSNAME	BEWERTUNGSINDEX
1	34	KERRY	14.2
2	37	TIPP.N.R.	24.9
3	36	LIM.C'NTY	26.0
4	38	CLARE	29.2
5	11	HOF L	32.1
6	13	WUNSIEDEL	32.6
7	14	TIRSCHENR.	32.7
8	1	BAMBERG S	36.2
9	33	CORK C'NTY	38.8
10	6	KRONACH	40.0
11	29	ARIEGE	40.3
12	25	NEUSTADT/A	41.5
13	31	PYR.-OR.	42.1
14	17	NUERNB'G S	45.1
15	4	COBURG L	45.7
16	12	KULMBACH	47.5
17	26	WEISSENB'G	49.6
18	30	AUDE	51.1
19	28	HAUTEG.O.T	57.3
20	16	FUERTH S	58.8
21	35	LIM.CITY	61.6
22	7	LICHTENF'S	66.1
23	24	ANSBACH L	66.8
24	23	ANSBACH S	69.6
25	10	BAYREUTH L	69.7
26	9	HOF S	70.4
27	32	CORK CITY	74.7
28	2	COBURG S	78.0
29	27	TOULOUSE	82.1
30	15	ERLANGEN S	84.1
31	8	BAYREUTH S	85.4
32	18	SCHWABACH	87.3
33	19	ERLANGEN L	88.9
34	22	ROTH	89.0
35	5	FORCHHEIM	90.1
36	3	BAMBERG L	93.5
37	21	FUERTH L	96.0
38	20	NUERNB'G L	96.8

– – – – – – Trennungslinie B_r = 50,0

Gewichtungserläuterung auf Tab. 5.8

Tab. 5.8: Ergebnisse von Laufkomplex 3, Lauf 9 - § 5.3.1

RANGFOLGE ALLER REGIONEN IM LAUF 9

RANGFOLGE	EINHEIT	REGIONSNAME	BEWERTUNGSINDEX
1	34	KERRY	6.3
2	37	TIPP.N.R.	11.2
3	36	LIM.C'NTY	20.6
4	38	CLARE	23.2
5	29	ARIEGE	28.7
6	11	HOF L	32.1
7	13	WUNSIEDEL	32.6
8	14	TIRSCHENR.	32.7
9	33	CORK C'NTY	33.4
10	1	BAMBERG S	36.2
11	28	HAUTEG.O.T	37.2
12	30	AUDE	37.4
13	31	PYR.-OR.	38.4
14	6	KRONACH	40.0
15	25	NEUSTADT/A	41.5
16	17	NUERNB'G S	45.1
17	4	COBURG L	45.7
18	12	KULMBACH	47.5
19	26	WEISSENB'G	49.6
20	35	LIM.CITY	55.9
21	16	FUERTH S	58.8
22	32	CORK CITY	65.2
23	7	LICHTENF'S	66.1
24	24	ANSBACH L	66.8
25	23	ANSBACH S	69.6
26	10	BAYREUTH L	69.7
27	9	HOF S	70.4
28	2	COBURG S	78.0
29	15	ERLANGEN S	84.1
30	8	BAYREUTH S	85.4
31	27	TOULOUSE	86.4
32	18	SCHWABACH	87.3
33	19	ERLANGEN L	88.9
34	22	ROTH	89.0
35	5	FORCHHEIM	90.1
36	3	BAMBERG L	93.5
37	21	FUERTH L	96.0
38	20	NUERNB'G L	96.8

– – – – – – Trennungslinie B_r = 50,0

(Laufkomplex 3 enthält die gleichen 5 homogenen Indikatoren wie die Laufkomplexe 1 und 2 unter Verwendung länderspezifischer Bewertungssätze. In Lauf 5 sind alle Indikatoren untereinander und zwischen den Testgebieten gleich gewichtet. Die folgenden Läufe führen schrittweise eine ungleiche Gewichtung der Indikatoren untereinander und zwischen den Testgebieten ein, wobei der Lauf 9 in beiden Dimensionen die stärksten Gewichtungsunterschiede aufweist.)

- 173 -

Tab. 5.9: Ergebnisse von Laufkomplex 4 - § 5.3.1

RANGFOLGE ALLER REGIONEN[1]

RANGFOLGE	EINHEIT	REGIONSNAME	BEWERTUNGSINDEX
1	34	KERRY	24.4
2	36	LIM.C'NTY	26.4
3	37	TIPP.N.R.	26.8
4	38	CLARE	27.2
5	3	BAMBERG L	33.3
6	33	CORK C'NTY	33.9
7	4	COBURG L	37.0
8	22	ROTH	40.5
9	10	BAYREUTH L	41.1
10	35	LIM.CITY	50.9
11	31	PYR.-OR.	52.6
12	19	ERLANGEN L	53.8
13	14	TIRSCHENR.	54.5
14	21	FUERTH L	55.3
15	27	TOULOUSE	58.2
16	32	CORK CITY	59.2
17	11	HOF L	59.6
18	24	ANSBACH L	63.1
19	20	NUERNB'G L	64.2
20	25	NEUSTADT/A	64.6
21	28	HAUTEG.O.T	65.6
22	30	AUDE	65.7
23	13	WUNSIEDEL	72.1
24	18	SCHWABACH	73.1
25	29	ARIEGE	73.3
26	5	FORCHHEIM	76.4
27	7	LICHTENF'S	77.7
28	26	WEISSENB'G	79.2
29	12	KULMBACH	82.2
30	6	KRONACH	83.1
31	9	HOF S	83.3
32	16	FUERTH S	83.4
33	23	ANSBACH S	84.4
34	1	BAMBERG S	86.1
35	8	BAYREUTH S	86.5
36	2	COBURG S	87.4
37	17	NUERNB'G S	88.2
38	15	ERLANGEN S	92.1

[1] Bei diesem Laufkomplex wurden die homogenen Indikatoren Nr. 4 bis 9 (vgl. § 5.3.2.1) berücksichtigt, denen für alle Testgebiete einheitliche europäische Bewertungssätze zugrundegelegt wurden. Die Indikatoren waren untereinander ungleich gewichtet. Ihre jeweilige Gewichtung war aber für die einzelnen Testgebiete identisch.

5.3.2 Die Auswirkung einer heterogenen Anzahl und Gewichtung der Indikatoren

Obwohl im Leitfragen-Teil dieses Kapitels in getrennten Unterkapiteln aufgeführt, wird der Einfluß einer ungleichen Anzahl der Indikatoren und einer ungleichen Gewichtung der Indikatoren zusammen untersucht, weil die Anzahl der "berücksichtigten" Indikatoren identisch ist mit der Zahl der ungleich Null gewichteten Indikatoren. Da aber beide Faktoren hinsichtlich ihres Einflusses in anderem Zusammenhang ausführlich zur Sprache kommen, wird die Beschreibung der Auswertung der spezifisch konzipierten Laufkomplexe entsprechend kurz gehalten.

Es geht speziell um die Auswirkungen von Änderungen in der Anzahl der berücksichtigten Indikatoren und ihrer relativen Gewichtung auf die Rangfolgen und auf die Anzahl der Analyseräume unter einem bestimmten Index-Schwellenwert (von beispielsweise 50). Die Leitfragen sind: Sind diese Auswirkungen durch die genannten Änderungen systematisch und also von den konkreten Indikatoren und Gewichten abstrahierbar zu erklären? Es geht also erneut um die Richtung und die Stärke der Änderungen von Rangpositionen der (länderspezifischen) Analyseräume sowie der Raumtypen. Ein inhaltliches Problem solcher Änderungen stellt sich dabei insbesondere bei der (Ungleich-)Gewichtung von Indikatoren. Dietrichs[1] vertritt hinsichtlich der Festlegung der Förderregionen im Bundesraumordnungsprogramm die Auffassung, daß eine andere Möglichkeit als eine "Gleichgewichtung" der Indikatoren kaum zu vertreten sei. Diese Ansicht teilen die Bearbeiter nicht, besonders nicht im Hinblick auf die Zulassung von Heterogenität auch und gerade bzgl. der Prioritätensetzung. Aber es ist sehr schwer abzuschätzen, innerhalb welcher einheitlicher Rahmenbedingungen "Ungleichgewichtungen" politisch noch akzeptabel sein können. Davon hängt entscheidend die Empfindlichkeit des Informationssystems ab. Grundsätzlich wurde im Rahmen der Berechnungen daher - wenn überhaupt Indikatoren ungleich gewichtet wurden - nicht mit "extremen" Ungleichgewichtungen operiert, d.h. Indikatoren wurden i.a. nicht mit einem Wert kleiner als 1 oder größer als 5 gewichtet. Bei Ausnahmen werden diese ausdrücklich als solche gekennzeichnet.

Auch bei der Auswertung der entworfenen Laufkomplexe im Hinblick auf die grundlegende Fragestellung "systematisch erklärbare Änderungen der Ergebnisse" stellt sich erneut das Problem der adäquaten Kriterien zur Beurteilung der Ergebnisse, d.h. der Rangfolgen und ihrer Änderungen zwischen den einzelnen Läufen. Mit den statistischen Vergleichsindikatoren (s. § 3.3.5.3) wird zwar ein Beurteilungs-Maßstab entwickelt. Dieser erlaubt im Grunde aber nur die Feststellung, daß zwei Rangfolgen als die Ergebnisse zweier Teilläufe einander mehr oder weniger ähnlich sind als zwei andere. Auf die Schwierigkeit der Interpretierbarkeit von Vergleichsindikato-

---

[1] B. Dietrichs: Konsensbildung bei der Erstellung eines Indikatorenkatalogs in: Messung der Infrastruktur, Rahmenthema einer Vortragsreihe vom Institut für Städtebau und Landesplanung der Universität Karlsruhe, Seminarberichte 1977, S. 45.

ren im Hinblick auf das, was sie aussagen (vor allem aber, was sie nicht aussagen), wird oben hingewiesen. Jedoch können über diese sehr allgemeinen numerischen Maßstäbe hinaus keine differenzierteren und grundsätzlich auch inhaltlich interpretierbaren Maßstäbe zur Beurteilung der "Stabilität" von Ergebnissen entwickelt werden, ohne dabei bestimmte konzeptionelle Ausrichtungen einer supranationalen (europäischen) Förderpolitik im voraus zu bestimmen. So wären z.B. (numerische) Maßstäbe der Rangfolgenänderungen einfacher zu entwickeln, wenn dabei von einer (vorgegebenen) prinzipiellen Konzentration dieser Politik auf die ländlichen Randgebiete des Gemeinschaftsraumes ausgegangen werden kann. Dann können nämlich gezielt die Rangpositionsänderungen gerade dieser Gebiete bei unterschiedlichen Inputs zum Ausdruck gebracht werden. Da eine solche prinzipielle Schwerpunktsetzung aber nicht vorausgesetzt werden kann und darf, müssen auch hier - analog zur Beurteilung der Sinnhaftigkeit und damit Zulässigkeit von Gewichtungen - die Kriterien zur Beurteilung der Ergebnisse von Fall zu Fall bestimmt werden.

Die Laufkomplexe wurden unter Verwendung von COMBIS 2 (§ 3.3.4.3) so konzipiert, daß jeweils ein Element des Indikatorenschemas (s. Abb. 3.1 und § 4.4.2) sukzessive wie folgt "aufgebaut" wurde. In den ersten Läufen sind nur solche Zielbereiche berücksichtigt, für die in allen Testgebieten Indikatoren verfügbar sind, und zwar mit zunehmend heterogener werdender Anzahl von Indikatoren und zunehmend heterogener werdender Gewichtung derselben. Die Zielbereiche bleiben - bei ihrer hierarchischen Zusammenfassung zu einem Element-Index - zunächst gleich gewichtet. In den weiteren Läufen werden dann sämtliche nur länderspezifisch zu berücksichtigenden Zielbereiche des jeweiligen Elementes eingeführt und sämtliche Zielbereiche unterschiedlich gewichtet.

Sobald in den ersten drei Laufkomplexen jeweils eines der drei Elemente systematisch aufgebaut ist, indem für jedes Testgebiet schließlich alle verfügbaren Indikatoren berücksichtigt sind, werden die weiteren zwei Elemente mit ebenfalls zunehmender Heterogenität in den Laufkomplex eingeführt. Mit diesem Vorgehen ist somit die inhaltlich in § 3.2 und methodisch in § 3.3 beschriebene hierarchische Aggregation der Indikatoren zu Zielbereichs-Indizes, dieser Indizes zu Element-Indizes und dieser Indizes schließlich zum regionalen Gesamtindex verbunden. Demgegenüber werden in § 5.3.1 die Indikatoren nicht-hierarchisch direkt zu dem regionalen Gesamtindex aggregiert. Die hierarchische Aggregation erlaubt aber die hinsichtlich der Konzipierung dieser Laufkomplexe angesprochene sektorale Selektivität der berücksichtigten Indikatoren und bietet eine größere materielle Transparenz.

Die Laufkomplexe wurden somit so konzipiert, daß sie, ausgehend von einer noch relativ weitreichenden Homogenität zwischen den Testgebieten in den ersten Läufen, sukzessive Heterogenität bezüglich der verwendeten Zielbereiche und ihrer Indikatoren sowie deren Gewichtungen einführten und damit zugleich komplexer (intransparenter) wurden. Die höchste Komplexität (und Intransparenz) war erreicht, wenn schließlich ein einziger regionaler Bewertungsindex für eine versorgungsorientierte Regionalförderung bei gleichzeitiger Berücksichtigung aller Elemente des Indikatorenschemas berechnet wurde.

Es werden im folgenden weitgehend die inhaltlichen Konsequenzen desjenigen Laufkomplexes diskutiert, der das Element Lohn- und Arbeitsplatzwert aufbaut und in den letzten Läufen auch die weiteren Elemente noch berücksichtigt. Die Ergebnisse der anderen Laufkomplexe entsprechen formal weitgehend den im folgenden beschriebenen Ergebnissen dieses Laufkomplexes.

Wie Tab. 5.10 zeigt, sind die Übergangsräume im Lauf 1 des Laufkomplexes 1 dispers über die ganze Rangskala verteilt, sie erschienen insgesamt nicht von den Ländlichen Räumen "abgesetzt". Die Verdichtungsräume liegen dagegen durchweg im unteren Bereich[1] und wiesen damit ihre Position als - bezüglich des Elementes 'Lohn- und Arbeitsplatzwert' - relativ hochentwickelt aus.

Wie Tab. 5.11 und darin insbesondere Lauf 8, zeigt, ändert sich die relative Position der Übergangsräume (die Analyseräume 3, 18, 19, 20, 21 und 22) mit der Einführung der weiteren Elemente vollständig. Sie rücken stark gehäuft auf die oberen Rangpositionen und haben schließlich (Lauf 11) nur noch drei (irische) Ländliche Räume - als noch förderungsbedürftiger - über sich. Die Verdichtungsräume dagegen behalten ihre Position am Ende der Skala bei. Die Ländlichen Räume des bayerischen und des französischen Testgebietes liegen - untereinandergemischt - im mittleren Bereich.

Für einzelne Analyseräume ergeben sich mit der Einführung weiterer Elemente in die Berechnung sehr weitreichende Konsequenzen. So belegt, wie in Tab. 5.11 ersichtlich, Limerick City (Analyseeinheit Nr. 35) in den Läufen 6 und 7 noch den Rangplatz 3 und lag damit unter den vorrangig förderungsbedürftigen Regionen. Limerick City fiel dann in den Läufen 9 und 10 auf Rangposition 35. Es zeigte sich wieder, daß der Auswahl der zu berücksichtigenden Indikatoren entscheidende Bedeutung für das Ergebnis zukommt, wobei aber insbesondere die Einführung von Indikatoren aus bestimmten, vorher nicht berücksichtigten Sektoren (Elemente und - weniger stark - Zielbereichen) sich verändernd auf das Ergebnis auswirkt. Eine demgegenüber geringere Wirkung auf das Ergebnis ging von einer Gewichtungsveränderung identischer Indikatoren zwischen zwei Läufen aus. So änderte sich im Lauf 4 die Rahngfolge bei einer Ungleichgewichtung der im Lauf 3 gleich gewichteten Indikatoren geringfügiger (vgl. die dargestellten Rangfolge-Änderungsindikatoren GEEKR, SPEAR und KENDT für diese zwei Läufe). Trotz der starken Änderungen in den Rangfolgen aufgrund der

---

[1] Zum inhaltlichen Verständnis dieser Aussage s. die entsprechenden einführenden Bemerkungen zu § 5.3.

Tab. 5.10: Ergebnisse von Laufkomplex 1[1), Lauf 1 - § 5.3.2

RANGFOLGE ALLER REGIONEN

RANGFOLGE	EINHEIT	RT[2)	REGIONSNAME	BEWERTUNGSINDEX
1	34	L	KERRY	25.9
2	36	L	LIM.C'NTY	31.1
3	38	L	CLARE	43.4
4	25	L	NEUSTADT/A	46.6
5	24	L	ANSBACH L	47.3
6	37	L	TIPP.N.R.	53.4
7	22	UE	ROTH	56.1
8	33	L	CORK C'NTY	56.9
9	26	L	WEISSENB'G	58.0
10	18	UE	SCHWABACH	59.2
11	14	L	TIRSCHENR.	60.9
12	10	L	BAYREUTH L	61.8
13	28	L	HAUTEG.O.T	62.9
14	29	L	ARIEGE	64.2
15	35	V	LIM.CITY	64.4
16	3	UE	BAMBERG L	66.3
17	30	L	AUDE	67.2
18	5	L	FORCHHEIM	70.6
19	31	L	PYR.-OR.	73.7
20	7	L	LICHTENF'S	75.2
21	6	L	KRONACH	77.6
22	12	L	KULMBACH	79.9
23	11	L	HOF L	81.4
24	19	UE	ERLANGEN L	82.8
25	4	L	COBURG L	83.2
26	9	V	HOF S	84.3
27	13	L	WUNSIEDEL	84.8
28	8	V	BAYREUTH S	85.8
29	2	V	COBURG S	86.9
30	20	UE	NUERNB'G L	87.8
31	21	UE	FUERTH L	87.9
32	23	V	ANSBACH S	88.6
33	32	V	CORK CITY	88.7
34	1	V	BAMBERG S	89.1
35	27	V	TOULOUSE	96.3
36	16	V	FUERTH S	98.0
37	15	V	ERLANGEN S	98.8
38	17	V	NUERNB'G S	98.8

[1) Der Laufkomplex 1 berücksichtigt in den ersten Läufen nur das Element Lohn-
und Arbeitsplatzwert. Im Lauf 1 werden alle 3 Zielbereiche dieses Elements
(vgl. § 4.4.2) berücksichtigt, aber je Zielbereich für alle Testgebiete nur
mit einem Indikator. Alle Indikatoren bzw. Zielbereiche sind gleich gewichtet.

[2) RT = Raumtyp;
L = Ländlicher Raum;
UE = Übergangsraum;
V = Verdichtungsraum.

Tab. 5.11: Pictograph der Ergebnisse von Laufkomplex 1 - § 5.3.2 [2]

PICTOGRAPH DER ERGEBNISSE OHNE SENSIS

Raumtyp	Regionsnamen	LAUF 1	2	3	4	5	6	7	Raumtyp Lauf 8	8	9	10	11
L	KERRY	34	34	34	34	34	34	34	UE	22	34	34	34
L	LIM.C'NTY	36	38	38	36	36	36	36	UE	19	38	38	38
L	CLARE	38	36	22	38	14	[35]—[35]		L	36	19	19	36
L	NEUSTADT/A	25	22	36	22	38	22	24	L	34	3	28	22
L	ANSBACH L	24	1)14	14	14	22	24	22	L	4	22	3	19
L	TIPP.N.R.	37	37	3	37	35	25	25	UE	3	20	36	3
UE	ROTH	22	24	37	24	3	38	3	UE	20	28	22	4
L	CORK C'NTY	33	25	26	3	26	3	18	L	10	21	21	28
L	WEISSENB'G	26	18	24	25	24	14	26	L	38	18	29	21
UE	SCHWABACH	18	26	30	26	25	18	10	UE	21	4	20	20
L	TIRSCHENR.	14	30	9	18	10	26	14	L	24	29	4	10
L	BAYREUTH L	10	3	25	10	5	10	5	L	14	36	7	24
L	HAUTEG.O.T	28	5	10	30	37	5	6	L	26	7	18	29
L	ARIEGE	29	10	5	5	6	6	38	L	11	37	37	18
V	LIM.CITY	35	29	18	28	4	4	20	L	5	10	10	14
UE	BAMBERG L	3	28	6	35	12	37	11	L	6	24	24	26
L	AUDE	30	35	31	6	18	12	21	L	7	9	9	31
L	FORCHHEIM	5	6	4	33	11	11	19	L	28	14	31	5
L	PYR.-OR.	31	31	2	31	7	20	4	L	12	26	8	7
L	LICHTENF'S	7	4	28	29	30	19	12	L	33	23	23	35
L	KRONACH	6	12	35	4	2	21	29	L	25	5	14	37
L	KULMBACH	12	13	12	12	33	9	31	L	37	8	26	25
L	HOF L	11	11	11	9	9	7	30	V	16	25	5	6
UE	ERLANGEN L	19	20	21	11	13	2	7	UE	18	17	17	11
L	COBURG L	4	19	20	2	28	33	13	L	29	6	15	33
V	HOF S	9	7	7	7	31	30	9	V	9	11	33	12
L	WUNSIEDEL	13	33	29	20	29	13	2	L	13	31	2	9
V	BAYREUTH S	8	21	1	19	20	28	23	V	[35]	2	11	23
V	COBURG S	2	2	19	21	19	31	33	V	23	15	6	8
UE	NUERNB'G L	20	9	16	13	21	29	37	L	31	16	25	27
UE	FUERTH L	21	8	33	1	1	23	28	V	1	30	30	30
V	ANSBACH S	23	1	23	8	8	1	1	L	30	12	16	15
V	CORK CITY	32	23	8	23	23	8	15	V	2	33	12	2
V	BAMBERG S	1	15	13	16	15	15	32	V	8	13	27	17
V	TOULOUSE	27	27	27	27	27	16	8	V	17	[35]—[35]		13
V	FUERTH S	16	32	15	15	32	32	16	V	27	27	13	16
V	ERLANGEN S	15	16	17	17	16	27	27	V	15	1	1	1
V	NUERNB'G S	17	17	32	32	17	17	17	V	32	32	32	32

Rangfolge-Änderungsindikatoren		1	2	3	4	5	6	7		8	9	10	11
Rangfolge-	GEEKR	1.0000	.8504	.8255	.8643	.8338	.8587	.8643		.6787	.6537	.8947	.7729
Änderungs-	SPEAR	1.0000	.9608	.9440	.9677	.9613	.9714	.9702		.8581	.8758	.9810	.9358
indikatoren	KENDT	1.0000	.8933	.8748	.9090	.8976	.9118	.9104		.7639	.7838	.9260	.8506

1) _ _ _ _ _ _ Trennungslinie B_r = 50,0

2) Die Tabelle stellt als Pictograph der Ergebnisse von Laufkomplex 1 die Rangfolgen der durchgeführten 11 Läufe dar. In Lauf 1 bis 7 werden nur Indikatoren des Elementes 1 (s. § 4.4.2) berücksichtigt. Im Lauf 1 sind für jedes Testgebiet alle Zielbereiche mit einem Indikator vertreten, im Lauf 2 mit höchstens 2 Indikatoren, während im Lauf 3 alle je Testgebiet für alle Zielbereiche verfügbaren Indikatoren berücksichtigt sind. Die Indikatoren und Zielbereiche sind bis zum Lauf 3 gleich gewichtet. Im Lauf 4 werden die Indikatoren innerhalb der Zielbereiche, im Lauf 5 zusätzlich noch die Zielbereiche untereinander ungleich gewichtet. Sind letztere im Lauf 5 noch zwischen den Testgebieten identisch gewichtet, so sind sie im Lauf 6 zwischen den Testgebieten ungleich gewichtet. Diese Ungleichgewichtung ist im Lauf 7 extrem. Zur Konstanthaltung der Indikatoren- und Zielerreichungsgewichtung von Lauf 6 werden in Lauf 8 zusätzlich Indikatoren der weiteren Elemente eingeführt, und zwar zunächst nur 1 Indikator je Testgebiet und Zielbereich. In den weiteren Läufen bis zum Lauf 11 werden die weiteren Elemente als zunehmend komplexer berücksichtigt.

einzelnen Variationen bezüglich der Anzahl berücksichtigter Indikatoren und ihrer Gewichtung läßt sich somit jedoch keine systematisch begründbare Änderung feststellen.

Die Rangfolgestelle des beispielhaft gewählten Index-Schwellenwertes 50 verhält sich, wie Tab. 5.11 zeigt, in den ersten Läufen bei Berücksichtigung nur eines Elementes stabil. Sie reagiert aber ersichtlich auf Gewichtungsunterschiede und insbesondere auf die Berücksichtigung weiterer Elemente. Die Anzahl der Regionen unterhalb dieser Stelle ist aber dennoch nicht inhaltlich systematisch (also in Abhängigkeit von der Anzahl der Indikatoren und ihrer Gewichtung) begründbar.

5.3.3 Die Auswirkung unterschiedlicher Raumtypisierung

Wie in §§ 3.3.3.4 und 4.2 begründet und hinsichtlich des technischen Vorgehens erklärt wird, wird infolge der Typisierung einer Raumeinheit dieser Raumeinheit ein typspezifischer Bewertungssatz zugeordnet, sofern sich die Bewertungssätze des entsprechenden Indikators nach Raumtypen unterscheiden. Infolge ihrer Raumtypisierung wird damit der für die betreffende Raumeinheit "angemessene" Zielwert definiert. Die Höhe dieses Zielwertes wiederum hat unmittelbar Einfluß auf den Zielerreichungsgrad der entsprechenden Raumeinheit und damit auf ihren Bewertungsindex.

Die Auswirkungen einer unterschiedlichen Typisierung von Raumeinheiten mit den beschriebenen Effekten wurde durch entsprechend konzipierte Laufkomplexe untersucht. Verwendet wurden ausschließlich Indikatoren aus dem Infrastrukturbereich (die Elemente 2 und 3; vgl. § 4.4.2). Der Grund liegt darin, daß die Unterscheidung zwischen raumtypspezifischen Zielwerten vor allem bei diesen Indikatoren zum Tragen kommt. Der erste Lauf aller Laufkomplexe berücksichtigt nur die vier homogenen Indikatoren aus diesem Bereich[1]. Diese sind aber für die einzelnen Referenzgebiete ungleich gewichtet. Sukzessive wurden dann in den nächsten Läufen Indikatoren in immer größerer Anzahl berücksichtigt, wobei die Gesamtzahl der berücksichtigten Indikatoren von Testgebiet zu Testgebiet zunehmend ungleicher wurde. Im letzten Lauf der Laufkomplexe wurden für das bayerische Testgebiet 12 Indikatoren, für das französische und irische Testgebiet je 7 Indikatoren berücksichtigt. Die Gewichtung wurde zwar in Abhängigkeit von der angenommenen Bedeutung der einzelnen Indikatoren für das jeweilige Referenzgebiet vorgenommen, das Verhältnis der aufsummierten Gewichte der berücksichtigten Zielbereiche zueinander sollte aber wegen der Übersichtlichkeit in allen Teilgebieten gleich sein. Außerdem sollten die Gewichte der vier homogenen Indikatoren für alle Testgebiete den gleichen Anteil an der Gesamtgewichtung aufweisen.

---

[1] Dies sind Indikatoren der Wohnraumdichte, der Wohnraumqualität, der Krankenhausbettendichte und der Ärztedichte.

Auf die beschriebene Weise wurden bezüglich der berücksichtigten Indikatoren und ihrer Gewichtung identische Laufkomplexe aufgebaut, denen aber jeweils eine unterschiedliche Typisierung der Raumeinheiten zugrundelag (Tab. 5.12), so daß für die einzelnen Raumeinheiten zwischen diesen Laufkomplexen unterschiedliche Bewertungssätze im Falle der raumtypenspezifisch differenzierten Indikatoren galten. Die Laufkomplexe wurden mit der Datenlückenvariante 7 (s. § 3.3.2) durchgeführt.

Bei der Auswertung der Läufe und der Beurteilung ihrer Ergebnisse wurden folgende Aspekte untersucht:

1. Die Anzahl der Regionen, die unter einem beispielhaften Schwellenwert von 50 liegen;

2. die Raumtypen, die signifikant gehäuft unter diesem Schwellenwert auftreten;

3. die Rangfolge der Analyseräume nach Raumtypen insgesamt.

Bei letzterem Aspekt wurde besonders die Frage untersucht, inwieweit sich die Typisierung der Analyseräume derart auswirkt, daß mit derselben bereits eine Vor-Entscheidung getroffen wird, die durch eine Gewichtung nicht mehr ausgeglichen werden kann (und damit eine differenzierte Gewichtung im Grunde genommen überflüssig macht).

Wie nunmehr ein Vergleich der Tabellen 5.13, 5.15 und 5.17 zeigt, beträgt die Anzahl der Analyseräume unter einem beispielhaften Schwellenwert von 50,0 im Lauf 1 nur 9 Analyseräume im Laufkomplex 1 (TYPIS) und nur je 6 Analyseräume im Laufkomplex 2 und 3 (VARTYP4 und VARTYP5). Der Abstand zwischen Laufkomplex 1 einerseits und Laufkomplex 2 und 3 andererseits vergrößert sich dann jedoch in den weiteren Läufen derart, daß im Lauf 5 der Laufkomplex 1 eine Anzahl von 35 Analyseräumen, die Laufkomplexe 2 und 3 jeweils von 29 Analyseräumen unter dem Schwellenwert von 50 aufweisen. Die Entwicklung beim Laufkomplex 2 und 3 läuft dabei interessanterweise parallel, obwohl sie in ihrer Typisierung einander unähnlicher sind als die Laufkomplexe 1 und 3. Denn diese berücksichtigen im Unterschied zum Laufkomplex 2 auch den Raumtypus des Übergangsraumes, wobei einige Analyseräume als solche klassifiziert sind. Während im Falle von VARTYP4 alle Analyseräume, die durch TYPIS als Übergangsräume klassifiziert worden waren, zu Ländlichen Räumen umgewandelt werden, werden im Falle von VARTYP5 die von TYPIS als Ländliche Räume klassifizierten Analyseräume mit relativ hohem Bewertungsindex zu Übergangsräumen erklärt und die Übergangsräume von TYPIS zu Ländlichen Räumen.

Von dem beobachteten Ergebnis her hat diese Änderung der Raumtypisierung einen Einfluß auf die Anzahl "förderungsbedürftiger" Regionen (Anzahl der Regionen unter dem genannten Schwellenwert) ausgeübt. Der Einfluß kann jedoch aufgrund der bisherigen Informationen kausal noch nicht erklärt werden.

Tabelle 5.12 <u>Die 3 Raumtypisierungsvarianten von § 5.3.3</u>

Raumtyp-variante			Nr. und Namen der Analyseeinheiten	
TYPIS	VAR4	VAR5		
V	V	V	1	Bamberg S
V	V	V	2	Coburg S
UE	L	L	3	Bamberg L
L	L	L	4	Coburg L
L	L	L	5	Forchheim
L	L	L	6	Kronach
L	L	UE	7	Lichtenfels
V	V	V	8	Bayreuth S
V	V	V	9	Hof S
L	L	L	10	Bayreuth L
L	L	L	11	Hof L
L	L	UE	12	Kulmbach
L	L	UE	13	Wunsiedel
L	L	L	14	Tirschenreuth
V	V	V	15	Erlangen S
V	V	V	16	Fürth S
V	V	V	17	Nürnberg S
UE	L	L	18	Schwabach
UE	L	L	19	Erlangen L
UE	L	L	2o	Nürnberg L
UE	L	L	21	Fürth L
UE	L	L	22	Roth
V	V	UE	23	Ansbach S
L	L	L	24	Ansbach L
L	L	UE	25	Neustadt/A
L	L	L	26	Weissenburg
V	V	V	27	Toulouse
UE	L	L	28	Haute-Garonne ohne Toulouse
L	L	L	29	Auriege
L	L	L	3o	Aude
L	L	L	31	Pyr.-Orient.
V	V	V	32	Cork City
L	L	L	33	Cork County
L	L	L	34	Kerry
V	V	V	35	Limerick City
L	L	L	36	Limerick County
L	L	L	37	Tipperary N.R.
L	L	L	38	Clare

> V = Verdichtungsraum
> UE = Obergangsraum
> L = Ländlicher Raum

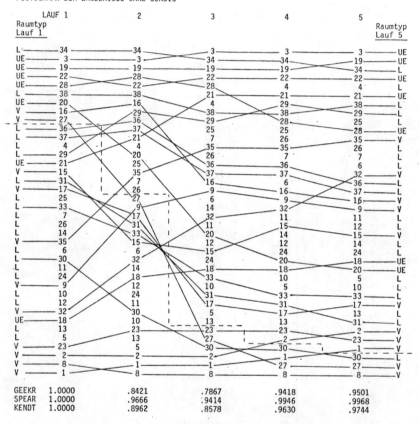

- 182 -

Tab. 5.13: Infrastrukturindikatorenläufe mit Typisierungsvariante TYPIS

PICTOGRAPH DER ERGEBNISSE OHNE SENSIS

		LAUF 1	2	3	4	5		
Raumtyp Lauf 1								Raumtyp Lauf 5

GEEKR	1.0000	.8421	.7867	.9418	.9501
SPEAR	1.0000	.9666	.9414	.9946	.9968
KENDT	1.0000	.8962	.8578	.9630	.9744

------ Trennungslinie B_r = 50,0

(Der erste Laufkomplex wurde mit der Raumtypisierung durch das spezifische Programm TYPIS (vgl. § 3.3.3.4) durchgeführt. Dabei wurden bei diesem wie bei den folgenden Laufkomplexen nur Infrastrukturindikatoren verwandt. Die 5 Läufe sind so aufgebaut, daß im Lauf 1 nur homogene Indikatoren, aber zwischen den Referenzgebieten bereits ungleich gewichtet, berücksichtigt werden. Sukzessive werden in den weiteren Läufen heterogene Indikatoren in zunehmender Anzahl und unter Berücksichtigung weiterer Zielbereiche eingeführt, wodurch sich von Lauf zu Lauf auch die Gewichtungsrelationen verschieben.)

Tab. 5.14: Infrastrukturindikatorenlauf mit Typisierungsvarianten TYPIS
Lauf 5: Rangfolge und Bewertungsindizes

RANGFOLGE ALLER REGIONEN

RANGFOLGE	RT	EINHEIT	REGIONSNAME	BEWERTUNGSINDEX
1	UE	3	BAMBERG L	7.5
2	UE	19	ERLANGEN L	10.7
3	L	34	KERRY	11.9
4	UE	22	ROTH	13.6
5	L	4	COBURG L	15.2
6	UE	21	FUERTH L	17.0
7	L	38	CLARE	20.0
8	L	29	ARIEGE	20.5
9	L	25	NEUSTADT/A	21.3
10	UE	28	HAUTEG.O.T	22.4
11	V	35	LIM.CITY	22.9
12	L	26	WEISSENB'G	22.9
13	L	7	LICHTENF'S	23.5
14	L	6	KRONACH	28.0
15	V	32	CORK CITY	29.2
16	L	36	LIM.C'NTY	29.3
17	L	37	TIPP.N.R.	30.8
18	V	16	FUERTH S	31.0
19	V	9	HOF S	31.4
20	L	11	HOF L	33.9
21	L	12	KULMBACH	34.9
22	V	15	ERLANGEN S	35.1
23	L	14	TIRSCHENR.	36.3
24	L	24	ANSBACH L	36.7
25	UE	18	SCHWABACH	37.2
26	UE	20	NUERNB'G L	37.4
27	L	5	FORCHHEIM	39.0
28	L	10	BAYREUTH L	39.7
29	L	33	CORK C'NTY	40.5
30	V	17	NUERNB'G S	42.5
31	L	13	WUNSIEDEL	42.7
32	L	31	PYR.-OR.	43.4
33	V	2	COBURG S	44.4
34	V	23	ANSBACH S	44.7
35	V	1	BAMBERG S	46.2
36	L	30	AUDE	50.0
37	V	27	TOULOUSE	54.7
38	V	8	BAYREUTH S	57.9

(Definitionen bei Tab. 5.13. Diese Tabelle stellt zusätzlich zur Information
der Tab. 5.13 die Bewertungsindizes des Laufes 5 dar.)

- 184 -

Tab. 5.15: Infrastrukturindikatorenläufe mit Typisierungsvariante VARTYP 4

PICTOGRAPH DER ERGEBNISSE OHNE SENSIS

Raumtyp Lauf 1	LAUF 1	2	3	4	5	Raumtyp Lauf 5
L	34	34	3	3	3	L
L	38	3	34	19	19	L
L	3	19	19	4	4	L
L	28	16	4	21	22	L
V	16	38	25	22	21	L
V	27	4	21	34	25	L
L	19	22	22	25	26	L
L	37	25	7	26	7	L
L	22	21	26	7	34	L
L	36	7	16	6	6	L
L	4	28	9	16	16	V
L	29	27	6	9	9	V
V	15	26	14	11	11	L
V	35	9	38	15	12	L
L	31	17	11	14	15	V
L	20	20	12	12	14	L
V	17	15	15	24	24	L
L	25	6	24	10	18	L
L	7	14	10	38	5	L
L	26	12	18	5	10	L
L	14	24	17	18	20	L
L	33	37	5	17	38	L
L	21	36	20	13	17	V
L	6	11	28	20	13	L
L	30	29	13	23	2	V
V	32	18	27	2	23	V
L	11	35	23	28	1	V
L	24	31	2	27	28	L
V	9	10	37	1	27	V
L	10	23	36	37	37	L
L	12	13	1	36	36	L
L	13	5	29	29	29	L
L	5	2	35	35	35	L
V	23	33	31	31	31	L
L	18	30	8	8	8	V
V	2	32	33	33	33	L
V	8	1	30	30	30	L
V	1	8	32	32	32	V

GEEKR	1.0000	.6704	.7368	.9280	.9557
SPEAR	1.0000	.8710	.9245	.9934	.9966
KENDT	1.0000	.7824	.8421	.9616	.9758

– – – – – – Trennungslinie B_r = 50,0

(Der zweite Laufkomplex ist gleich aufgebaut wie der erste Laufkomplex (vgl. Def. unter Tab. 5.13). Im Unterschied zu diesem wurde ihm jedoch eine leicht geänderte Typenzuweisung zugrundegelegt, die nur zwischen Ländlichen Räumen und Verdichtungsräumen unterscheidet.)

Tab. 5.16: Infrastrukturindikatorenlauf mit Typisierungsvariante VARTYP4
Lauf 5: Rangfolge und Bewertungsindizes

RANGFOLGE ALLER REGIONEN

RANGFOLGE	RT	EINHEIT	REGIONSNAME	BEWERTUNGSINDEX
1	L	3	BAMBERG L	8.6
2	L	19	ERLANGEN L	13.3
3	L	4	COBURG L	15.2
4	L	22	ROTH	18.5
5	L	21	FUERTH L	18.7
6	L	25	NEUSTADT/A	21.3
7	L	26	WEISSENB'G	22.9
8	L	7	LICHTENF'S	23.5
9	L	34	KERRY	25.4
10	L	6	KRONACH	28.0
11	V	16	FUERTH S	31.0
12	V	9	HOF S	31.4
13	L	11	HOF L	33.9
14	L	12	KULMBACH	34.9
15	V	15	ERLANGEN S	35.1
16	L	14	TIRSCHENR.	36.3
17	L	14	ANSBACH L	36.7
18	L	18	SCHWABACH	38.8
19	L	5	FORCHHEIM	39.0
20	L	10	BAYREUTH L	39.7
21	L	20	NUERNB'G L	42.4
22	L	38	CLARE	42.5
23	V	17	NUERNB'G S	42.5
24	L	13	WUNSIEDEL	42.7
25	V	2	COBURG S	44.4
26	V	23	ANSBACH S	44.7
27	V	1	BAMBERG S	46.2
28	L	28	HAUTEG.O.T	49.2
29	V	27	TOULOUSE	49.6
30	L	37	TIPP.N.R.	54.9
31	L	36	LIM.C'NTY	55.1
32	L	29	ARIEGE	55.8
33	V	35	LIM.CITY	57.0
34	L	31	PYR.-OR.	57.3
35	V	8	BAYREUTH S	57.9
36	L	33	CORK C'NTY	62.7
37	L	30	AUDE	63.5
38	V	32	CORK CITY	63.7

(Definitionen wie bei Tab. 5.13 und 5.14)

- 186 -

Tab. 5.17: Infrastrukturindikatorenläufe mit Typisierungsvariante VARTYP 5

PICTOGRAPH DER ERGEBNISSE OHNE SENSIS

Raumtyp Lauf 1	LAUF 1	2	3	4	5	Raumtyp Lauf 5
L	34	34	3	3	3	L
L	38	3	25	19	19	L
L	3	25	34	25	25	UE
L	28	19	19	4	4	L
V	16	16	4	7	22	L
V	27	38	7	21	21	L
UE	25	4	21	22	7	UE
L	19	22	22	34	26	L
L	37	7	26	26	34	L
L	22	21	12	12	12	UE
L	36	28	16	6	6	L
L	4	27	9	16	16	V
L	29	26	6	9	9	V
UE	7	12	14	11	11	L
V	15	9	38	15	15	V
V	35	17	13	14	13	UE
L	31	20	11	13	14	L
L	20	15	15	24	24	L
V	17	6	24	10	18	L
UE	13	13	10	38	5	L
UE	12	14	18	5	10	L
L	26	24	17	18	23	UE
L	14	37	5	17	20	L
L	33	36	20	23	38	L
L	21	11	23	20	17	V
L	6	29	28	2	2	V
L	30	18	27	28	1	V
V	32	35	2	27	28	L
L	11	31	37	1	27	V
L	24	10	36	37	37	L
V	9	23	1	36	36	L
L	10	5	29	29	29	L
L	5	2	35	35	35	V
UE	23	33	31	31	31	V
L	18	30	8	8	8	V
V	2	32	33	33	33	L
V	8	1	30	30	30	L
V	1	8	32	32	32	V

GEEKR	1.0000	.6925	.7396	.9363	.9612
SPEAR	1.0000	.8857	.9241	.9940	.9967
KENDT	1.0000	.7937	.8464	.9659	.9772

_ _ _ _ _ _ Trennungslinie B_r = 50,0

(Der dritte Laufkomplex ist gleich aufgebaut wie der erste und der zweite Laufkomplex(vgl. Def. unter Tab. 5.13). Ihm wurde aber eine Raumtypisierung zugrundegelegt, die die Obergangsräume des ersten Laufkomplexes zu Ländlichen Räumen und einen Teil der Ländlichen Räume zu Übergangsräumen umstuft.)

Weiterhin zeigt ein weiterer grober Vergleich der genannten Tabellen, daß vom Lauf 3 ab, in dem für das französische und irische Referenzgebiet bereits die maximale Anzahl von Indikatoren berücksichtigt sind, kaum noch Änderungen der Rangfolgen auftreten. Um den Einfluß der Raumtypisierung zu präzisieren und kausal zu erklären, werden die einzelnen Tabellen einer spezifischen Analyse unterzogen. Dabei zeigt sich in der Tab. 5.13 (Laufkomplex 1 mit TYPIS), daß in sämtlichen Läufen die als "Obergangsräume" klassifizierten Analyseräume an den obersten Stellen der Rangskala stehen, mit der Ausnahme von Schwabach im Lauf 1 und zusätzlich zu Schwabach im Lauf 5 Nürnberg Land. Letztere weisen als Obergangsräume in den genannten Läufen ähnlich hohe Zielerreichungen auf, wie die Verdichtungsräume. Die als "Ländliche Räume" klassifizierten Analyseräume befinden sich im mittleren Bereich der Rangskala.

Ein Vergleich von Tab. 5.17 (VARTYP5) mit Tab. 5.13 (TYPIS) zeigt nun, daß die geänderte Typisierung jedoch nicht dazu führt, daß anstelle der im Laufkomplex 1 durch TYPIS als Obergangsräume klassifizierten Analyseräume jetzt im Laufkomplex 3 die neu als Obergangsräume klassifizierten Analyseräume an der Spitze der Rangskala auftreten. Erstere werden trotz ihrer höheren Zielerreichung durch ihre "Abstufung" zu Ländlichen Räumen nicht auf untere Rangpositionen verdrängt. Vielmehr sind die Obergangsräume in Tab. 5.18 Lauf 1 (VARTYP5) über ein breites Mittelfeld gestreut, während vier der fünf Analyseräume, die in Tab. 5.13 Lauf 1 (TYPIS) als Obergangsräume unter den ersten 10 Rangpositionen vertreten waren, auch als Ländliche Räume in Tab. 5.17 Lauf 1 noch unter den ersten 10 Analyseräumen der Rangskala auftreten. Im Lauf 5 der Tab. 5.17 haben sich die durch VARTYP5 als Obergangsräume klassifizierten Analyseräume zwar gegenüber dem Lauf 1 der gleichen Tabelle deutlich in der Rangfolge nach oben geschoben, und zwar zwischen 4 und 13 Positionen. Sie sind jedoch (wenn auch jetzt in der oberen Hälfte der Rangskala) immer noch breiter gestreut als die Obergangsräume im Lauf 5 von Tab. 5.13.

Eine zusätzliche Analyse auch der Ergebnisse des Laufkomplexes 2 in Tab. 5.15 zeigt, daß die unterschiedlichen Läufe der drei Laufkomplexe vergleichsweise ähnliche Rangfolgen der Analyseräume - also unabhängig von deren teilweise geänderter Typisierung - hervorbringen. Trotz dieser Veränderungen treten keine nennenswerten Verschiebungen auf. Da die durch TYPIS als solche klassifizierten Obergangsräume auch nach ihrer Neu-Klassifizierung als Ländliche Räume, trotz ihrer niedrigen Zielwerte somit, noch an der Spitze der Rangskala liegen, wirkt sich die veränderte Typisierung auf die Rangfolge der Analyseräume kaum aus.

Wie ein Vergleich der Tab. 5.14, 5.16 und 5.18 zeigt, wirkt sich die veränderte Typisierung demgegenüber jedoch (wie nicht anders zu erwarten) auf den Bewertungsindex aus. So steigt bei den von Obergangsraum in Tab. 5.14 zum Ländlichen Raum in Tab. 5.16 umklassifizierten Analyseräumen der Bewertungsindex zwischen 1 und 5 Punk-

Tab. 5.18: Infrastrukturindikatorenlauf mit Typisierungsvariante VARTYP5
Lauf 5: Rangfolge und Bewertungsindizes

RANGFOLGE ALLER REGIONEN

RANGFOLGE	RT	EINHEIT	REGIONSNAME	BEWERTUNGSINDEX
1	L	3	BAMBERG L	8.6
2	L	19	ERLANGEN L	13.3
3	UE	25	NEUSTADT/A	15.1
4	L	4	COBURG L	15.2
5	L	22	ROTH	18.5
6	L	21	FUERTH L	18.7
7	UE	7	LICHTENF'S	18.8
8	L	26	WEISSENB'G	22.9
9	L	34	KERRY	25.4
10	UE	12	KULMBACH	27.7
11	L	6	KRONACH	28.0
12	V	16	FUERTH S	31.0
13	V	9	HOF S	31.4
14	L	11	HOF L	33.9
15	V	15	ERLANGEN S	35.1
16	UE	13	WUNSIEDEL	35.7
17	L	14	TIRSCHENR.	36.3
18	L	24	ANSBACH L	36.7
19	L	18	SCHWABACH	38.8
20	L	5	FORCHHEIM	39.0
21	L	10	BAYREUTH L	39.7
22	UE	23	ANSBACH S	42.3
23	L	20	NUERNB'G L	42.4
24	L	38	CLARE	42.5
25	V	17	NUERNB'G S	42.5
26	V	2	COBURG S	44.4
27	V	1	BAMBERG S	46.2
28	L	28	HAUTEG.O.T	49.2
29	V	27	TOULOUSE	49.6
30	L	37	TIPP.N.R.	54.9
31	L	36	LIM. C'NTY	55.1
32	L	29	ARIEGE	55.8
33	V	35	LIM.CITY	57.0
34	L	31	PYR.-OR.	57.3
35	V	8	BAYREUTH S	57.9
36	L	33	CORK C'NTY	62.7
37	L	30	AUDE	63.5
38	V	32	CORK CITY	63.7

(Definitionen wie bei Tab. 5.13 und 5.14)

ten. Umgekehrt sinkt der Bewertungsindex der vom Ländlichen Raum in Tab. 5.16 zum
Obergangsraum in Tab. 5.18 umklassifizierten Analyseräume zwischen 3 und 8 Punkten.
Daß dennoch die alten (TYPIS-) und die neuen (VARTYP5-) Obergangsräume zwischen
Laufkomplex 1 und Laufkomplex 3 kaum ihre Rangpositionen tauschen, liegt daran, daß
(wie in Tab. 5.19 für die drei Typisierungsvarianten als Synopse der bayerischen
Rangfolgen zeigt) die (nach TYPIS) Obergangsräume hinsichtlich ihrer Bewertungsin-
dizes von den Ländlichen Räumen deutlich abgesetzt waren.

In weiteren, hier im einzelnen nicht dokumentierten Laufkomplexen wurden unter gleichen Gesichtspunkten andere Kombinationen von Indikatoren und Zielbereichen getestet. Die Ergebnisse dieser Laufkomplexe bestätigen die oben beschriebenen Beobachtungen. Beispielhaft werden hier nur die bayerischen Ergebnisse für einen Laufkomplex unter Berücksichtigung von Indikatoren des Gesundheitswesens und des Sozialwesens aufgeführt.

Wie Tab. 5.20 zeigt, führten bei der Raumtypisierung durch TYPIS ebenfalls vor
allem die als Obergangsräume klassifizierten Analyseräume die Rangfolge der bayerischen Regionen an. Im Mittelfeld lagen diesmal die Verdichtungsräume und am Ende
gehäuft die Ländlichen Räume.

Das bei Infrastrukturindikatoren durchweg beobachtete gehäufte Auftreten der durch
TYPIS als Obergangsräume klassifizierten Analyseräume auf den oberen Rangpositionen hat seinen Grund aber eben, wie die oben beschriebenen Ergebnisse zeigten,
nicht nur in der Raumtypisierung als solcher, sondern auch in der (institutionellen
und raumstatistischen) Abgrenzung der meisten Obergangsräume als Landkreise, die
einem (zentral gelegenen, isoliert analysierten) Stadtkreis zugeordnet sind. Stadt-
und Landkreise mußten, wie in § 4.4.1 begründet, obwohl funktional zusammengehörig,
als getrennte Analyseräume berücksichtigt werden, da eigentliche 'Stadtregionen'
auf der Grundlage des verfügbaren statistischen Materials nicht abgegrenzt werden
konnten. Die substitutiven Beziehungen zwischen Stadt- und zugehörigem Landkreis
bleiben damit aber zwangsläufig unberücksichtigt. Dieser Sachverhalt wiederum re-
lativiert die Ergebnisse bezüglich der scheinbar hohen Förderungsbedürftigkeit der
entsprechenden Analyseräume im Einzugsbereich eines größeren Stadtkreises jedoch
sehr stark. Er erklärt zumindest teilweise zugleich, warum diese Analyseräume weitgehend unabhängig von ihrer Typisierung als Obergangsräume (TYPIS) oder aber als
Ländliche Räume (VARTYP5) gehäuft auf den oberen Rangpositionen liegen.

Dieses Ergebnis verweist erneut auf die große Bedeutung der in § 2.2 erörterten
Aspekte einer "richtigen" europäischen Abgrenzung der Raumeinheiten für eine sinnvoll vergleichende Raumbewertung im Rahmen dieses auf gesellschaftlichen Indikatoren basierten Informationssystems. Dabei sind funktionale Verflechtungen zwischen
Analyseräumen unter methodischen Aspekten unbedingt zu berücksichtigen, da sonst
auch die "falschen" Raumeinheiten als vorrangig förderungsbedürftig deklariert wer-

Tab. 5.19: Infrastrukturindikatorenläufe mit drei Typisierungsvarianten
Lauf 5: Rangfolgen der bayerischen Regionen

RANGF.	TYPIS EINHEIT	RT	REGIONSNAME	BEURINDEX	VARTYP4 EINHEIT	RT	REGIONSNAME	BEURINDEX	VARTYP5 EINHEIT	RT	REGIONSNAME	BEURINDEX
1	3	UE	BAMBERG L	7.5	3	L	BAMBERG L	8.6	3	L	BAMBERG L	8.6
2	19	UE	ERLANGEN L	10.7	19	L	ERLANGEN L	13.3	19	L	ERLANGEN L	13.3
3	22	UE	ROTH	13.6	4	L	COBURG L	15.2	25	UE	NEUSTADT/A	15.1
4	4	L	COBURG L	15.2	22	L	ROTH	18.5	4	L	COBURG L	15.2
5	21	UE	FUERTH L	17.0	21	L	FUERTH L	18.7	22	L	ROTH	18.5
6	25	L	NEUSTADT/A	21.3	25	L	NEUSTADT/A	21.3	21	L	FUERTH L	18.7
7	26	L	WEISSENB'G	22.9	26	L	WEISSENB'G	22.9	7	UE	LICHTENF'S	18.8
8	7	L	LICHTENF'S	23.5	7	L	LICHTENF'S	23.5	26	L	WEISSENB'G	22.9
9	6	L	KRONACH	28.0	6	L	KRONACH	28.0	12	UE	KULMBACH	27.7
10	16	V	FUERTH S	31.0	16	V	FUERTH S	31.0	6	L	KRONACH	28.0
11	9	V	HOF S	31.4	9	V	HOF S	31.4	16	V	FUERTH S	31.0
12	11	L	HOF L	33.9	11	L	HOF L	33.9	9	V	HOF S	31.4
13	12	L	KULMBACH	34.9	12	L	KULMBACH	34.9	11	V	HOF L	33.9
14	15	V	ERLANGEN S	35.1	15	V	ERLANGEN S	35.1	15	V	ERLANGEN S	35.1
15	14	L	TIRSCHENR.	36.3	14	L	TIRSCHENR.	36.3	13	UE	WUNSIEDEL	35.7
16	24	L	ANSBACH L	36.7	24	L	ANSBACH L	36.7	14	L	TIRSCHENR.	36.3
17	18	UE	SCHWABACH	37.2	18	L	SCHWABACH	38.8	24	L	ANSBACH L	36.7
18	20	UE	NUERNB'G L	37.4	5	L	FORCHHEIM	39.0	18	L	SCHWABACH	38.8
19	5	L	FORCHHEIM	39.0	10	L	BAYREUTH L	39.7	5	L	FORCHHEIM	39.0
20	10	L	BAYREUTH L	39.7	20	L	NUERNB'G L	42.4	10	L	BAYREUTH L	39.7
21	17	V	NUERNB'G S	42.5	17	V	NUERNB'G S	42.5	23	L	ANSBACH S	42.3
22	13	L	WUNSIEDEL	42.7	13	L	WUNSIEDEL	42.7	20	L	NUERNB'G L	42.4
23	2	V	COBURG S	44.4	2	V	COBURG S	44.4	17	V	NUERNB'G S	42.5
24	23	V	ANSBACH S	44.7	23	V	ANSBACH S	44.7	2	V	COBURG S	44.4
25	1	V	BAMBERG S	46.2	1	V	BAMBERG S	46.2	1	V	BAMBERG S	46.2
26	8	V	BAYREUTH S	57.9	8	V	BAYREUTH S	57.9	8	V	BAYREUTH S	57.9

(Diese Tabelle stellt eine Synopse der 3 Rangfolgen der Typisierungsvarianten von Laufkomplex 1, 2, 3 speziell für die bayerischen Regionen dar.)

Tab. 5.20: <u>Rangfolge der bayerischen Regionen bei geänderter In-</u>
<u>dikatorenkonstellation (Typisierungsvariante TYPIS)</u>[1]

BAYERN

RANGFOLGE	EINHEIT	REGIONSNAME	BEURINDEX	RAUMTYP
1	4	COBURG L	39.3	L
2	19	ERLANGEN L	39.4	UE
3	21	FUERTH L	45.3	UE
4	10	BAYREUTH L	47.6	L
5	3	BAMBERG L	49.9	UE
6	22	ROTH	68.3	UE
7	16	FUERTH S	74.7	V
8	17	NUERNB'G S	78.5	V
9	11	HOF L	78.5	L
10	9	HOF S	79.3	V
11	14	TIRSCHENR.	79.3	L
12	8	BAYREUTH S	81.6	V
13	18	SCHWABACH	82.1	UE
14	20	NUERNB'G L	82.5	UE
15	2	COBURG S	82.6	V
16	13	WUNSIEDEL	82.6	L
17	15	ERLANGEN S	82.6	V
18	6	KRONACH	82.8	L
19	1	BAMBERG S	83.2	V
20	24	ANSBACH L	85.8	L
21	23	ANSBACH S	86.0	V
22	12	KULMBACH	86.9	L
23	7	LICHTENF'S	87.8	L
24	26	WEISSENB'G	88.1	L
25	25	NEUSTADT/A	91.7	L
26	5	FORCHHEIM	95.8	L

den, deren nur auf das eigene Territorium bezogene Zielwerte diese Verflechtung aber unberücksichtigt lassen und daher als überhöht einzustufen sind. Wie sich gezeigt hat, läßt sich dieses Problem mit der Raumtypisierung in der hier entwickelten Form allein nicht lösen, da das in dieser Untersuchung angewandte Instrument raumtypenspezifisch differenzierter Zielwerte für dieses spezifische (Verflechtungs-)Problem noch zu grob ist.

---

[1]
(Dem Laufkomplex, aus dem diese Rangfolge der bayerischen Regionen stammt, wurden nur Indikatoren der Gesundheitswesen und Sozialwesen zugrundegelegt (vgl. § 4.4.2).)

5.3.4 Die Auswirkung heterogener Aggregationsvorschriften

Die Untersuchung der Aggregationsproblematik wird auf folgenden Aspekt beschränkt. Es soll untersucht werden, wie sich der im ersten Berechnungsschritt aus allen zusammengefaßten Indikatoren additativ berechnete Bewertungsindex, wenn nachträglich unter Berücksichtigung von als "dominant" eingestuften Indikatoren (vgl. § 3.3.4.4) revidiert, auf die Rangfolge-Ergebnisse auswirkt.

Beim ersten Berechnungsschritt ohne Berücksichtigung von Dominanz wird dabei die bei einer linearen Aggregationsvorschrift mögliche Substitutionalität aller Indikatoren angenommen, d.h. eine niedrige Zielerreichung eines Indikators kann durch eine hohe Zielerreichung eines anderen Indikators zumindest zum Teil (wenn nicht voll) kompensiert werden. Durch die möglicherweise unterschiedliche Gewichtung der betreffenden Indikatoren ist die "vollständige" Substituierbarkeit, wie (auch in § 3.3.4.2) erwähnt, eingeschränkt. Die höchstmögliche Zielerreichung für einen Indikator ist dabei 1 = 100 %, was bedeutet, daß für diesen Indikator der Ist-Wert dem Anspruchsniveau genügt, d.h. den Soll-Wert zumindest erreicht. Unberücksichtigt bleibt dabei absichtlich aber, ob und wieweit ein Ist-Wert den zugehörigen Soll-Wert überschreitet, da jenseits von 100 % Zielerreichung Ausstattungsunterschiede damit nicht mehr berücksichtigt werden. Im Ergebnis bedeutet dies, daß nur solche Analyseräume einen regionalen Bewertungsindex von 100 erreichen, die bei allen berücksichtigten Indikatoren (mindestens) 100 % Zielerreichung aufweisen. Ferner ist der Substitutionseffekt eines Indikators gleich groß, ob er nun seinen Zielwert nur knapp erreicht oder ob er ihn etwa um das Doppelte überschreitet. Das bedeutet beispielsweise für den Indikator Arbeitslosenrate mit einem europäischen "Zielwert" von (maximal) 3 %, daß eine regionale Arbeitslosenrate von 0,5 % sich nicht stärker positiv auswirkt als eine solche von 3 %. Dieser Sachverhalt kann einerseits zu "falschen" Rangfolgen führen, andererseits verzerrt er das Verhältnis der Bewertungsindizes zueinander. Jedoch sahen die Bearbeiter sich im Rahmen der vorliegenden Untersuchung außerstande, den Sachverhalt der "Überversorgung" und insbesondere der "Überentwicklung" (als eine sich u.U. bereits wieder negativ auswirkende Zielüberschreitung) qualitativ (inhaltlich-materiell) und quantitativ (numerisch) darzustellen, obwohl formal-methodisch die Konstruktion des Bewertungsprozesses eine Berücksichtigung negativ bewerteter Zielüberschreitungen durchaus erlaubt (s. Abb. 3.5).

Hier liegt somit eine Leerstelle des Verfahrens, die weitgehend in Theorie-Defiziten begründet ist (beispielsweise in der mangelnden theoretischen Begründung von Begriffen wie "Verdichtungsnachteilen").

Daß die Frage der (zulässigen) Substitutionsbeziehungen zwischen regionalen Entwicklungszielen bzw. den dieselben quantifizierenden Indikatoren tatsächlich an den entscheidenden Nerv dieses Systems rührt, wurde in § 3.2 ausdrücklich betont.

Nur ist dies vorrangig nicht eine methodische, sondern vielmehr eine politische Frage. Denn tatsächlich gewinnt (begründet durch die beschränkten Entwicklungsressourcen 'Geld' und 'Bevölkerung') das Argument einer gewissen - bezogen auf bestimmte Indikatoren wie etwa 'Einkommen' und 'Naturnähe' - notwendigen Substituierbarkeit von Raumordnungszielen zunehmend an politischer Bedeutung. Neuere Raumentwicklungskonzepte wie dasjenige der "räumlich-funktionalen Arbeitsteilung" versuchen dem (als "realitätsnah" bzw. "politiknah") gerecht zu werden. Wenn auch das Argument einer notwendigen Substituierbarkeit von gewissen regionalen Zielen bzw. raumbezogenen Indikatoren in regionalwissenschaftlichen Kreisen zunehmend auf weniger Ablehnung stößt, so liegt andererseits auf der Hand, daß die Annahme vollständiger Substitutionalität unsinnig ist. Daher werden Indikatoren wie z.B. die Arbeitslosenrate, die - zumindest wenn sie in ihrer Zielerreichung unterhalb einer bestimmten Schwelle liegen - keinesfalls substituierbar sein sollen, im Rahmen unseres Verfahrens als 'dominante Indikatoren' eingestuft (vgl. dazu § 3.3.4.4).

Der in der ersten Berechnungsphase bei Annahme von möglicherweise vollständiger Substitutionalität berechnete regionale Bewertungsindex wird dann in der zweiten Berechnungsphase in Abhängigkeit von der Zielerreichung des/der dominanten Indikatoren akzeptiert oder mit einem Faktor (f) - in Form einer multiplikativen Verknüpfung beider Größen - abgemindert. Der endgültige Bewertungsindex ist damit eine Funktion des Bewertungsindexes der aggregierten Indikatoren und der Zielerreichung des dominanten Indikators. Dies bedeutet somit, daß (wenn das Nicht-Erreichen bestimmter Schwellenwerte durch bestimmte Indikatoren immer zu einer Abminderung des regionalen Gesamtindexes führt) alle Bewertungsssätze der übrigen Indikatoren nur unter der Bedingung der genügenden Zielerreichung der dominanten Indikatoren gelten sollen. Dies ist aber offensichtlich eine sehr folgenreiche Bedingung, denn für die Förderchancen einer Region ist möglicherweise ihre Zielerreichung beim dominanten Indikator entscheidend. Eine Region wird in diesem Fall, wenn ein bestimmter Indikator als 'dominant' eingestuft wird, nur dann zum vorrangig zu fördernden Gebiet gehören, wenn der Wert des dominanten Indikators unterhalb der Schwelle liegt, bis zu der abgemindert wird.

Es ist daher zu untersuchen, ob die Folgen tatsächlich so weit reichen, daß sich bei der nachträglichen Berücksichtigung eines Indikators als dominant in der beschriebenen Form numerisch (fast) das gleiche Gesamtergebnis ergibt, wie bei ausschließlicher Berücksichtigung des dominanten Indikators bei der regionalen Bewertung. Bedeutet die Einführung von Dominanz eines Indikators in dieser Form in der Konsequenz etwa das Gleiche wie eine sehr starke Gewichtung desselben? Der Unterschied zwischen hoher Gewichtung und Dominanz liegt darin, daß bei hoher Gewichtung festgelegt wird, zu wieviel Prozent die Zielerreichung dieses Indikators ins Ergebnis eingehen soll, und zwar unabhängig von der Höhe der jeweiligen Zielerreichung. Bei Dominanz wird dagegen dieser Indikator zunehmend stärker berücksichtigt, wenn seine Zielerreichung unterhalb des Schwellenwertes liegt. Anders als bei der hohen Gewichtung zielt die Dominanz ausschließlich auf die Verminderung des regionalen Bewertungsindexes (was zwar bedingt auch mit variabler - und damit ungehindert zweckrationaler - Gewichtung durch die Regionen erreicht werden kann).

Der entsprechende Laufkomplex wurde so konzipiert, daß die Indikatoren Wanderungssaldo und Pro-Kopf-Einkommen als dominante Indikatoren eingestuft wurden. Der wichtige Indikator Arbeitslosigkeit wurde nicht untersucht, weil die entsprechenden statistischen Informationen unbefriedigend waren. So werden diese beispielsweise in Bayern für Arbeitsamtsbezirke erhoben. Sie konnten daher nur in Form einer sehr groben Schätzung auf die (kleineren) Kreise übertragen werden. Zum anderen stammen diese Informationen durchweg aus einer Zeit (noch) weit niedrigerer Arbeitslosenraten, in der Arbeitslosigkeit also noch nicht das 'dominante' Problem darstellte, das es gegenwärtig ist. Aus diesen (statistischen) Gründen wurde auf die Berücksichtigung von Arbeitslosigkeit als dominantem Indikator für die Illustration verzichtet.

Im Rahmen des ersten Laufkomplexes wurden drei Läufe durchgeführt, die hinsichtlich der jeweils berücksichtigten Indikatoren zwar identisch waren, bei denen sich jedoch die Gewichtungen dieser Indikatoren unterscheiden. Dieser Laufkomplex berücksichtigt keine Dominanz. Im Rahmen des zweiten Laufkomplexes werden die drei Läufe mit den gleichen Indikatoren und Gewichten durchgeführt, diesmal jedoch unter Berücksichtigung von Dominanz. Der zweite Laufkomplex ist so aufgebaut, daß die Läufe 1 bis 4 identisch dem Lauf 1 im ersten Laufkomplex, die Läufe 5 bis 8 identisch dem Lauf 2 und Läufe 9 bis 12 identisch dem Lauf 3 zusammengesetzt sind. Läufe 1, 5 und 9 berücksichtigen einheitlich für alle Testgebiete nur den Wanderungsindikator als dominant; Läufe 2, 6 und 10 nur den Einkommensindikator, Läufe 3, 7 und 11 den Wanderungsindikator in Abhängigkeit vom Einkommensindikator; Läufe 4, 8 und 12 den Einkommensindikator in Abhängigkeit vom Wanderungsindikator. In welcher Form dies technisch geschieht, ist in § 3.3.4.4 dargestellt worden.

Wie nun Tab. 5.22 im Vergleich zu Tab. 5.21 zeigt, wirkt sich die Dominanz in der Ausprägung, in der sie hier festgelegt wurde (zu den zugrundegelegten Schwellenwerten vgl. § 3.3.4.4) stark verändernd auf die Rangfolge aus. Sie unterscheiden sich beträchtlich zwischen dominierten und nicht-dominierten Bewertungsindizes, wenn man die Rangfolgen der Läufe 1 bis 4 in Tab. 5.22 mit der Rangfolge des Laufes 1 in Tab. 5.21, die Rangfolgen der Läufe 5 bis 8 in Tab. 5.22 mit der Rangfolge des Laufes 2 in Tab. 5.21, die Rangfolgen der Läufe 9 bis 12 in Tab. 5.22 mit der Rangfolge des Laufes 3 in Tab. 5.21 vergleicht. So unterscheiden sich die Rangfolgen der Läufe 2 und 3 vom Lauf 1 in Tab. 5.21 bei Nichtberücksichtigung von Dominanz mit dem GEEKR-Indikatorwert von 0,8366 bzw. 0,8809. Wird für diese Läufe der Wanderungsindikator als dominant berücksichtigt, so unterscheiden sie sich geringfü-

Tab. 5.21: Laufkomplex 1: Rangfolgen ohne Dominanz für drei Gewichtungs-varianten - § 5.3.4

LAUF	1	2	3
	3	34	34
	19	3	3
R	21	22	21
	34	19	19
E	22	21	22
	31	36	38
G	38	38	36
	20	20	37
I	4	31	31
	10	4	4
O	37	37	20
	36	29	10
N	30	25	28
	29	28	14
E	14	24	29
	28	10	33
N	24	30	24
	26	18	25
N	25	33	18
	11	35	27
U	5	14	11
	18	5	26
M	7	26	5
	27	17	7
M	16	16	6
	6	27	9
E	9	7	30
	33	11	16
R	15	6	12
	12	9	17
N	17	12	15
	35	15	13
	23	8	23
	13	13	35
	2	2	8
	8	23	2
	1	32	1
	32	1	32

GEEKR 1.0000   .8366   .8809

(Im Laufkomplex 1 werden die Rangfolgen durch zwischen den 3 Läufen identische Indikatorensätze aber mit unterschiedlicher Gewichtung der Indikatoren berech-net, wobei keine Dominanz berücksichtigt wird. Zur Nummerierung der Raumeinhei-ten s. Tab. 5.12).

- 196 -

Tab. 5.22: <u>Laufkomplex 2: Rangfolgen mit vier Dominanz-Varianten für je drei Gewichtungs-</u>
<u>varianten - § 5.3.4</u>

LAUF 1[1]	2	3	4	5	6	7	8	9	10	11	12
34	3	34	3	34	3	34	3	34	3	34	3
37	24	37	34	37	24	37	34	37	24	37	34
4	22	4	24	4	25	4	24	4	25	4	24
14	25	14	25	35	34	35	25	14	34	14	25
11	21	11	22	14	22	14	22	11	22	11	37
6	34	6	14	17	19	17	4	6	21	6	14
17	19	17	4	11	21	11	37	17	19	17	4
35	31	35	37	6	36	6	36	13	10	13	22
13	10	13	6	13	31	13	14	35	31	35	6
1	38	1	21	1	38	1	6	1	38	1	11
16	29	16	11	25	10	25	38	16	14	16	36
25	14	3	19	16	29	16	35	32	36	32	21
32	20	25	31	32	20	32	11	25	29	25	38
12	4	32	38	36	4	36	17	12	37	3	19
36	6	12	10	12	37	3	19	36	4	12	13
26	26	36	17	38	14	12	21	38	6	36	17
3	30	22	26	26	5	38	16	26	20	38	10
38	5	26	16	3	6	22	31	3	26	26	31
19	37	38	36	22	30	26	13	21	5	22	16
21	7	21	35	19	26	24	26	19	28	21	35
22	36	19	13	21	28	19	10	22	7	19	26
7	11	24	12	7	18	21	12	7	11	24	12
9	28	31	29	9	7	31	29	9	33	7	1
31	18	7	20	20	33	7	20	10	18	10	29
10	9	10	1	31	35	9	32	31	30	31	7
20	27	9	7	10	11	20	1	20	27	9	32
24	16	20	32	24	17	10	7	33	9	20	20
30	12	29	30	33	9	29	5	28	12	29	5
29	33	30	5	29	16	33	30	29	16	33	9
28	15	5	9	28	27	30	9	24	13	28	28
33	17	28	28	30	12	28	28	18	17	5	33
5	23	18	18	18	15	5	33	27	23	18	18
18	13	33	27	5	13	18	18	5	15	27	30
27	35	27	33	27	8	27	27	30	8	30	27
23	2	23	15	15	23	15	15	23	35	23	23
15	8	15	23	23	2	23	23	15	2	15	15
2	1	2	2	2	32	8	8	2	1	2	8
8	32	8	8	8	1	2	2	8	32	8	2

GEEKR 1.0000 .3601 .9474 .6676 .9501 .3629 .9280 .6953 .9557 .3823 .9446 .7008

---

[1] Wie im Text ausführlich beschrieben, werden die Rangfolgen hier so berechnet, daß für
die Läufe 1 bis 4 aufgrund der Indikatoren und Gewichte von Lauf 1 in Tab. 5.21, für
die Läufe 5 bis 8 aufgrund derselben von Lauf 2 in Tab. 5.21 und für die Läufe 9 bis 12
aufgrund derselben von Lauf 3 in Tab. 5.21 parallel zunächst nur der Wanderungsindikator
dominant wird, dann der Einkommensindikator, dann der Wanderungs- in Abhängigkeit vom
Einkommensindikator, dann schließlich umgekehrt der Einkommensindikator in Abhängigkeit
vom Wanderungsindikator.

giger, wie die Läufe 5 und 9 in Tab. 5.22 zeigen, mit dem GEEKR-Index von 0,9051 und 0,9557 vom Lauf 1 in Tab. 5.22 (zur Berechnung dieser Vergleichsindikatoren der Rangfolgen vgl. § 3.3.5.3).

Ein weiteres Indiz für die beträchtlichen Auswirkungen der Dominanz ist z.B., daß die Region mit der Nummer 3, die im Lauf 1 der Tab. 5.21 die oberste Rangposition innehat, bei Dominanz des Wanderungsindikators im Lauf 1 der Tab. 5.22 auf die Position 17 zurückfällt. Wie in Lauf 2 von Tab. 5.22 gezeigt, wird, wenn der Einkommensindikator dominant wird, der Rangplatz 1 gleich besetzt, aber auf Rangplatz 2 schiebt sich ein Analyseraum, der im Lauf 1 in Tab. 5.21 auf Platz 17 stand.

Die beschriebenen Änderungen von Rangpositionen sind aber nicht nur spektakuläre Einzelfälle. Vielmehr sind, wie ein Vergleich der entsprechenden Tabellen zeigt, insgesamt sehr viele Analyseräume von den Auswirkungen betroffen. Dies sind beispielsweise im Fall des dominanten Wanderungs-Indikators 17 der 26 bayerischen Analyseräume, also rund 61 %. Da diese Läufe ohne SENSIS operiert wurden, könnten viele Rangfolgenänderungen aus relativ kleinen Änderungen der jeweiligen Bewertungsindizes resultieren, aber eine Nachprüfung der tatsächlichen Indexwerte bestätigt, daß auch sehr viele unterschiedliche Bewertungen vorkommen. Für den nicht durchgehend (von Lauf 1 bis 12) gleichmäßig abgestuften Laufkomplex 2 wurde auf eine Anwendung von SENSIS daher verzichtet (zu SENSIS, seinen Vor- und Nachteilen vgl. § 3.3.5.2).

Wie die Tab. 5.23 bis 5.25 zeigen, wurden durch die Dominanz Analyseräume getroffen, deren ursprüngliche Bewertungsindizes über die ganze Ordinalskala der Rangfolgen verteilt waren. Diese drei Tabellen enthalten nur die Informationen der Bewertungsindizes zu Lauf 1 in Tab. 5.21 (Gewichtungsvariante 1 ohne Dominanz) und zu Lauf 1 und 2 in Tab. 5.22 (Dominanz des Wanderungs- und dann des Einkommensindikators für Gewichtungsvariante 1). Die entsprechenden Ergebnisse für Lauf 2 und Lauf 3 in Tab. 5.21 sind hier nicht dokumentiert. Sie belegen aber gleichfalls die beschriebene Wirkung. Dies bedeutet, daß sich die Dominanz weitgehend unabhängig von der Gewichtung auswirkt.

Wie die Tabellen 5.23 und 5.24 zeigen, verändern sich durch die Dominanz des Wanderungs-Indikators die Bewertungsindizes der betroffenen bayerischen Analyseräume um bis zu 45 Punkten (z.B. bei Bamberg Stadt) - eine ähnliche Auswirkung läßt sich beim Einkommensindikator beobachten.

Für die französischen Analyseräume ist die Auswirkung dagegen deutlich schwächer, und wo sie auftritt, wirkt sie sich nicht in einer Verbesserung ihrer Rangpositionen aus. So liegt in den Läufen ohne Dominanz der französische Analyseraum Nr. 31 (Pyr.-Orient.) unter den ersten zehn der Rangskala, was ihn als "förderungsbedürftig" erscheinen läßt. Bei Dominanz des Wanderungs-Indikators wird dieser Analyse-

Tab. 5.23: Regionale Rangfolge mit Bewertungsindizes des Laufes 1
von Tab. 5.21

RANGFOLGE ALLER REGIONEN BEI NICHT-DOMINANZ
(Gewichtungsvariante 1)

RANGFOLGE	EINHEIT	REGIONSNAME	BEWERTUNGSINDEX
1	3	BAMBERG L	36.3
2	19	ERLANGEN L	38.0
3	21	FUERTH L	38.7
4	34	KERRY	39.2
5	22	ROTH	39.4
6	31	PYR.-OR.	49.0
7	38	CLARE	50.0
8	20	NUERNB'G L	50.6
9	4	COBURG L	51.8
10	10	BAYREUTH L	53.4
11	37	TIPP.N.R.	54.0
12	36	LIM.C'NTY	56.5
13	30	AUDE	56.8
14	29	ARIEGE	56.9
15	14	TIRSCHENR.	57.1
16	28	HAUTEG.O.T	57.6
17	24	ANSBACH L	59.1
18	26	WEISSENB'G	60.2
19	25	NEUSTADT/A	60.5
20	11	HOF L	61.4
21	5	FORCHHEIM	61.4
22	18	SCHWABACH	61.9
23	7	LICHTENF'S	62.7
24	27	TOULOUSE	63.5
25	16	FUERTH S	63.8
26	6	KRONACH	64.0
27	9	HOF S	64.9
28	33	CORK C'NTY	65.9
29	15	EPLANGEN S	66.4
30	12	KULMBACH	66.9
31	17	NUERNB'G S	67.6
32	35	LIM.CITY	70.5
33	23	ANSBACH S	71.3
34	13	WUNSIEDEL	73.0
35	2	COBURG S	73.2
36	8	BAYREUTH S	74.6
37	1	BAMBERG S	75.7
38	32	CORK CITY	78.1

– – – – – – Trennungslinie B_r = 50,0

Tab. 5.24: Regionale Rangfolge mit Bewertungsindizes des Laufes 1
von Tab. 5.22

RANGFOLGE ALLER REGIONEN BEI DOMINANZ DES WANDERUNGS-INDIKATORS

(Gewichtungsvariante 1)

RANGFOLGE	EINHEIT	REGIONSNAME	BEWERTUNGSINDEX
1	34	KERRY	11.8
2	37	TIPP.N.R.	16.2
3	4	COBURG L	16.3
4	14	TIRSCHENR.	17.1
5	11	HOF L	18.4
6	6	KRONACH	19.2
7	17	NUERNB'G S	20.3
8	35	LIM.CITY	21.2
9	13	WUNSIEDEL	21.9
10	1	BAMBERG S	23.9
11	16	FUERTH S	24.6
12	25	NEUSTADT/A	25.7
13	32	CORK CITY	25.8
14	12	KULMBACH	28.4
15	36	LIM.C'NTY	33.9
16	26	WEISSENB'G	36.1
17	3	BAMBERG L	36.3
18	38	CLARE	36.7
19	19	ERLANGEN L	38.0
20	21	FUERTH L	38.7
21	22	ROTH	39.4
22	7	LICHTENF'S	46.1
23	9	HOF S	47.7
24	31	PYR.-OR.	49.0
25	10	BAYREUTH L	49.7
26	20	NUERNB'G L	50.6
27	24	ANSBACH L	56.8
28	30	AUDE	56.8
29	29	ARIEGE	56.9
30	28	HAUTEG.O.T	57.6
31	33	CORK C'NTY	61.3
32	5	FORCHHEIM	61.4
33	18	SCHWABACH	61.9
34	27	TOULOUSE	63.5
35	23	ANSBACH S	66.3
36	15	ERLANGEN S	66.4
37	2	COBURG S	70.3
38	8	BAYREUTH S	74.6

- - - - - Trennungslinie B_r = 50,0

Tab. 5.25: Regionale Rangfolge mit Bewertungsindizes des Laufes 2
in Tab. 5.22

RANGFOLGE ALLER REGIONEN BEI DOMINANZ DES EINKOMMENS-INDIKATORS
(Gewichtungsvariante 1)

RANGFOLGE	EINHEIT	REGIONSNAME	BEWERTUNGSINDEX
1	3	BAMBERG L	14.0
2	24	ANSBACH L	28.4
3	22	ROTH	31.9
4	25	NEUSTADT/A	32.7
5	21	FUERTH L	37.1
6	34	KERRY	37.6
7	19	ERLANGEN L	37.8
8	31	PYR.-OR.	42.4
9	10	BAYREUTH L	43.3
10	38	CLARE	49.0
11	29	ARIEGE	49.2
12	14	TIRSCHENR.	49.4
13	20	NUERNB'G L	49.6
14	4	COBURG L	50.8
15	6	KRONACH	51.9
16	26	WEISSENB'G	52.1
17	30	AUDE	52.8
18	5	FORCHHEIM	53.1
19	37	TIPP.N.R.	53.7
20	7	LICHTENF'S	56.1
21	36	LIM.C'NTY	56.5
22	11	HOF L	57.1
23	28	HAUTEG.O.T	57.6
24	18	SCHWABACH	60.6
25	9	HOF S	62.3
26	27	TOULOUSE	63.5
27	16	FUERTH S	63.8
28	12	KULMBACH	65.6
29	33	CORK C'NTY	65.9
30	15	ERLANGEN S	66.4
31	17	NUERNB'G S	67.6
32	23	ANSBACH S	68.5
33	13	WUNSIEDEL	70.1
34	35	LIM.CITY	70.5
35	2	COBURG S	72.9
36	8	BAYREUTH S	73.1
37	1	BAMBERG S	75.7
38	32	CORK CITY	78.1

----- Trennungslinie B_r = 50,0

raum auf Rangplatz 24 verdrängt, womit er das Attest als förderungsbedürftig (in Anbetracht, daß hier nur 38 Raumeinheiten berücksichtigt werden) verliert. Bei Dominanz des Einkommens-Indikators aber hält er seinen Platz, wie ein Vergleich von Tab. 5.23 mit 5.25 zeigt. Entscheidend ist daher auch hier - wie kaum anders zu erwarten - somit wiederum die (inhaltliche) Bestimmung der dominanten Indikatoren.

Immerhin gibt es einzelne Analyseräume, die gehäuft, oder - wie der irische Analyseraum Nr. 34 - quer durch alle Teilläufe (mit und ohne Dominanz) immer unter den ersten zehn der Rangpositionen vertreten sind.

Bei Dominanz nur des Wanderungs-Indikators sind 2 Analyseräume (Nr. 4 und 34) auf den ersten 10 Positionen der Rangskala vertreten, die bereits bei Nicht-Berücksichtigung von Dominanz unter den ersten zehn lagen, wie ein Vergleich von Tab. 5.23 und 5.24 zeigt. Bei Dominanz des Einkommens-Indikators in Verbindung mit dem Wanderungs-Indikator sind dagegen, wie Tab. 5.26 im Vergleich zu Tab. 5.23 zeigt, 5 Analyseräume (Nr. 3, 4, 21, 22, 34), die bereits bei Nicht-Dominanz unter den ersten zehn vertreten waren, auch jetzt noch in dieser Gruppe. Bei den beiden weiteren hier nicht dokumentierten Gewichtungsvarianten liegen durchschnittlich 2 Analyseräume, die bei Nicht-Dominanz unter den ersten 10 vertreten waren, bei Dominanz nur des Wanderungs-Indikators oder bei Dominanz des Wanderungs-Indikators in Verbindung mit dem Einkommens-Indikator weiterhin unter den ersten 10, und 5 bzw. 7 bei Dominanz nur des Einkommens-Indikators oder bei Dominanz des Einkommens-Indikators in Verbindung mit dem Wanderungs-Indikator.

Insgesamt betrachtet haben sich jedoch die Auswirkungen der Dominanz auf die (ersten 10 Analyseräume und damit die) Identifizierung der Vorranggebiete als äußerst weitgehend erwiesen. Diese Aussage trifft ebenfalls zu, wenn man der Beurteilung nicht die Rangfolge, sondern den Index-Schwellenwert als Förderungskriterium zugrundelegt. Denn wenn beispielsweise der Einkommens-Indikator dominiert, liegen durchschnittlich 13 Analyseräume unter dem beispielhaft gewählten Index-Schwellenwert von 50, während dies bei allen anderen Laufkomplexen, die Dominanz berücksichtigen, auf etwa 25 Analyseräume zutrifft. Weniger Einfluß auf die ersten 10 Analyseräume als die Dominanz als solche hat hingegen (zumindest bei Dominanz des Wanderungs-Indikators) die Entscheidung, den Indikator allein oder aber in Verbindung mit einem anderen Indikator (also hier dem Einkommens-Indikator) dominieren zu lassen. Im Hinblick auf diese Frage, wieweit bei nachträglicher Berücksichtigung der Dominanz eines Indikators das Gesamtergebnis weitgehend nur von diesem einen dominanten Indikator abhängt, so daß sich der erste Berechnungsschritt erübrigt, ergibt sich aufgrund der Auswertung die folgende Antwort: Bei Dominanz des Wanderungs-Indikators in Verbindung mit dem Einkommens-Indikator zeigt sich hinsichtlich der Rangfolgen in der Tat fast das gleiche Ergebnis wie bei einer a priori ausschließ-

Tab. 5.26: Regionale Rangfolge mit Bewertungsindizes des Laufes 4
in Tab. 5.22

RANGFOLGE ALLER REGIONEN BEI DOMINANZ DES EINKOMMENS- IN VERBIN-
DUNG MIT DEM WANDERUNGS-INDIKATOR
(Gewichtungsvariante 1)

RANGFOLGE	EINHEIT	REGIONSNAME	BEWERTUNGSINDEX
1	3	BAMBERG L	14.0
2	34	KERRY	24.7
3	24	ANSBACH L	28.4
4	25	NEUSTADT/A	29.2
5	22	ROTH	31.9
6	14	TIRSCHENR.	33.3
7	4	COBURG L	33.6
8	37	TIPP.N.R.	34.9
9	6	KRONACH	35.5
10	21	FUERTH L	37.1
11	11	HOF L	37.8
12	19	ERLANGEN L	37.8
13	31	PYR.-OR.	42.4
14	38	CLARE	42.9
15	10	BAYREUTH L	43.3
16	17	NUERNB'G S	43.9
17	26	WEISSENB'G	44.1
18	16	FUERTH S	44.2
19	36	LIM.C'NTY	45.2
20	35	LIM.CITY	45.8
21	13	WUNSIEDEL	46.0
22	12	KULMBACH	47.0
23	29	ARIEGE	49.2
24	20	NUERNB'G L	49.6
25	1	BAMBERG S	49.8
26	7	LICHTENF'S	51.1
27	32	CORK CITY	51.9
28	30	AUDE	52.8
29	5	FORCHHEIM	53.1
30	9	HOF S	55.0
31	28	HAUTEG.O.T	57.6
32	18	SCHWABACH	60.6
33	27	TOULOUSE	63.5
34	33	CORK C'NTY	63.6
35	15	ERLANGEN S	66.4
36	23	ANSBACH S	67.4
37	2	COBURG S	71.6
38	8	BAYREUTH S	73.1

– – – – – – Trennungslinie $B_r = 50,0$

lichen Berücksichtigung des Wanderungs-Indikators bei der Berechnung, was ein
Vergleich von Tab. 5.24 mit 5.27 zeigt. Die ersten 16 Analyseräume - und damit auch
die ersten 10 'Vorranggebiete' sind identisch.

Auch dieses Ergebnis ist jedoch wiederum (über den konkreten Indikator hinaus)
nicht zu verallgemeinern. So trifft es bezüglich des Einkommens-Indikators in dieser ausgeprägten Form bereits nicht mehr zu.

5.4 Zusammenfassung der numerischen Ergebnisse

Die im Leitfragen-Kapitel aufgestellte Hypothese, daß generell bei länderspezifischen Bewertungssätzen die weniger weit entwickelten Länder gegenüber den höher entwickelten "benachteiligt" sein könnten, da sie dann grundsätzlich höhere Zielerreichungsgrade aufweisen, als bei europäisch einheitlichen Bewertungssätzen, ließ
sich in dieser Form nicht bestätigen. Zwar zeigten sich bei gleichen Indikatoren-
sätzen deutliche Auswirkungen der unterschiedlichen Bewertungssätze auf das Gesamtergebnis derart, daß einmal gehäuft die (weniger weit entwickelten) irischen Analyseräume an der Spitze der Rangfolgen lagen, das andere Mal die (weiter entwickelten) bayerischen Regionen. Aber zum einen wirkte sich die Entscheidung für euopä-
ische oder für länderspezifische Bewertungssätze auch für die Analyseräume innerhalb eines Landes sehr unterschiedlich aus - was angesichts ihres unterschiedlichen
Entwicklungsstandes und ihrer unterschiedlichen Struktur nicht weiter verwundert.
Zum anderen war die konkrete Wirkung des einen oder anderen Bewertungssatztypes
für einen einzelnen Analyseraum letztlich entscheidend auch von der Auswahl der
Indikatoren abhängig. Die Frage nach den Auswirkungen europäischer oder länderspezifischer Bewertungsmaßstäbe auf das Gesamtergebnis läßt sich daher nur in Zusammenhang mit der Indikatorenauswahl beantworten. Denn quer durch alle Laufkomplexe
und Läufe zeigte sich, daß der Wahl der berücksichtigten Indikatoren die letztlich
ausschlaggebende Bedeutung zukommt. Weniger bedeutsam war überall die Gewichtung.

Außer bei der Frage europäisch einheitlicher oder länderspezifischer Bewertungssätze kam der Wahl der Bewertungssätze auch im Zusammenhang mit der Raumtypisierung Bedeutung zu. Hier wirkten sich die höheren Normwerte der Obergangsräume derart aus, daß sie bei den verschiedenen Laufkomplexen (Typisierungsvarianten) überwiegend im oberen Teil der Rangfolgen vertreten waren.

Die im allgemeinen ungünstigeren Rangpositionen der als Ländliche Räume klassifizierten Analyseräume mit ihren aus dieser Typisierung resultierenden niedrigeren
Normwerten konnten auch durch eine Änderung ihrer Bewertungsindizes als Resultat
einer "kompensatorischen" Gewichtung nicht mehr verbessert werden.

Unter den in § 4.2.2.2 dargelegten Gesichtspunkten der räumlich-funktionalen Arbeitsteilung ist dieses Ergebnis zwar plausibel und durchaus "erwünscht". Es macht

Tab. 5.27: Regionale Rangfolge mit Bewertungsindizes des Laufes 3
in Tab. 5.22

RANGFOLGE ALLER REGIONEN BEI DOMINANZ DES WANDERUNGS-INDIKATORS
IN VERBINDUNG MIT DEM EINKOMMENS-INDIKATORS
(Gewichtungsvariante 1)

RANGFOLGE	EINHEIT	REGIONSNAME	BEWERTUNGSINDEX
1	34	KERRY	11.8
2	37	TIPP.N.R.	16.2
3	4	COBURG L	16.3
4	14	TIRSCHENR.	17.1
5	11	HOF L	18.4
6	6	KRONACH	19.2
7	17	NUERNB'G S	20.3
8	35	LIM.CITY	21.2
9	13	WUNSIEDEL	21.9
10	1	BAMBERG S	23.9
11	16	FUERTH S	24.6
12	3	BAMBERG L	25.1
13	25	NEUSTADT/A	25.7
14	32	CORK CITY	25.8
15	12	KULMBACH	28.4
16	36	LIM.C'NTY	33.9
17	22	ROTH	35.6
18	26	WEISSENB'G	36.1
19	38	CLARE	36.7
20	21	FUERTH L	37.9
21	19	ERLANGEN L	37.9
22	24	ANSBACH L	42.6
23	31	PYR.-OR.	45.7
24	7	LICHTENF'S	46.1
25	10	BAYREUTH L	46.5
26	9	HOF S	47.7
27	20	NUERNB'G L	50.1
28	29	ARIEGE	53.1
29	30	AUDE	54.8
30	5	FORCHHEIM	57.3
31	28	HAUTEG.O.T	57.6
32	18	SCHWABACH	61.2
33	33	CORK C'NTY	61.3
34	27	TOULOUSE	63.5
35	23	ANSBACH S	66.3
36	15	ERLANGEN S	66.4
37	2	COBURG S	70.3
38	8	BAYREUTH S	73.3

- - - - - - -Trennungslinie B_r = 50,0

aber andererseits auch die immense politische Brisanz deutlich, die mit der Raumtypisierung bzw. mit dem dieser zugrundeliegenden funktionalen Regionsmodell verbunden ist. Denn wenn die Analyseräume in der beschriebenen Art klassifiziert werden, dann hat das einen Nivellierungseffekt zur Folge derart, daß beispielsweise
die höheren Indikatoren-Ist-Werte der Obergangsräume nicht zu entsprechend hohen
Bewertungen führen, sondern gedämpft werden, was die Förderchancen dieser Räume gegenüber den Ländlichen Räumen trotz ihrer teilweise besseren Versorgungssituation
erhöht.

Einschränkend muß jedoch, im Hinblick auf bestimmte Analyseräume, festgestellt werden, daß die besonders große Diskrepanz von Anspruch (Zielwerte) und Wirklichkeit
(Ist-Werte) und entsprechend hohe Förderungsbedürftigkeit dieser Räume aus ihrer
isolierten Analyse als Landkreise resultiert. Deren Problematik liegt darin, daß
sie zum Teil im Einzugs- und Versorgungsbereich eines zugehörigen Standtkreises
liegen und dadurch an dessen Ausstattung partizipieren. Diese Analyseräume treten
dann weitgehend unabhängig von ihrer Klassifizierung als Obergangsräume oder Ländliche Räume an die Spitze der förderungsbedürftigsten Analyseräume. Daß dies nur
beschränkt zu rechtfertigen ist, ist offensichtlich. Hier stößt aber das funktionale Raumverständnis auf seine institutionellen Grenzen (vgl. dazu die Darlegungen
in § 2.2).

Wie sich schließlich gezeigt hat, bewirkte die Einführung einer reduzierten Möglichkeit der Substituierbarkeit in der hier entwickelten Form dominanter Indikatoren tatsächlich grundlegende Veränderungen sowohl in der Rangfolge als auch hinsichtlich der Anzahl der Analyseräume unterhalb einem bestimmten Index-Schwellenwert. Aber diese Auswirkungen waren im Einzelfall nicht systematisch erklärbar, d.
h. sie betrafen nicht (länder- oder raumtypen)spezifisch Analyseräume in hervor-
stechender Weise oder in unterschiedlicher Stärke. Sie betrafen auch nicht vorrangig bestimmte Positionsbereiche auf der ursprünglichen Rangskala. Und diese Wirkungen waren schließlich zwischen verschiedenen, jeweils allein oder in Beziehung
zueinander als dominant eingestuften Indikatoren höchst unterschiedlich. Auch hier
war die Auswahl der betreffenden Indikatoren wiederum von entscheidender Bedeutung
für das Gesamtergebnis.

Die grundsätzliche Entscheidung für oder gegen Berücksichtigung von Dominanz (einer
Reduzierung der Substituierbarkeit bei der Aggregation von Indikatoren) und die
konkrete Auswahl der dominanten Indikatoren könnte daher im Einzelfall keinesfalls
regionaler Disposition unterliegen, also raumspezifisch vorgenommen werden, da
sonst das Gesamtergebnis aus einzelregionaler Zielperspektive heraus hochgradig
manipulierbar wäre.

Als Schlußfolgerung der entsprechenden Ergebnisse läßt sich feststellen, daß auch
reduzierte Substituierbarkeit in der untersuchten Form somit nur innerhalb sehr

restriktiver, gesamträumlich einheitlicher Rahmenbedingungen zulässig sein kann.
Und damit stellt sich erneut die Problematik der institutionellen Durchsetzbar-
keit derartiger einheitlicher Rahmenbedingungen und der politischen Legitimation
ihrer Konsequenzen für das Gesamtergebnis. Dies aber sind Fragen, die nicht durch
methodische Operationen beantwortet werden können.

5.5 Methodische Schlußfolgerungen zur Frage der 'Stabilität' der Ergebnisse

Den formalen Leitfragen der Untersuchung gemäß sollten verschiedene regionale Rangfolgen bei unterschiedlichen exogenen Vorgaben und Parametern berechnet und dann
daraufhin miteinander verglichen werden, wie "stabil" die Rangfolgen bleiben. Ziel
dieser numerischen Untersuchung war dann, die methodischen Rahmenbedingungen hinsichtlich der Anzahl der berücksichtigten Indikatoren, der Gewichtungsbandbreiten
usw. abzustecken, innerhalb derer sich "ähnliche" Ergebnisse berechnen ließen, um
so die notwendige Reichweite einheitlicher Rahmenbedingungen und Restriktionen
gleichsam auszuloten. Wie sich gezeigt hat, konnte in keinem der Laufkomplexe eine
systematisch begründbare "Ähnlichkeit" der unterschiedlichen Ergebnisse festgestellt
werden. Die Bearbeiter sahen sich dazu außerstande, generalisierbare Rahmenbedingungen und Restriktionen für einen 'Korridor' stabiler Ergebnisse aus den Untersu-
chungsergebnissen abzuleiten. Was aber hätte Kriterium zur Festlegung der Grenzen dieses Korridors durch einheitliche Rahmenbedingungen sein können?

Die Untersuchung hat ergeben, daß es in der Tat wenig sinnvoll ist, die (formale)
"Ähnlichkeit" der Rangfolgen untereinander als Maßstab für die Bewertung des methodischen Verfahrens zu nehmen. Rahmenbedingungen, die größere "Ähnlichkeit" der
Rangfolgen herstellen sollen und sich z.B. auf die Anzahl "zulässiger" oder "mindestens zu berücksichtigender" Indikatoren, die Bandbreiten der Gewichtung usw. beziehen, sind immer inhaltlich zu begründen und als solche in ihren konkreten Werten
keine methodische Frage. Denn weder die Anzahl der Indikatoren noch deren Gewichtung hat einen Einfluß auf das "Funktionieren" des Systems, sondern nur darauf, wie
die Ergebnisse zu interpretieren sind. Wichtig ist methodisch nur, daß die berechneten Ergebnisse noch 'plausibel' sind. Wenn aber letztlich ein von außerhalb des
Systems kommendes irgendwie geartetes Plausibilitätskriterium über die Sinnhaftigkeit (und damit politische Legitimierbarkeit) der Ergebnisse entscheidet, dann
stößt die Methodik als "politische Entscheidungshilfe" hier - bei der Frage der
"Überzeugungskraft" ihrer Ergebnisse "diskriminierten" Regionen gegenüber - an ihre
inhaltlich-materiellen Grenzen.

Die Hoffnung oder Vermutung, daß die Rangfolgen besonders der für diese Untersuchung ausgewählten europäischen Regionen innerhalb eines methodisch festzulegenden
Bereiches der exogenen Angaben "stabil" und plausibel bleiben könnten, erscheint
aufgrund der Ergebnisse unbegründet. Denn die Zulassung von Heterogenität hat z.B.,

wie bei verschiedenen Läufen sichtbar wurde, bei sinnvoller (also bei nicht extrem ungleicher) Gewichtung der Indikatoren sogar nivellierende Wirkung. Das bedeutet, daß die Bewertungsindizes dann relativ eng beeinander liegen. Ebenso ist anzunehmen, daß die Gewichte für die verschiedenen Indikatoren bei sachlich noch begründbarer Gewichtung in keinem allzu weitem Rahmen streuen. Anhand der Testläufe läßt sich nun zeigen, daß sich gerade hier die Rangfolgen ziemlich stark verändern, stärker jedenfalls, als bei extremer Gewichtung eines Indikators.

"Stabile" Ergebnisse sind also sehr viel eher außerhalb des Bereiches beispielsweise sinnvoller Gewichtungen zu erwarten und können daher nur schwer zu einem Kriterium der Festlegung von Rahmenbedingungen gemacht werden. Als ähnlich kompliziert erweist sich die Festlegung einer bestimmten Anzahl von Indikatoren bzw. Bandbreiten derselben als begründbares Kriterium notwendigerweise einheitlicher Rahmenbedingungen und Restriktionen.

Es kann also nur inhaltlich-konzeptionelle Gründe dafür geben, bestimmte einheitliche Rahmenbedingungen und Restriktionen im Sinne der Einschränkung regionaler Freiheitsräume zu setzen. Wie sich gezeigt hat, läßt sich jeder Einfluß und jede Wirkung immer nur innerhalb eines (gleichsam metamethodisch in jedem Fall angenommenen) Rahmens angeben, in dem die entsprechenden Einflußgrößen variiert worden sind. So hängt der Einfluß der Gewichtung sehr stark von der Auswahl der Indikatoren ab und kann für sich alleine nicht angegeben werden. Die Unmöglichkeit isolierter Beurteilung ihres Einzeleinflusses gilt jedoch für sämtliche exogenen Angaben, Parameter und Vorentscheidungen. Dieser Aspekt aber weist über den methodischen Rahmen hinaus und in den politisch-normativen Bereich möglichst 'präziser' Gesamtkonzepte und politischer Strategien der Regionalförderung als solcher.

6. GESAMTBEURTEILUNG DER ERGEBNISSE

Im Rahmen einer Gesamtbeurteilung der Ergebnisse dieser Untersuchung stellt
sich abschließend die Frage nach den praktischen Möglichkeiten und Grenzen eines
Informationssystems für eine europäische (supranationale) Regionalpolitik unter
Verwendung interregional heterogener Sozialindikatoren. Es war das Ziel dieser
Untersuchung, Verfahren der systematischen und wahlweisen Verarbeitung heterogener regionaler Indikatoren im Hinblick auf eine "rationale" Gesamtentscheidung
über räumliche Förderprioritäten einer europäischen Raumordnungspolitik methodisch und programmtechnisch zu entwickeln und anschließend daraufhin zu überprüfen, wieweit sie praktisch die Möglichkeit bieten, die komparative Förderbedürftigkeit heterogen beschriebener Regionen zu bestimmen. Das entwickelte
System liefert seinem Anspruch nach eine Informationsgrundlage für raumordnungs-
politische Förderentscheidungen; es stellt eine politische Entscheidungshilfe
dar. Unvermeidbar gehen jedoch gleichzeitig in die Verfahren selbst eine ganze
Reihe von exogenen Entscheidungen ein, die bereits politisch-normativer Art
sind, wobei das System per se in der Lage sein sollte, deren notwendige Genauigkeit (in Form einer Ermittlung der Empfindlichkeit des Ergebnisses gegenüber
abweichenden Entscheidungsvarianten) anzugeben.

Als grundlegend für die praktische Anwendbarkeit dieses Informationssystems
als regionalpolitische Entscheidungshilfe ist die Notwendigkeit eines hinreichend präzisen Gesamtkonzepts der jeweiligen Regionalpolitik anzusehen.
Denn nur auf der Grundlage einer derartigen Konzeption kann eine begründete
Auswahl der 'relevanten' Indikatoren und die dieser Auswahl vorausgehende
Bestimmung der einheitlich zu berücksichtigenden Zielbereiche getroffen werden.
Mit der Festlegung dieser regionalpolitischen Konzeption werden daher not-
wendigerweise bereits 'weichenstellende' strategische Vorentscheidungen zu
fällen sein, bevor das System als Entscheidungshilfe zur Festlegung von
Förderprioritäten zur Anwendung kommen kann.

Angesichts der zentralen Bedeutung dieser Vorentscheidung und der zahlreichen
weiteren 'politischen' Entscheidungen, die in die Systemverfahren eingehen
(vgl. dazu §§ 3.2, 3.3 und 5.) und sich determinierend auf die Verfahrensresultate auswirken, stellt sich im Rahmen einer Gesamtbeurteilung abschlies-
send vor allem die Frage nach der praktisch-politischen Bedeutung des Systems.
In Zusammenhang mit seinen politischen Implikationen geht es dabei zunächst
darum, wieweit von politischen Entscheidungsträgern das Fällen von Entscheidungen verlangt werden kann, deren Konsequenzen auf die Verfahrensresultate
(etwa die abschließende Gesamtentscheidung über die räumlichen Förderprioritäten) nicht a priori offensichtlich sind. Denn die Einzelergebnisse der nume-

rischen Untersuchung (vgl. § 5.3) haben gezeigt, daß sich auch ex post nur
selten abschätzen ließ, welche Randbedingungsänderungen (Vorentscheidungsände-
rungen) welche Wirkung haben - vielmehr zeigt sich, daß (zusätzlich) eingeführte
oder geänderte Randbedingungen komplexe, manchmal oberflächlich widersprüch-
liche Effekte verursachen, die nicht als politische Richtlinien zu formulieren
und zu rechtfertigen wären.

Die praktische Anwendung eines solchen Informationssystems impliziert aber, daß
die politischen Entscheidungsträger vorrangig darlegen, aufgrund welcher Maßstäbe und Annahmen sie zu entscheiden gedenken. Die konsequente Einhaltung der Anforderungen, die eine Benutzung der Systemverfahren an die politischen Entscheidungsträger stellt, würde jedoch bedeuten, daß man sich erst auf die notwendigen Rahmenbedingungen der Gesamtentscheidung einigt und dann die Ergebnisse der
Verfahren als innerhalb derselben gewonnene und als solche aussagekräftige Informationsgrundlage akzeptiert. Die Ergebnisse müßten zwar nicht mit der in
Form von Rahmenbedingungen vorkonzipierten Absicht oder den subjektiven Ein-
schätzungen dieser Absicht identisch sein, hätten aber einen diese Absicht stark
präjudizierenden Charakter. Da die vorherige Einigung über die Rahmenbedingungen
in (hypothetischer) Unkenntnis des daraus resultierenden Ergebnisses erfolgen
sollte (um eine offenbare Entscheidungstautologie zu vermeiden), bedeutete eine
spätere Anfechtung des Ergebnisses dann das Eingeständnis des einzelnen Ent-
scheidungsträgers, seine Vorentscheidungen faktisch doch von der Erreichung eines
bestimmten Ergebnisses (von seiner partikularen Interessenperspektive also)
abhängig gemacht zu haben. Damit wäre zwar eine Benutzung des Systems ad absurdum
geführt - zugleich aber auch das in Gesetzen, Verordnungen und Programmen
coram publico propagierte "Gesamtinteresse" und die gemeinsame Zielperspektive
der Entscheidungsträger.

Andererseits - und dies berührt ebenfalls die Frage der "Zumutbarkeit" der
politischen Implikationen der Entscheidungshilfe - verlangen die System-
Anforderungen an die politischen Entscheidungsträger eine Perfektion des Informationssystems. Denn wenn sich Politiker z.B. für eine bestimmte Gewichtung eines
bestimmten Zielbereichs entscheiden, so müssen sie sich zumindest darauf ver-
lassen können, daß das daraus resultierende Ergebnis die "wirkliche" Situation
widerspiegelt. Nur dann können die erforderlichen a priori-Entscheidungen ernst-
haft verlangt werden. Eine solche Perfektion der Regionsbeschreibungen unter
der Anwendung gesellschaftlicher Indikatoren ist aber nicht erreichbar - vgl.
dazu die Bemühungen um eine Berücksichtigung der "Genauigkeit" der Ergebnisse
durch den Systemteil SENSIS in § 3.3.5.2.

Daraus ergeben sich die an zahlreichen Stellen erwähnten Grenzen der (politischen) Anwendbarkeit des entwickelten regionalen Bewertungssystems als Informationssystem für die Bestimmung räumlicher Förderprioritäten. Weder kann das

System politische Entscheidungen ersetzen, noch kann es für seine Ergebnisse
Vollkommenheit beanspruchen. Was bleibt dann als Argument für seine praktische
Anwendung?

Das System ist ein Hilfsmittel, Teilprozesse der regionalpolitischen Entscheidungsfindung transparenter zu machen und auf eine informative Grundlage zu
stellen. Dabei können (Ziel-)Konfliktbereiche zwischen Sektoren, Regionen oder
Staaten sichtbar und in ihren Konsequenzen für die bedürfnisorientierte Prioritätensetzung der Regionalförderung beschreibbarer gemacht werden. Hier liegt
ein möglicher Schwerpunkt der praktischen Anwendung: die Ermittlung von Inter-
essenkonflikten, die (numerisch) rational nicht lösbar sind, und deren Nachvollziehbarkeit durch die betroffenen Mitgliedstaaten.

Für selektiv vergleichende Analysen (etwa nur der ländlichen Regionen an der
Peripherie des Gemeinschaftsraums - wobei die Kriterien zur Abgrenzung derselben exogen vorgegeben werden) stellt das Informationssystem ohne Zweifel die
Möglichkeit einer analytisch begründeten politischen Entscheidungshilfe dar.
Voraussetzung ist jedoch eine einheitlich vorgegebene und relativ begrenzte
Problemstellung, die sich mit einer noch überschaubaren Anzahl von Indikatoren
im regionalen Einzelfall abdecken läßt. Denn wie sich gezeigt hat, nimmt die
politische Transparenz des Systems bei einer Zahl von mehr als etwa 8 Indikatoren je Region sehr schnell ab.

Trotz der Notwendigkeit, auch im Rahmen eines solchen Systems die Anzahl der
Indikatoren bescheiden zu halten, um keine "black-box-Ergebnisse" zu produzieren, verlangt der Volumenaspekt der benötigten Informationen für eine europäische Regionalpolitik immerhin dann noch den Einsatz eines computerisierten
Informationssystems, das auch den Vorteil haben könnte, eine verbreitete und
einfache Zugänglichkeit zur statistischen Basis regionalpolitischer Entscheidungen allgemein zur Verfügung zu stellen. Der Aufwand für die Einführung und
Wartung eines solchen allgemein zugänglichen Systems wäre im Vergleich zu den
Kosten europäischer Datenerhebungen relativ klein.

Würde auch dann ein solches System nicht notwendigerweise (gewollt oder ungewollt) den Eindruck von großer Komplexität der Entscheidungsfindung und
Durchschaubarkeit und letzten Endes auch den Eindruck einer Genauigkeit der
Ergebnisse erwecken, der der Wirklichkeit eben nicht entspricht? Da diese Frage
nicht eindeutig mit nein beantwortet werden kann, bleibt dies eine gewisse Gefahr. Es kann aber zum Abschluß dieser Untersuchung eine Gesamtbeurteilung ihrer
Ergebnisse folgendermaßen formuliert werden:

Das System ist unter den beschriebenen Bedingungen technisch durchaus anwendbar, auch auf dem von der Anzahl der Analyse- und Programmräume her gesehen
ausgedehnten europäischen Niveau. Da die Ergebnisse aber beinahe ebenso anfecht-

bar bleiben wie mit bisherigen Entscheidungsverfahren (des "political bargaining"), und da ganz gewiß die Eingabedaten immer eine Funktion des jeweils angestrebten Ergebnisses bleiben, muß der Rahmen der Anwendbarkeit als eingeschränkt angesehen werden. Sicherlich ist ein solches Informationssystem für "die" Entscheidung über europäische (supranationale) Förderbedürftigkeit nicht geeignet. Für die Untersuchung von Teilfragestellungen in dieser Hinsicht, für eine Verbreitung der für diese Entscheidung grundlegenden Informationen und ihre möglichen Interpretationen und für eine von den Mitgliedstaaten gegenseitige Einsicht der jeweiligen regionalen Probleme und daher für eine Identifizierung der rein politischen Aspekte der Förderentscheidungen kann ein solches System eine erhebliche Hilfestellung leisten.

Angesichts der zuletzt beschriebenen Anwendungen muß seitens des "Systembauers" immerhin selbstkritisch auf die Gefahr hingewiesen werden, daß sich gerade im Hinblick auf die Abhängigkeit der Ergebnisse von politischen Vorentscheidungen das Verfahren im Sinne politischer Funktionalisierung verselbständigen kann. Damit ist gemeint, daß dem System - unter technokratischen Gesichtspunkten - eine Rationalität zugesprochen wird, die sich "vortrefflich" als Alibi den "Zukurz-Gekommenen" (Teilräumen) gegenüber mißbrauchen läßt.

Es konnte in dieser Untersuchung aber vor allem explizit gemacht werden, daß überhaupt, warum und an welchen Stellen des Entscheidungsprozesses detaillierte Gesamtkonzepte für die Bestimmung räumlicher Förderprioritäten eine unumgängliche Voraussetzung jeder rational konzipierten supranationalen Regionalpolitik sind.

A N H A N G

Die erhobenen statistischen Informationen
in Bayern, Frankreich und Irland

Zum Indikatorenbereich erhobene Daten S_{jrt} für die Referenzgebiete

Nr.	Beschreibung	in Bayern	in Frankreich	in Irland
11	Bevölkerungs-__zuwachs__ (teilr.und gesamträuml. Zuwachs)	Bevölkerungs- stand 61, 70, 73, 75	Bevölkerungs- stand 62, 68, 75	Bevölkerungs- stand 61, 66, 71
	Geburtenüber-__schüsse__ (Jahresdurch- schnitte)	Lebengeborene und Gestorbene 73, 74, 75		Geburtenüberschüsse (61-66, 66-71)
	Wanderungssal-__den allgemein__	Wanderungs- saldo in 73, 74, 75	Wanderungs- saldo 62-68, 68-75	Wanderungs- saldo 61-66, 66-71
21	Abwanderungs-__verluste__ - spezifisch (Altersspezi- fische Bevöl- kerungsgruppen)	Bev. 15-20 Bev. 21-45 1973	Bev. 15-24 Bev. 25-34 1962, 1968, 1975	Bev. 15-24 Bev. 25-34 1971
22	Bevölkerungs-__dichte__	Fläche (qkm) 61, 70, 73, 75	Bev.-dichte 62, 68, 75	Fläche (qkm) 61, 66, 71
	Bev.-konzentra-__tionsgrad__	Gemeinden: bis unter 1000 EW.; 1000 bis unter 5000 EW.; 5000 EW. und mehr 74		Bev. in "towns": bis unter 1500 EW.; 1500 bis unter 5000 EW.; 5000 bis unter 10000 EW.; 10000 bis unter 100000 EW.; 100000 EW. und mehr 66, 71
	Urbanisie-__rungsgrad__	Wohnbev. in Mittelzentren und Oberzen- tren, Wohn- bev. in Nah- u./o. Mittel- bereich der Mittelzentr. und Oberzentr. 70	Städt. Bev. Ländl. Bev. 62, 68, 75	Bev. in "town areas" u. in "rural areas" 66, 71
23	regionale Be-__rufspendler-__ __Verhältnisse__		Berufs- und Aus- bildungsein- und auspendler (Tagespendler) 70	
	regionale Aus-__bildungspend-__ __ler-Verhält-__ __nisse__		Arbeitnehmer 70	

Zum Indikatorenbereich erhobene Daten S_{jrt} für die Referenzgebiete

Nr.	Beschreibung	in Bayern	in Frankreich	in Irland
noch 23	Bev. in zentr. <u>Orten (MZ, OZ)</u>	Bev. in MZ, OZ 70	Bev. Toulouse 62, 68, 75	Bev. Lim.-City, Cork-City 61, 66, 71
31	Erwerbsfähigen- <u>rate allgemein</u> (altersspez. Bevölkerungszahlen)	Bev. 0-20, 21-64, 65+ 1961, 1970	Bev. 0-19, 20-64, 65+ 1962, 1968, 1975	Bev. 0-19, 20-64, 65+ 1971
	spezifische Akti- <u>vitätsrate</u> (regionales Verhältnis der 20-39 J. zu den älter als 64 J.)	Bev. 21-45, 65+ 1973,	Bev. 20-39, 65+ 1962, 1968,1975	Bev. 20-39, 65+ 1971
	<u>Erwerbsquote</u>	Erwerbstätige insges. 61, 70	Erwerbst.landwirtsch.,nicht landw. 62, 68, 75	
	<u>Frauener-</u> <u>werbsquote</u>		weibl. Erwerbstätige, weibl. Bev. 62, 68, 75	
32	<u>Qualifika-</u> <u>tionsniveau</u>	Bev. nach höchstem Schulabschluß (Volksschule, Mittlere Reife, Abitur, Berufsfachschule, Ing.-Schule, Hochschule) 70		Senior Sec. School Leavers 76
33	<u>Ehepartner-</u> <u>potential</u> (männl. Bev. 30-49 auf 100 weibl. Bev. 30-49)	Bev. nach Altersklassen, m. und weibl.		männliche und weibl. Bev. in aggregate town areas u. in aggregate rural areas 66, 71
34	<u>Ausländer-</u> <u>quote</u>	ausländ. EW. Bev. insges. 75	ausländ. EW. Bev. insges. 62, 68, 75	
	<u>Sozialhilfe-</u> <u>empfänger</u>	Sozialhilfeempfänger 73, 75		
	<u>Verbreitung</u> <u>psychischer</u> <u>Defekte</u>			hospitalisierte psychisch Kranke 66, 75

Zum Indikatorenbereich erhobene Daten S_{jrt} für die Referenzgebiete

Nr.	Beschreibung	in Bayern	in Frankreich	in Irland
35	Haushaltsgröße	Anzahl Einpersonenhaushalte u. Mehrpers. haushalte 70	Anzahl Haushalte u. Personen in Haushalten 62, 68, 75	Anzahl der Haushalte 66, 71 Anzahl Pers.in pr. Haushalten 66, 71
41	Einkommensniveau	Löhne und Gehälter insges. in Land- und Forstwirtsch., im produz. Gewerbe u. pr. Dienstleistungen 69 sowie jeweilige Anzahl der Beschäftigten 70 (DM)	durchschnittl. jährl. Lohn unterteilt nach Männern und Frauen 62, 68, 75 (Francs)	personal incomes nach Counties (current prices) 60, 65, 69 Gesamtsumme ohne jeweilige Anzahl der Empfänger) (Pounds)
42	Bruttoinlandsprodukt	BIP insgesamt, je Pers. der Wohn- u. Wirtschaftsbev., dazu noch jeweils bezogen auf Meßzahl a) Bayern = 100, b) Bund = 100		
43	Arbeitslosigkeit	Arbeitslosenquote (Jahresdurchschnitt) nach AAB 70, 73, 75	Arbeitslosenquote (Jahresdurchschnitte) 62, 68, 75	abs. Anzahl Arbeitslose (als gemeldete im Live Regist) 73, 74, 75 Arbeitslosenquote (nur Reg.) 66, 71, 75
	Beschäftigung	Beschft. insges. Beschft. in Zweigniederlassungen 70		
	Arbeitsbeschaffung			IDA-Capital Expenditure 72-73, 73-74
44 45	Sektorale Verteilung der Er-	Erwerbstätige in d. Landw., Forstwirt., im prod. Gewerbe, im Handel und Verkehr, in Sonstigem 61, 70	Beschäftigte insges. (m,w) Landwirte (m,w) Lohnempfänger (m,w) im 1., 2. u. 3. Sektor 62, 68, 75	Beschäftigte in der Landw., im prod. Gewerbe, im Dienstleistungsbereich 61, 66, 71
	Industriebesatz	Beschäftig. in der Ind. 70, 73, 75		

Zum Indikatorenbereich erhobene Daten S_{jrt} für die Referenzgebiete

Nr.	Beschreibung	in Bayern	in Frankreich	in Irland
noch 44 45	Handwerkbe- satz	Beschäftig. im Handw. 67		
	Dienstleistungs- besatz	Beschäftig. im pr. und öff. Dienstleistungs- bereich		
46	Qualifikation d.Beschäftigten	Arbeitnehmer insges., davon Anzahl Beamte, Angestellte, Facharbeiter, sonstige Ar- beiter 70	qualifizierte Arbeiter (m,w) Arbeiter mit spezialisierter Berufsausbildung (m,w) 62, 68, 75	
51	Wohnungsbe- legung	Anzahl Wohnun- gen 61, 68, 73, 75	Anzahl Wohnun- nungen, Anzahl Pers., die in einer Wohnung wohnen 62, 68, 75	Anzahl Wohnein- heiten 61, 71
		Anzahl Wohnräume 75	Anzahl von Wohn- räumen 61, 68, 75	Anzahl bewohnter Räume 66, 71
	Baualter der Wohnungen			Wohneinheiten er- baut bis 1940, 1941 - 1960 nach 1960 71
	Wohnungsaus- stattung	Whg. mit WC, Whg. mit Bad u. WC, Whg.mit Bad, WC, Sammelhei- zung	Whg. mit fließ. Wasser, Whg. mit Bad oder Dusche, Whg. mit Anschluß an eine Kanali- sationsanlage 62, 68, 75	Whg. mit Toilet- ten im Haus, mit elektr. Ver- sorgung, mit Bad oder Dusche 61, 71
52	Versorgungs- niveau mit Schulen	Volks-, Real-, Gymnasialschü- ler 73, 75 Berufsschüler 75	Schüler und Stud. (m.,w.) im Alter 11-14, 15-16, 17-19, 20 u. älter 62, 68, 75	Schüler in Natio- nal Schools, in Secondary Schools 72/73
	Versorgungs- niveau mit Lehrern	Volksschul-, Realschul-, Gymnasialleh- rer 73/75 Berufsschul- lehrer 75		Lehrer in Primary Schools, in Secon- dary Schools 72/73

Zum Indikatorenbereich erhobene Daten S_{jrt} für die Referenzgebiete

Nr.	Beschreibung	in Bayern	in Frankreich	in Irland
noch 52	Lehrstellen- angebot	Anzahl gewerbl. Lehrlinge, Kaufm. Lehr- linge 70	Anzahl Lehrlinge unter Vertrag (m., w.) 62, 68, 75	
53	Versorgung mit Krankenhaus- betten	Anzahl Kranken- häuser, Plan- mäßige Kranken- betten insges. 73	Anzahl Kranken- häuser, Anzahl Krankenhausbetten 62, 68, 75	Bettenzahl in Regional Hospi- tals, County Hos- pitals, General Hospitals 74
		Planbetten in Akutkranken- häusern 73, 75		
	Versorgung mit prakt. Ärzten	Anzahl prakt. Ärzte, Fach- ärzte, Zahn- ärzte	Anzahl Ärzte	Anzahl prakt. Ärzte, Zahn- ärzte 75
54	Versorgung mit Kindergärten	Kindergärten und andere vor- schulische Ein- richtungen 74, 76 Plätze 76 Betreute Kin- der 74, 76 Kinder im Al- ter 1-5 J. 73		
	Versorgung mit Altersheimen	Anzahl der Plätze in Alten- heimen, 74, 75 Untergebrachte Personen 75 Bev. im Alter 65+ 73		County Home (CH)- Patienten im Alter 65+; Anzahl aller Patienten über 65 J. in sämtl. Einricht. der Altenpflege; Altenpflegepatienten im Alter 65 u. mehr 66
	Versorgung mit Freibädern	Anzahl Frei- bäder 73		Anzahl Frei- bäder 76
	Versorgung mit Hallenbädern	Anzahl Hallen- bäder 73		Anzahl Hallen- bäder 76
	Versorgung mit Sporthallen	Anzahl Sport- hallen 73		

Zum Indikatorenbereich erhobene Daten S_{jrt} für die Referenzgebiete

Nr.	Beschreibung	in Bayern	in Frankreich	in Irland
noch 54	Versorgung mit öffentl. Bibliotheken			Anzahl Bibliotheken (u. ggf. Bücher) 70
55	PKW-Bestand	Anzahl PKW's 73, 76		Anzahl PKW's 70, 73, 75
	Straßenbestand	Länge (km) der BAB, der Bundes-, der Staatsder Kreisstraßen 75		Länge (km) Nat. Primary Roads, Länge (km) Nat. Secondary and other main roads Länge (km) County Roads 73
57	Versorgungsniveau mit pr. Dienstleistungen	Beschäftigte im pr. Dienstleistungsbereich 70 Beschäftigte im Handwerk 67 Gästebetten 73, 75 Umsatz im Großhandel, Einzelhandel Beherbungen u. Gaststätten 74		